キリスト教ハンセン病救済運動の軌跡

杉山博昭　著

大学教育出版

はじめに

ハンセン病についての本は、すでに多数発刊されている。その多くは、隔離政策の実態を問うものである。本書は、隔離政策を民間の側から支えたのではないかとの疑問をもたれているキリスト者たちが、ハンセン病をめぐってどのようにかかわったのかを検討したものである。

筆者は、社会福祉史、特にキリスト教社会福祉史を中心にして研究してきた。その研究の一部は『キリスト教福祉実践の史的展開』として発刊している。キリスト教社会福祉の歩みなかでは、ハンセン病救済が重要視されていたので、必然的にハンセン病の問題に触れざるを得なかった。『キリスト教福祉実践の史的展開』でも、「キリスト教社会事業家とハンセン病」という章を設けたが、そこでは人物史的に、ハンセン病とかかわった者を四人（賀川豊彦、ハンナ・リデル、山室軍平、森幹郎）並べただけで、体系的な議論はできなかった。そこで本書では、キリスト教が総体として、ハンセン病とどう向き合ったのかを明らかにしようと試みた。とはいえ、キリスト教に関係するあらゆる動きを網羅することは不可能なので、ハンセン病救済を意図して取り組まれた社会活動を軸にして論じている。医師や社会事業家を描くのではなく、一キリスト者として、ハンセン病を社会運動の対象と考えて動いた人たちを取り上げた。

序章「本書の意義と課題」では、本書をまとめるにいたった目的、先行研究、近年のハンセン病問題の動向などについて述べている。第一章「キリスト教とハンセン病」では、第二章以下の前提として、キリスト教とハンセン病との関係を概観した。第二章からが、本書の中心課題であるハンセン病救済運動についてである。第二章「飯野十造のハンセン病救済の行動と思想」では静岡で活動した牧師、飯野十造のハンセン病救済に尽力した人生を分析した。第三章「熊本におけるキリスト者の行動―特に本妙寺事件・龍田寮事件をめぐって―」では、熊本で結成された九州MTL、特に福音ルーテル教会の会員である潮谷総一郎と江藤安純を中心に、彼らが何を考え、何をしたのか、その客観的な結果はどうであったのかを考察した。第四章「沖縄の療養所の設立とキリスト者の役割」では、沖縄の療養所に深くかかわったキリスト者の役割を論じた。第五章「奄美大島におけるカトリックの影響―入所者の出産を中心に―」では、戦後の奄美大島のハンセン病問題に影響を与えたカトリックの動向を検討した。

キリスト教の問題は、教派の違い、教会運営の制度など、キリスト者でない者にはわかりにくい点が少なくない。そのためか、ハンセン病におけるキリスト教の大きな役割に比べ、研究が乏しいように思われる。しかし、キリスト教の問題を問わずして、隔離政策が民間からの支えによって実行された問題などを明らかにすることはできないであろう。本書は、キリスト教を素材にして、ハンセン病問題の本質を探ろうとしている。

なお、ハンセン病については、『近現代日本ハンセン病問題資料集成』という膨大な資料集が、不二出版から出されている。また、藤野豊『日本ファシズムと医療』『「いのち」の近代史』をはじめ、すぐれた先行研究もある。島比呂志、大竹章、島田等らハンセン病者による著作も、多数出版されてきた。ハンセン病市民学会が結成され、年報や会報の発行、ホームページの運営を行っている。本書の執筆にあたっては、当然こうしたものを参照しているが、直接の注記は、繁雑にならない程度にとどめている。ただし、『近現代日本ハンセン病問題資料集成』に掲載されている資料であっても、極力現物にあたることに努めている。

ハンセン病の歴史は、差別と排除の歴史であるので、史料にも差別や排除を意図した記述が限りなく存在する。歴史研究の必要上、やむなくそうした記述を引用した場合がある。そのほか、いくつかの用語の使用については、「序章」の末尾で説明している。

著者

キリスト教ハンセン病救済運動の軌跡

目次

キリスト教ハンセン病救済運動の軌跡

序　章

本書の意義と課題

一　本書の目的

本書は日本のハンセン病対策の展開や患者の生活について、それがキリスト教とのつながりでどのように展開したのかを分析したものである。ハンセン病に関して、一九九六年三月のらい予防法の廃止や、二〇〇一年五月の国家賠償請求訴訟の熊本地方裁判所における原告入所者側の全面勝訴判決を契機として、社会的関心が高まった。研究対象としても注目され、近代史、医学、宗教学、社会学、教育学等関連する領域で研究が行われ、社会福祉学においても、ハンセン病をテーマとする学会発表や論文が散見される。

その多くは、隔離政策批判に力点をおき、隔離政策の不当性を追及したり、隔離に関与した者の責任を論じたり、らい予防法下で患者がいかに苦難を強いられたかを実証したりした。隔離された患者の生活史を聞き取ったり、療養所の文化活動を研究したりするなど、手法は多様化しているようであるが、基本的には隔離政策の誤りと非人間性を批判することを目的においている。

その結果、すでに隔離政策の不当性は論証され、社会常識となったといえよう。部分的にはそうした流れへの無知や無理解からか、古い価値観を振り回したり、「救癩《きゅうらい》」に携わったというだけで手放しで礼賛したりする議論も皆無ではない。しかし、大勢はほぼ決着したといえる。筆者は論証された隔離政策の誤りや非人間性に同意するし、誤りを犯した責任者の責任を追及することも必要だと考える。「国」や「厚生省」が批判されるが、そのなかで具体的に隔離政策を推進・維持した官僚、医師、政治家ら個々の人物の責任はもっと厳しく問われるべきであろう。

しかし、ハンセン病の歴史を、隔離政策の推進とそのもとでの非道な人権侵害一色で塗り固めるのも一面的な理解であろう。日々の場面では、「人権侵害」で括れない良心的な、また患者の利益を目指した行動はみられたのである。ただ、そのつもりであっても、結果的に患者の利益に逆行した場合も少なくなかった。

その際に浮かび上がってくるのは、キリスト教によるハンセン病への動きである。日本のハンセン病対策の歩みを振り返ったとき、そこでは常にキリスト教に関係した動きがみられる。キリスト者のハンセン病への取り組みは、ハンセン病の課題を凝縮したものになっている。したがって、キリスト教とハンセン病との関係を問うことは、日本のハンセン病対策全体を把握するうえで不可欠の課題であろう。

その際、ハンセン病史研究が、管理者側の視点に立つ顕彰・礼賛型研究から、患者の立場に立った研究に重点が移っているにもかかわらず、再び管理者側の研究へと時計の針を戻すものではないかとの疑問が生じるかもしれない。本書に登場する人物・団体は、医師、看護婦、療養所事務職員、牧師といった、患者ではなく、患者の周辺で動いた人物が多く、患者については、療養所に入所していたキリスト者に限定されている。

しかしそれは、隔離への批判から、管理者を擁護することではない。隔離政策の不当性をより明確に示すためには、その路線上でなされたできごとを当人の論理にそって検証していくことが重要と考える。隔離政策には、「悪の国家権力が、権力の手先を用いて遂行した人権侵害」というだけでは解けないさまざまな問題がある。その図式だけでは、なぜ療養所の医師らは確信をもって隔離を推奨したのか、なぜ近年まで人びとは隔離政策を疑わなかったのか、なぜ患者団体はときに園長に感謝の意を表したりらい予防法の廃止に消極的になったり皇室に感謝したりしてきたのか、といったことが明らかにならない。

本書では、時期としては戦前に力点をおいている。戦前で区切るのは、戦前と戦後とでハンセン病をめぐる状況が、大きく変化するからである。戦後は、患者の自治活動が活発化して、無視できない力をもつ。「救癩」の意識は根強く残ったとしても、戦前のような抑圧・管理は小さくなっていくし、キリスト教や皇室の「慈愛」などのもつ役割は限定的になった。また何といっても、プロミンにはじまる特効薬が開発され、治癒可能な病気になったことで、ハンセン病の意味合いは大きく変わった。

もっとも、単純に戦前と戦後を区切ることはできない。特効薬ができたといっても、当初は一部の患者にしか回らず、全員が治るようになるにはしばらく時間を要した。また、治ったとしても、後遺症の重い人も多かった。社会の意識が変わったのでないことは、一九五一年一月に山梨県で発生した一家九人心中事件などにもあらわれている。戦後もしばらくは、新たな発症は少なくなく、そうした患者はらい予防法によって療養所に入所するのが一般的であった。

したがって、機械的に一九四五年で区切るのではなく、戦前との連続性のなかで議論すべきことは戦後であっても詳述している。たとえば熊本の龍田寮事件は、戦前における熊本とハンセン病との関係の理解なしには解けない課題であるので触れているし、沖縄・奄美も米国統治という政治的な激変はあっても隔離政策の点では継続性が強い。とはいえ、ハンセン病政策の本質がより露骨にあらわれたのは戦前であろうから、基本的には戦前を軸にして論述した。ただ、奄美大島については、注目すべき動きが戦後にみられるため、戦後が中心である。

二　ハンセン病へのキリスト教の役割

近代日本のハンセン病の歴史を考えるとき、大きな役割を果たしたのはキリスト教である。ハンセン病救済はキリスト教が開拓し、支えたといっても過言ではない。キリスト教とハンセン病のかかわりとして、療養所の設置、医師・看護婦・事務職員としての勤務、国公立療養所での宣教活動、救癩運動、療養所への訪問、自治会活動への参加・協力といったものがある。

自治会活動は、戦後が中心になるので本書では本格的には触れないが、それ以外はすべて、キリスト教信仰を土台にしたハンセン病への関与として、「ハンセン病救済運動」として総称してよいと考える。

こうした活動の特徴として、カトリック、プロテスタント問わずにみられる。またプロテスタントの教派を問わない。聖公会が多いという傾向はあるが、基本的には各教派にわたっている。日本基督教会（現・日本キリスト教会）は社会事業への消極さが指摘されることがあるが、戦後、全国の療養所の訪問を行う渡辺信夫は、日本基督教会を代表するといってよい牧師であり、ハンセン病に関してはそれなりに関係がみられる。

社会福祉史研究では、プロテスタントとカトリックの異質性が強調され、両者を関連づけて議論することは少なかった。しかし、ハンセン病について両者がともに積極的なのは、共通の土台があると考えられる。また、隔離政策への親和性という点でも両者は共通しているように思われる。したがって、本書では、両者についてことさらに区分するのではなく、ともに「キリスト教」という枠で扱うことを目指した。ただし、活動の場などが異なることも否定できないので、統合的に分析するのは限界がある。

単なる宗教的同情や思い込み、人脈だけで、これほどまで多くの行動が生まれるものではない。社会のなかで抑圧される者への深い関心を、教会全体の姿勢として有していたという積極面をもつ。この積極面は有効に作用すれば、キリスト教の社会実践が多様に展開される可能性をもっていた。

しかし、良心的な行為が結果的には、国家の走狗のようになってしまった。社会実践どころか、逆の方向に作用した。ハンセン病にかかわったキリスト者たちは自分の目前にいる患者の救済に満足しなかった。日本全体の患者救済に思いをはせた。このことは、慈善事業が陥りやすい、個別の救済には熱心でも根本原因は考えない性格を克服した積極性である反面、隔離政策との親和性をまねいた。

キリスト教関係団体のなかには、そうした隔離への親和性への「反省」を表明するところがある。たとえば、日本基督教団常議員会やキリスト者医科連盟などである。そのほか、個々の教派等で何らかの反省を示したケースがある。カトリック教会も国家賠償請求訴訟時に自分たちの誤りを語っている。日本基督教団の信徒向雑誌『信徒の友』では反省を促す特集を組んだ。(1)

宗教、特にキリスト教は無謬《むびゅう》主義的な傾向から、なかなか誤りを認めようとしない。「反省」を拒みやすい宗教のあり方からすれば、「反省」の動きには一応の評価が与えられよう。しかし、「反省」の内容はそう明確とはいえない。何がどう悪かったのか、わかったうえで「反省」しているのではなく、キリスト教は隔離政策に肯定的だったらしいという雰囲気で「反省」しているのではないのか。なぜなら、キリスト教とハンセン病との関係は、回春病院のような個々の事績は知られているものの、全体として何をしたのかについて、それほど明らかになっているわけではない。二〇〇五年に出された「ハンセン病問題に関する検証会議最終報告書」では、「キリスト教教団とハンセン病療養所との関わり」について述べている。しかし、個々の事象への記述は詳細とはいえず、これだけでは結局キリスト教が何をしたのか、はっきりと示されたとまではいえない。何をしたのか不明確なまま、なぜ「反省」できるのか。

これでは、単なるアリバイづくりとしての反省、つまり「誤りがあったが反省しました」「反省したので、もう責めないでください」ということにしかならないであろう。反省を真実なものにするには、キリスト者が何を行ったのかを丁寧に把握し、どこが誤りなのか認識する必要がある。

また、誤りがあったからといって、すべてを否定すればよいというものではない。キリスト者が一から十まで隔離推進を唯一の目的として活動したわけではない。評価すべき点は率直に評価し、にもかかわらず陥った誤りもまた、ありのままに振り返るべきであろう。

三　先行研究と本書の課題

(一) 通　史

キリスト教ハンセン病史研究の先行研究としては、まず通史ないし通史的な観点で近代初期から戦後までを視野においた著作のなかで、キリスト教にも触れるものである。山本俊一『日本らい史』は、初期の施設のほか、ハンナ・リデルの予防法制定への動きの紹介、沖縄の療養所の設置の問題など、主要な点に触れている。しかし、医学史であって、宗教や社会については関連領域にとどまっている。

やはり何といっても、藤野豊による精力的な研究成果を指摘するのが当然であろう。藤野豊の『日本ファシズムと医療』は、美談調で紹介されがちだったハンセン病対策を、ファシズムとの関連で鋭く問いかける画期的な研究であり、一九九六年のらい予防法廃止をアカデミズムの側から方向づける意義をもっていた。

以後、藤野のハンセン病史研究は厚みを増し、優生思想研究とも関連づけ、また一般書・啓発書への執筆も活発に行った。さらに資料集『近現代日本ハンセン病問題資料集成』〈戦前編〉と〈戦後編〉さらに藤野以外の編者を加えた〈補巻〉がある）の編集・解説を行い、後続の研究者への便宜も図っている。『「いのち」の近代史』は一応の藤野の研究の集大成といえよう。同書は多磨全生園互恵会による『多摩』に連載されたものであり、専門書ではないが、内容の緻密さや実証性など、研究水準の高い著作である。ハンセン病史研究は同書の記述が通説といっていいほど、浸透している。

藤野の一連の研究で、キリスト教についてもたびたび触れている。藤野は、ベルトラン、レゼーら初期の施設運営者らについては国の施策との対比において好意的である。しかし、日本ＭＴＬの運動などについては否定的な評価が下されていて、全体としては、隔離政策と親和的であったキリスト教の救癩について、厳しくみている。いずれにせよ、ハンセン病問題の通史的研究では、キリスト教系療養所については触れるものの、政策への関心が強い。国公立療養所の実態などには高い関心をもつけれども、キリスト教の役割への関心は周辺的である。

（二）人物史

ハンセン病関係の人物を取り上げて、分析する方法である。その場合、多数の人物を紹介する方法と、特定の人物を取り上げる方法がある。前者では、森幹郎『足跡は消えても』が代表的である。後者では、おかのゆきお『林文雄の生涯』などがある。ハンナ・リデルやコンウォール・リーについては早くから伝記が書かれてきた。

他の領域と異なり、有名・無名にかかわらずかなり多くの人物の伝記や記念誌がつくられているし、林富美子『野に咲くベロニカ』のような自伝の類もある。井上謙という事務職員についての伝記があるが（藤本一九八二）、事務職員まで伝記の対象になるのは他の領域では珍しいだろう。一般論としていえば、無名職員の業績が残されていくこと自体は好ましいことである。しかし、なぜハンセン病でのみそれがなされているかといえば、ハンセン病が特殊視されていた表れである。

いずれも顕彰の視点が明確であり、その人物がいかに困難を克服してハンセン病に取り組んだかが強調されている。自伝も、自分がいかに苦労して大変な働きをしたかが語られていて、自己の生涯の評価を後世の者に委ねるための材料として書かれているのではない。これら人物史は、埋もれ行く人びとの働きを後世に残す点では貢献しているし、本研究でも基礎文献となっているのだが、研究という観点からすれば、極めて初歩的な段階にあるといえる。ただ、個々には輪倉一広による岩下壮一、中村茂によるコンウォール・リーの研究など、実証的で注目すべき研究もあらわれている。

（三）施設史

施設史とは、特定の施設を取り上げて分析する、社会福祉史研究ではよく行われる方法である。個々の施設の史料がキリスト教系には多くないこともあって、全体的にはあまりみられない。施設では記念誌や年史を発行することがあり、国立療養所では、たびたび発行している。キリスト教系療養所ではそれに匹敵するものとして、『神山復生病院の一〇〇年』、それに純粋な施設史ではないが『ある群像―好善社一〇〇年の歩み』がある。この二冊では、流れや背景などは比較的丁寧にまとめられている。

未開拓といっていい分野であるが、聖バルナバミッションや慰廃園についての研究があらわれており、今後のさらなる発展が期待される。

（四）教会史・伝道史

療養所に設立された教会あるいは、その伝道の歴史である。『全国ハンセン病療養所内・キリスト教会沿革史』が、最もまとまったものであろう。療養所内の教会が形成される事実関係を、教会別にまとめたものである。実質的に編集した太田國男が全国の療養所を訪ねて呼びかけた。プロテスタント系の出版物であるが、太田はカトリック教会を含めることにかなりこだわり、カトリック教会も、すべてではないが、大半は収録されている。同書のほかに、個々の教会による個別の教会史がまとめられている。

このほか、『原田季夫と長島聖書学舎』は、原田から好善社の藤原偉作にあてた書簡を集めたものであるが、長島聖書学舎をめぐる史書としての役割をもっている。渡辺信夫『ライ園留学記』『沖縄ライ園留学記』は各療養所の教会を訪問した記録であるが、歴史の記録にもなっている。

日本のキリスト教史において、極めて重要性の高い領域と思うが、重要性に見合うだけの研究成果があらわれていない。ただ、療養所教会に属した信徒による著作物はかなり積み重ねられており、今後貴重な資料として活用することが可能である。

（五）キリスト教との関連

「キリスト教」と明記した文献として、森幹郎『足跡は消えても』と荒井英子『ハンセン病とキリスト教』がある。『足跡は消えても』は邑久光明園職員であった森が療養所機関誌に連載していた人物史がもとになって、一九六三年に『足跡は消えても』と題して出版された。(2) キリスト教に限定した著作ではなかったが、登場人物の過半がキリスト者であり、その時点からすでにキリスト教のハンセン病への関与を示す本であった。修正を加え、一九九六年にキリスト教系出版社のヨルダン社より、「ハンセン病史上のキリスト者たち」という副題をつけて出版された。網羅的に多数の人物に触れており、また細かい事実関係にもこだわり、新たに判明した研究成果も取り入れている。キリスト教とハンセン病との関係を問うた本格的著作といえる。しかし、各人物の説明が独立しており、全体として、どう展開したのかはわかりにくい。多数の人物が紹介されているだけに、個々の人物についての追究は深くない。また、顕彰的視点が濃厚である。森は療養所勤務時代に入所者の社会復帰や優生保護法の改正を唱えるなど先駆的に隔離政策の批判をして、光田健輔らを激怒させた人物である。しかし、同書では批判を避けており、物足りなさが残る。

『ハンセン病とキリスト教』はこの種のテーマが実証抜きの礼賛に流れていたのとまったく異なり、批判的な分析を試み、ハンセン病が罪のメタファーとして機能したことを問うている。しかし、必ずしもキリスト教の動き全体が捉えられているとはいえず、また例証としてあがっているのが小川正子であるが、小川が林文雄のような典型的なキリスト者医師といえるかは疑問である。小川もまた、キリスト教の雰囲気のなかでハンセン病医療を志し、光田の子飼いになるという共通点はあるものの、療養所には七年ほど勤務したにすぎない。たまたま、『小島の春』がベストセラーになったうえ映画もヒットしただけで、本来は周辺的人物ではなかろうか。また、『足跡は消えても』はプロテスタント、カトリックとも対象としているのに対し、「キリスト教」といっても、カトリックは議論の対象になっていない。

結局、『足跡は消えても』『ハンセン病とキリスト教』は研究史上画期をなした文献ではあるが、本書の目的とはかなり異なる内容である。

以上、本研究に関連する先行研究について簡単に検討した。ハンセン病全体でいえば、藤野豊を筆頭にして注目すべき研究が生み出されつつある。キリスト教との関係でも個々に優れた研究もみられるが、未開拓の領域が広がっているといってよい。

四　ハンセン病をめぐる動向

次に、本研究を行うに際して、筆者自身のハンセン病への認識を示す必要があろう。そこで、近年の動向もふまえ、ハンセン病への筆者の考えを示したい。

一九八〇年代まではハンセン病の問題は、いわばマイナーな事柄で、関心をもつのは極めて特異な人であった。三宅一志『差別者のボクに捧げる』は、比較的早い時期にハンセン病を総合的に取り上げた画期的な著作であるが、こうした著作が刊行されてもなお、ハンセン病は一部の関心にとどまった。

らい予防法の改正問題は、一九八〇年代にもそれなりに議論はあった。長島愛生園への架橋など、マスコミが取り上げるできごともあった。しかし、社会的な大きな流れになることはなく、知る人ぞ知る、という状況であった。近現代史の汚点を直視したくない意識が働いていたうえ、ハンセン病患者が自分の周辺にいないことからの無知、差別人権問題の議論は部落問題に注がれがちで、障害者についてさえ、一定の関心が生じたのは一九七〇年代といってよく、ハンセン病まで関心がまわらなかった。ハンセン病の啓発をしているのが、かつて隔離を推進した藤楓協会で、その理事長らは隔離をかたくなに保持した元厚生官僚とあっては、効果的で説得力ある啓発などできるはずもなかった。

ハンセン病をめぐる状況が一変したのは、第一段階としては、一九九六年のらい予防法廃止前後である。廃止をめぐる動きのなかで、らい予防法とは何か、何が問題であったのかが問われた。廃止へ向けての動きが詳報され、テレビの人気番組で取り上げられたこともある。しかし、厚生大臣の謝罪はあったものの、責任の所在を明らかにするにはいたらなかった。マスコミも一方では、旧来の思想を引きずるようなテレビ番組をつくっていた。一九九八年に「愛する」なる映画がつくられたが、内容は古い救癩観を反映したもので、藤野豊や森幹郎は、その欺まん性や時代錯誤を厳しく批判している。[3]光田健輔を礼賛した神谷美恵子がなぜか注目され、神谷を再評価する著作が次々と刊行された。つまり、ハンセン病への関心の高まりと隔離政策への批判が強まりつつ、逆行する動きもみられた。

国家賠償請求訴訟が提訴されたのも、らい予防法廃止にもかかわらず、状況が本質的には変わっていないことが背景として挙げられる。この訴訟は、少人数で支援も乏しいところから始まったが、次第に関心と支持を集め、ついに二〇〇一年に原告全面勝訴となった。この判決以後が第二段階である。確かにこの判決は、国の責任を明確に認める画期的な内容を有していた。「世論」はこの判決を全面的に支持し、政府は控訴断念に追い込まれた。人気取りを優先する小泉内閣の格好の材料となった面があるとはいえ、判決の正当性が控訴を困難にしたのが基本である。公判では、大谷藤郎証言や犀川一夫証言という、厚生省の側でハンセン病の仕事をしていた者からの証言によって、隔離政策の不当性が論証されていった。

以後マスコミは、らい予防法と隔離政策の悪を断罪する情報を大量に流していくことになる。そして、人権研究者、人権運動家、教員、有識者、マスコミ人らがしたり顔で、隔離政策の誤りを語るようになった。過去の誤りを謝罪する県知事も相次いだ。

しかし、彼ら隔離の誤りを語る者たちの大半は、らい予防法が存在したときにもすでに人権研究者、人権運動家、教員、有識者、マスコミ人であったはずである。らい予防法が悪法だというのなら、なぜらい予防法が存在したときに、その悪を語らなかったのか。らい予防法が存在したとき、隔離政策を語る者はまれであった。せいぜい、マスコミでは三宅一志、人権研究者では父が患者だという林力、教育学者では清水寛、歴史研究者では藤野豊、川上武といった程度であった。

判決後の状況について、戦後まもない時期に邑久光明園の職員として隔離政策を批判していた森幹郎は、筆者への私信において「戦後の反戦論」と評した。戦時下に戦争を礼賛した人たちが、戦後に戦時下の自らの言動を棚に上げて反戦平和を論じたのと類似しているという趣旨であろう。同感だが、戦時下、情報が統制され言論の自由もなかったことを思えば、その反動で戦後反戦論が吹き出したのもやむをえない面もある。しかし、らい予防法については、それなりに情報はあった。普通に出版情報に接していれば、一九九一年に岩波ブックレットとして刊行された、島比呂志の『らい予防法の改正を』は読めたはずである。もちろん言論の自由もあるのだから、「戦後の反戦論」にも増して、低次元である。(4)

これまで、ハンセン病問題について、隔離の状況を是認するか、重要視しないかのどちらかであった。教育界の例として、光田健輔の出身地の山口県防府市で一九九四年に『夢へのその一歩　光田健輔物語』なる児童向けの本が出版され、防府市内の小中学校に寄贈されたできごとがある。同書の内容は、光田を郷土の偉人として礼賛するものである。出版と学校への寄贈について、地元マスコミは美談報道するだけで、問題意識のかけらもなかった。筆者は『山口県地方史研究』に同書への批判の論考を載せたが、反響は全くなかった。あまりの無関心ぶりに耐えかねて、同書をどう考えているのか、防府市内の学校現場にアンケートを試みた。回答を見ると、大半の教員は関心も問題意識もなかった。かろうじて一人だけ、悩みを語る教員がいた。これはローカルな事件だが、教育界でハンセン病に取り組む実践など、まれであっただろう。(5)かつて、龍田寮事件という、小学校をめぐる人権侵害事件も起きているのに、事件は何ら継承されなかったのである。

人権問題の例として、部落解放研究所（現・部落解放・人権研究所）の編集による『現代日本の差別と人権』という本がある。部落問題、障害者問題など差別問題を列挙して解説している本である。書名を維持しつつ、改版のたびに内容を一新している。一九九五年に発行された第三版では、ハンセン病については触れていなかった。この時点で、前述の島比呂志によるブックレットや藤野豊『日本ファシズムと医療』なども刊行されている。藤野と部落解放研究所の近い関係からして、編者としてハンセン病について認識できたはずである。筆者はこの本を短大の授業のテキストにしたことがあるが、ハンセン病が欠落しているので、ハンセン病について取り上げるときは自分で教材をつくっていた。

ところが二〇〇二年発行の第四版にハンセン病が掲載された。差別の状況が改善にむかったら載せ始めたのである。しかも、執筆者は藤野である。載せること自体には賛成だが、なぜそれまで載せなかったのか、問われなければならないだろう。

ハンセン病問題の情報が多くはなかったとはいえ、人権研究者、人権運動家、教員、有識者、マスコミ人らが、気がつく機会はいくらでもあった。一九七七年の『全患協運動史』の刊行、一九八八年の長島への架橋、藤野豊『日本ファシズムと医療』の刊行などである。もっとさかのぼれば、一九七四年の映画「砂の器」は患者団体からの批判があったとはいえ、ハンセン病問題が現存することを知る好機であった。だが、この映画の影響といえば、以後松本清張『砂の器』をドラマ化するときは、ハンセン病の話にはしないという「知恵」がマスコミ人についただけであった(6)。

自省なき批判が端的にあらわれたのが、二〇〇三年の熊本県黒川温泉でのホテルの宿泊拒否事件である。ハンセン病者の宿泊を拒否したホテルに対して、厳しい批判が集中した。ホテル側が、熊本県に責任を転嫁したり関係者に対してあまりに非礼で非常識な対応をとったあげく、これ見よがしにホテルを閉鎖するなど、常軌を逸した行為を繰り返した。そのために、人びとの怒りが喚起された面はあるが、それにしても、皆がホテルを批判したが、ホテルの姿は、昨日の私たちの姿そのものではなかったのか。ホテルを断罪して、あたかも差別と闘っているかのごときに感じて満足するのは、自分の責任への自覚がないという点でホテル側と何も変わらない。

こうして、誰もが正義派になっているのは、結局責任のすべてを「国」のせいにしているためである。確かに国の責任はどんなに強調してもしすぎることはない。しかし、国が隔離政策をなしえたのは、国民の支持、容認があったからでもある。

それを認識しないまま、すべてを「国」の責任とするのは、戦争の責任を「軍国主義」のせいにして、実際には誰の責任も追及されないのと似ている。戦争責任は、軍部の策動や、何らかの思惑で戦争に加担する権力側の動きと、そこに追随する民衆の側の動きとが重層的に絡んでいる。民衆の戦争責任を示すことは、責任者を免罪したりその責任を薄めたりすることではなく、むしろ浮かび上がらせることになる。

ハンセン病の問題も、隔離を推進した光田健輔らの誤謬《ごびゅう》や衛生政策として権力側の強い意向があってすすめられた一方で、その構造を受け入れ、隔離に加担し、同調した大多数の国民あってこそ実現したのである。その責任が明らかにされなければならない。患者を地域で直接差別し、隔離政策を支持したのは国民なのである。前近代からの因習や国による感染の恐怖をあおる宣伝などの事情があったとはいえ、患者を排斥する常識を疑うことなく、隔離に加担した責任は否定できない。その責任を示すことは、戦争責任同様、そうした民衆を産み出し利用しつくした国の犯罪を明瞭にすることである。しかも、その「国民」というのは抽象的な存在ではなく、自分自身である。

こうして「国」を悪者とするのは、それが、安全でありかつ自己満足になるからだろう。今の日本では「国」を批判したからといって、逐一「国」が反論するわけではない。弾圧もない。大企業サラリーマンなら、出世に響くといったことがあるかもしれないが、教員（特に大学教員）、ジャーナリスト、運動家といった人は「国」を批判していても特に不利益があるわけではない。相手は反撃してこないので安心して批判できる。一見、反権力の闘いをしているようで、実はもっとも安全なのである。

患者が批判するのは当事者だから当然である。しかし、患者でもない者が、なぜ、被害者自身であるかのように、「国」を断罪できるのであろうか。

もちろん「国」への徹底した批判は必要である。だがそれは、自己批判を重ねつつ、痛みをともなうものでなければ、「国」に打撃を与えることはできないであろう。

五　用語の問題

以上のように、ハンセン病をめぐり、「隔離政策が悪い」「国が悪い」という単純化が行われ、かえって、隔離政策の課題が隠れて、責任が霧散している。本書は、微温的ないし隔離政策の擁護と誤解されかねない論旨を含んでいるかもしれないが、隔離政策への新たな批判の方法であり、むしろ最もラジカルな隔離政策批判だと考える。なぜなら、すでに述べたように、国民の支持のもとで隔離政策が推進されたのであり、権力から比較的遠い場で隔離を支持した者の行動や心情を、その者自身の立場から追っていくことが、隔離政策の実態を明らかにすることになると考えるからである。隔離政策が、社会主義弾圧のように強権を振り回す形であれば、その問題は戦前であっても感じ取れたであろうし、まして戦後直ちに否定されたであろう。警官が強制収容に一役買うようなことが多かったにしても、全体としては貞明皇后の短歌に示されるように、慈愛の形態をとった。慈愛と思うので、自分が人権を侵しているとは全く感じずにハンセン病救済に邁進したのである。慈愛と錯覚させて利用した国家の非情を暴くには、非情だと告発する前に、慈愛と錯覚した人たちが何を考え、何をしたのかを把握することが必要であろう。本書はキリスト教に限定しつつ、慈愛としてのハンセン病救済の実情を把握し、隔離政策の奥深さを実証しようとしている。

最後に、使用する用語について確認しておく。病名について戦前は「癩」とされ、戦後はひらがなで「らい」と記されるようになった。また「レプラ」といわれることもあった。しかし、「癩」「らい」が差別的であることから、「ハンセン氏病」と称され、やがて「ハンセン病」とされた。一方で、森幹郎（二〇〇一：一九—二八）は、重く長い歴史を背負ったこの病気を、近代の一医師の名で呼ぶことを厳しく批判している。

どう表記することが最適か判断しかねるが、近年では「ハンセン病」が定着しており、「ハンセン病」を原則とするが、引用文との関係で、他の表記を用いることがある。また「ハンセン病救済」という表記も用いている。これは、「癩」を「ハンセン病」に言い換えたのではない。「救癩」とは、定義づければ「隔離政策や皇室の温情を前提とした慈恵意識と優越感のもとでの患者への主観的救済」といった意味であろう。つまり「救癩」と呼べば、すでに否定的評価が含まれている。本書では中立的に「ハンセン病救済」と呼びつつ、引用文との関係もしくは否定的意味をこめて「救癩」を使用する。

なお、歴史的記述にもかかわらず「癩」「らい」をむやみに「ハンセン病」と言い換える例があるが、筆者は、本質を考えない、ことなかれ主義的な言い換えには賛成できない。「忍性《にんしょう》や叡尊《えいそん》がハンセン病患者を救済した」といった言い方である。忍性らが救済した者のなかには現在でいう「ハンセン病」患者もいたであろうが、それ以外の疾病をもつ人も「らい」として排除されていた。あまりに機械的な言い換えは、歴史の事実を捻じ曲げるものである。忍性の働きが矮小化されるだけではない。ハンセン病と言い換えることで、差別された人びとのうちハンセン病でない人は、存在した事実までもが捨てられることになる。

また、「らい」という語を使うべきでないという面に力点がおかれて、問題の焦点がずれるケースもでてきている。二〇〇六年四月に、鹿児島県の離島にある、三つの町が保育所の入所に際して、保護者に医師による診断書を求め、その所定の診断書に「結核・トラホーム・性病・らい・てんかん」とあることが報道され、町長は鹿児島県内の二つのハンセン病療養所を訪問して、謝罪することとなった。報道では、差別語たる「らい」という語が使われていることを問題として報じている。ならば、「ハンセン病」としておけば問題ではなかったのか。報道では「らい」のみが問題とされているが、あとの結核、トラホーム、性病、てんかんは問題とはされていない。この事案は、「らい」という語があることが主要な問題ではない。今日の日本において幼児が発症することがまれな、あるいは発症したとしても容易に治癒ないしコントロールできる疾病について、診断書を出させることこそが問題であろう。この診断書を見た保護者は、トラホームやてんかんについて、保育所への入所が困難になる恐るべき病気かと思って、偏見を強めることになりかねない。

ハンセン病に罹患したことがある人についても、現在の治癒した人たちを示す語として「元患者」「入所者」「回復者」等いろいろ言われる。「ハンセン病者」が適切だとの意見も有力である。いずれにせよ、それぞれなりの理由があって使われているのであって、私がここで論評することは控えるが、本書においては、治癒しにくい時期を対象としているので「患者」また、療養所に入所している立場を重視するときに「入所者」とする場合がある。

「看護婦」について、現在では「看護師」と呼ばれるが、当時の呼称として「看護婦」とする。キリスト教に入信している者について、「クリスチャン」「キリスト教信者」「キリスト教徒」等の言い方があるが、本書では原則として「キリスト者」で統一した。ただし、文脈の関係などで別の用語を使う場合もある。

何をもって「キリスト者」と呼ぶかは、自明ではない。晩年にカトリックの洗礼を受けた光田健輔、対外的にはキリスト者としての立場をあまり明確にしなかった小川正子など、本書で登場する人物にもさまざまなケースがみられる。本書ではハンセン病に取り組んだ時点で、ある程度自覚的にキリスト教を自己の立場として受け入れていた者を指すことにする。したがって、小川は含むが光田は含まれない。光田は一般のハンセン病史研究では中心に位置するが、本書では周辺的な人物にとどまる。本書では光田の批判はほとんど行わないが、それは批判を控えているわけではなく、本書の対象外であるためである。

「収容」という用語は、かつては社会福祉施設でも用いられたが、入所者の主体性を軽視する、不適切な用語として使用されなくなった。しかし、ハンセン病療養所の場合、患者の意思を無視した、まさに「収容」であるので、あえて使用している。

注

(1)『信徒の友』二〇〇三年三月号で、「ハンセン病とキリスト教」を特集している。
(2)『足跡は消えても』は一九六三年に日本生命済生会より発行された後、同じ紙型を用いてキリスト新聞社から発行された。一九九六年に大幅な手直しをして、『足跡は消えても　ハンセン病史上のキリスト者たち』と題して刊行されているが、前者と後者は、別の本と考えてよいであろう。
(3)映画「愛する」への批判は、藤野豊(一九九八)「ハンセン病をめぐる社会の意識は変わったか」『部落解放』四三六、森幹郎(二〇〇一：三三一—三三六)。
(4)「低次元」の筆頭は筆者自身である。筆者の問題については杉山(二〇〇五a)で述べた。
(5)一部では、すぐれた教育実践もみられる。大阪府の清教学園高校では、大島青松園でのワークキャンプに取り組んできた(「清教学園高校の人権教育—大島青松園国立ハンセン氏病療養所におけるワークキャンプを中心に—」『私学同研一九八九年第六部会研究発表会資料』大阪府私立学校同和教育研究会』一九九〇年)。
(6)大澤真幸(二〇〇五)『現実の向こう』春秋社では、出版直前に放映されたドラマ「砂の器」を映画とも対比させて論じているが、映画におけるハンセン病の課題を論じることはほとんどせず、およそ的外れな議論を延々としている。『朝日新聞』二〇〇九年一月九日夕刊(筆者が見たのは西部本社発行の三版)に、松本清張についての記事が掲載されている。北九州市立大学教授で松本清張研究会常任理事の赤松正幸に聞いて、新谷祐一が構成したというその記事では、「砂の器」の疾病を「難病」と表記している。ただし、白井佳夫(二〇〇一)「映画「砂の器」が問いかけてくるもの」沖浦和光・徳永進編『ハンセン病—排除・差別隔離の歴史』では、ハンセン病との関連を分析している。

第一章　キリスト教とハンセン病

一　療養所の設置

(一) キリスト教と療養所

本章では、ハンセン病救済運動に触れる前提として、キリスト教とハンセン病に関する主要な動きを概観しておく。第二章以降で述べていく動きは、本章で述べる動向を背景として生まれたものであるので、事実関係やその事実から浮かぶ検討課題を把握しておく必要があると思われる。そこで「療養所の設置」「国公立療養所の医師、看護婦、事務職員としての勤務」「療養所へのキリスト教宣教」に区分して述べていきたい。まず、「療養所の設置」についてである。

キリスト教によるハンセン病療養所が、一九〇七年の「癩予防ニ関スル件」制定以前から設立されている。これら施設は慈善事業の先駆として評価されてきたので、ハンセン病史を語るときに紹介されるだけではなく、社会福祉史の通史的文献でも紹介されてきた。したがって、個々の施設はそれなりに知られている。また、個々の施設についての研究論文もある。藤野豊の研究でも、初期キリスト教療養所のあり方については、比較的好意的に扱われている。

『近現代日本ハンセン病問題史料集成　補巻六』は「私立療養所」をテーマとしている。そこでの訓覇浩による解説は、訓覇は浄土真宗大谷派であるので仏教への視野も含まれているが、キリスト教を含めた私立療養所と隔離政策との関係を論じている。

こうした状況をみるとき、第二章以下で扱っている諸活動が今日あまり知られなくなっているのに比して、一応継承されているといえよう。しかし、個別の施設や人物についての研究は活発になる兆しがあるけれども、全体像を明らかにしたり、あるいは隔離政策との関連で位置づけることが、それほど盛んとも思えない。

「癩予防ニ関スル件」が制定されるまで、国による救済はほとんどなく、わずかに起廃病院のようなものがあるだけであった。こうした無策の時代に、患者救済に乗り出したのはキリスト者であった。その動きを教派別に整理していく。なお、日本の植民地下でも、キリスト教による療養所設置の動きがみられるが、日本の動きと異なる流れや背景であると思われるので、ここでは触れていない。

(二)　カトリック

①神山復生病院

カトリックとハンセン病との関係はキリシタンの時代にさかのぼる。[1] キリシタンの慈善として各地で医療活動を行うが、長崎などに癩病院を設置した。特に知られるのがアルメイダによるものである。アルメイダは現在の大分に病院を設置するが、それは癩者が主要な対象であった。ただ、いうまでもなく、キリシタンは迫害によって壊滅するので、当然慈善活動も消滅する。

近代になってまずできたのが、テスドウィドによる神山復生病院である。[2] 神山復生病院については、『神山復生病院の一〇〇年』が詳細にまとめている。院長であった岩下壮一によって、未完ながら「救ライ五十年苦闘史」が書かれ、『岩下壮一全集　第八巻』に収録されている。

一八八七年、フランス人神父テストウィドが静岡県御殿場にて布教しているとき、水車小屋の藁のなかで苦しんでいた患者を発見して救済したことから始まったといわれている。現在の敷地を購入して本格的に病院としてスタートしたが、その場所が入手できたのは、水が確保しにくいなど生活に適さない条件があったためである。以後、井戸掘りに苦労することになる。

第一次世界大戦下においては、外国からの寄付が激減して危機となる。しかし、社会事業への御下賜金や内務省、静岡県からの補助金が増える時期でもあった。さらに一九一九年に神山復生病院同情会が結成された。一九二一年には神山復生病院静岡県後援会が設置されており、財源を安定的に確保する方策がとられた。水の確保が創設以来の深刻な課題であったが、ポンプ、電気モーター等を備えた設備で対応できるようになっていた。

この時期の出来事として、井深八重の入所と看護婦としての活動がある。[3] あまりに有名なので触れておく。井深は同志社卒業後、長崎県立長崎女学校の英語教師をしていたが、皮膚に斑点ができたことでハンセン病を疑われた。一九一九年に神山復生病院に入所する。しかし病状の進展がないことから再受診したところ、ハンセン病ではないことが明らかとなった。退所することとなったわけだが、井深は神山復生病院での活動を希望する。一九二三年に看護婦となり、高齢になるまで看護婦として活動する。ナイチンゲール記章を受賞し、一九八九年、神山復生病院の創設百周年記念行事の前日に死去した。

誤診判明後にあえて病院にもどったことがドラマティックであることで、井深については、神格化・伝説化して語られることが多い。死後、顕彰記念会がつくられて、そこで発行する本の宣伝では「救癩の天使」とうたった。[4]

確かに、井深が半世紀以上にわたって、報われることのない看護業務を黙々と続けた事実に対しては、高く評価すべきであろう。井深の発言に隔離政策と重なる部分があるとしても、日々の働きで積み上げた実績まで、否定すべきではない。しかし、一連の神格化・伝説化は、そうした井深の業績への正当な評価ではない。ハンセン病を悲惨視することで、そこに携わることだけで聖化する。それは、患者を貶めるだけでなく、井深をむしろ侮辱することであろう。キリスト者である井深が、自分のことを「天使」だと思うはずがないし、思ってもらいたくもなかったはずである。「天使」などと礼賛するのは、井深の意志にも反する。また、井深の神格化・伝説化は、井深がエリート階層の出身であること、知的に高いレベルであったこと、美人であること、これらが、ハンセン病の悲惨さとコントラストとなって、井深の「聖」とハンセン病の「醜」とを鮮明にしてくれるからである。ハンセン病を語るときのかつての構造が最も典型的にあらわれている。

神山復生病院院長は、ベルトラン、レゼーを経て、初の日本人院長として岩下壮一が就任する。歴代の院長のなかで、突出して著名なのは岩下壮一である。岩下は哲学者としての著書も多いことから、一般的にもよく知られている。哲学者としての岩下についての研究は半澤孝麿の『近代日本のカトリシズム』など数多いが、ハンセン病のことは直接は出てこないか、背景として触れられるだけである。ハンセン病との関係については『キリストに倣いて』が出版され、岩下とハンセン病との関係について、岩下を知る者たちのエッセイや、岩下自身の遺稿が掲載されている。ハンセン病を中心にすえた研究としては、遠藤興一（一九七七）が早い時期のものである。なんといっても、輪倉一広は、修士論文で岩下を取り上げて以来、岩下を継続的に研究してきた。

伝記として戦時下すでに、井伊義男による『復生の花園』が出版されている。さらに、小林珍雄によって『岩下神父の生涯』が書かれている。小林は『岩下壮一全集』の編者でもある。小坂井澄による『人間の分際』もある。ほかに、芥川賞作家重兼芳子による小説『闇をてらす足おと』もあるが、小説として書かれているので、岩下の人柄とか患者との人間関係などは巧みに描かれているが、研究資料としては限界がある。

岩下は、海外に留学するなど哲学の業績のある神父であったが、神山復生病院に出入りしていたことから、レゼーの死を受けて、一九三〇年に神山復生病院の院長に就任する。学者としての栄達の道からはずれてしまうが、あえて受けたのであった。岩下は、長年の懸案であった水の確保について安定させるなど、病院の経営について手腕を発揮した。

岩下が院長であった時期は、隔離政策が推進された時期と重なっている。そのため、岩下の本意とかかわりなく、隔離政策との関係が問われることになる。岩下が、隔離政策を是認する立場であることは明確であった。それを示すのは「祖国の血を浄化せよ」と題して一九三五年一一月一〇日に行われた講演である。(5) 演題からして、民族浄化論にそったものだが、内容もそうである。

「内務省が三十年根絶計画のため七千万円のプランを立てました。これを実行する様にして頂けばよいのです」として、隔離政策の着実な実行を説いている。さらに「癩予防運動は即愛国運動也」として「吾々も日本民族の血が如何に尊いかといふ事を思ひますこの血を通して我民族が発展していくのであります」と述べて、血の浄化を主張している。ただ、岩下は隔離政策への協力を意図して院長になったのではなく、院長になったのがたまたま、隔離政策が強力に推進された時期である。それまでハンセン病に関与していたわけではない岩下に、政策と異なる論理をもてといっても無理だったであろう。

一方、小坂井澄（一九九六）によれば、岩下は「人間の分際」ということをたびたび強調していたという。これば、自分が謙遜な生き方をするという趣旨であれば、好ましい生活態度であろうが、岩下は患者にも押し付けた。そこには、患者と対等な人間として向き合う姿勢はない。

一九四〇年に、岩下が院長を退き、後任に千葉大樹が就任した。しかし、なお岩下は理事であり、実質的には岩下のもとで運営されたといえる。しかし、岩下は中国へ宣撫工作で出向くが、その過程で体調を崩してしまう。何とか帰国して、神山復生病院にもどってくるものの、回復することなく一九四〇年一二月に死去する。『日本カトリック新聞』では、一二月の記事はほとんど岩下の追悼記事に終始したといって過言ではないほど、大きく扱った。

千葉のもとで戦時下をしのぐことになるが、食糧確保など困難をきわめることになる。戦後は、クリスト・ロア会に経営が移管され、千葉は退任して、修道女を中心とした運営になる。[6]

②待労院

熊本には待労院が設置される。[7] 待労院は小規模なせいか、本格的な研究には乏しいが、待労院が一〇〇周年を記念して発行した冊子で、歴史の流れは把握可能である。コール神父が熊本に赴任することで創設される。熊本には本妙寺があり、患者が多数生活していた。コールは、一八九六年に本妙寺近くに小さな家を借りて救済を開始し、島崎町琵琶崎に土地を入手する。実質的に運営を担ったのは、五人の修道女である。マリアの宣教者フランシスコ修道女会が依頼を受け、日本に修道女を派遣することとなり、一八九八年に五人が来日する。この一八九八年が設立年とされている。

待労院は、一九一二年に修道院の建物を改築して育児院とし、一九二三年にはさらに拡張した。一九一五年には高齢の夫婦を救助したことから、高齢者の救助も行うようになる。こうしてハンセン病にとどまらず、生活に困窮した人の救済を行う。しかし、ハンセン病のほうが順調だったわけではない。第一次世界大戦の影響によって寄付金が減少したり、建物に白蟻が発生したりするなどの困難が生じていた。

隔離を主眼とするなら、ハンセン病患者以外の人を対象とした施設を隣接して設置すべきではなかろう。これが施設内でも問題視されてはいたが、ただちに切り離すことにもならなかった。場所も市の中心とさほど離れておらず、隔離型の施設ではなかった。そのことが、隔離政策が市民にも浸透していくなかで、住民からの拒否感情が高まることになる。住民から移転を求める運動が起きて、存続さえ危ぶまれるほどであった。柵をつくることが検討されたもののの資金がなかったが、天皇が陸軍大演習にために前を通ることになったため、熊本県の補助金で囲いがつくられることとなった。囲いができたことは、住民の移転要求から施設を守る効果があったとはいえ、隔離的な施設になってしまうことでもあった。天皇の行動でそうなったところに、隔離政策の本質があらわれている。待労院では「自治会」が結成される。しかし、院当局公認のものであり、闘争を目指したものではない。

待労院は、本妙寺の集落に住む患者の強制収容が行われたとき、数人を受け入れた。これまで希望者だけを受け入れてきただけに異例のことだった。国策に協力しているにもかかわらず、戦時下には苦難に見舞われる。まず一九四二年に対戦国の外国人シスターの三人が抑留され、一九四五年にはさらに一〇人の外国人修道女が強制疎開させられた。外国からの寄付も途絶えて、厳しい状況になる。残った日本人修道女だけで支えなければならなくなるが、熊本でも空襲がみられると、市内にある施設だけに、その都度防空壕に避難しなければならなかった。しかし、戦後も長く継続し、入所者は全国の療養所で最少になりつつも、維持し続ける。

(三) 聖公会

①回春病院

プロテスタント系でもっとも著名なのは、回春病院であろう。ハンナ・リデルは、宣教師として来日し、熊本に赴任し、回春病院を開設した。リデルの活動について、これまで多数の文献が出されてきた。死後まもなくの一九三二年に、『癩者の慈母ハンナリデル』という追悼集が、日本ＭＴＬから発行されているし、戦前にすでに回春病院の職員である飛松甚吾による『ミス　ハンナリデル』が発行された。戦後、森幹郎、児島美都子らにより、紹介されてきた。また、資料なども掲載して詳しいのが内田守編『ユーカリの実るを待ちて』である。同書では内田のほか、潮谷総一郎らの文が掲載されている。内田は『熊本県社会事業史稿』でもリデルに触れている。澤正雄の『日本の土に』は、リデルと後継者のライトをともに紹介している。長谷川美智子『ハンナとエダ』なる小説もある。

しかし、いずれも顕彰としての視点が強いものであった。ついにはリデル・ライト両女史顕彰会が一九九三年に設立され、その際に『リデル・ライト両女史記念祭報告書』が発刊された。そのほか、菊池恵楓園の機関誌『菊池野』に関連の記事が掲載されているなど、多数の文献がある。ハンセン病史、社会事業史の双方でたびたび取り上げられ、民間のハンセン病療養所としては最も繰り返し紹介されたといえる。

しかし、その割に、実証的に分析されてきたとはいえない。たとえば、軍艦一隻の費用でハンセン病問題が解決できるとの趣旨の発言がいつも引用され、リデルが軍事より福祉を重視していたように語られる。しかし、前後を読むと、富裕者から費用を徴収し、政府が直接救済するのは貧困者に限定すれば、費用が軍艦一艘分ですむと述べているだけで、決して軍事より国民の健康を優先すべきとの趣旨の発言ではない。多くの論者が、原文を読まないで、孫引きしてきた疑いが濃厚である。あるいは、「本妙寺に花見にでかけてハンセン病患者を目撃して衝撃を受け、救済に乗り出した」という話も、リデルを紹介するとき必ず語られてきたが、真実かどうか、はなはだ疑わしくなっている。これも、確認されないまま、受け継がれてきた神話である。

しかし、ジュリア・ボイドによる『ハンナ・リデル』はイギリスの原史料や宣教団体の史料にあたるなど、これまでほとんど用いられていなかった史料を用いている。「ハンセン病救済に捧げた一生」という、いかにも礼賛を思わせる副題がついているが、内容は礼賛ではなく、宣教団体との軋轢など、リデルをめぐる生臭い動きや、リデルの性格や行動が周囲にもたらした問題などを丁寧に描いている。さらに猪飼隆明による『ハンナ・リデルと回春病院』『「性の隔離」と隔離政策』が登場した。ようやく、リデルを一面的に礼賛するのではなく、功罪を冷静に分析する段階になったといえよう。

リデルは、イギリス聖公会の宣教師として、来日し、熊本に来た。本妙寺は加藤清正がハンセン病に罹患し、祈祷したところ治癒したという伝説があることから、ハンセン病患者が多数集まっていた。一般的には、リデルは本妙寺に花見に出かけ、ハンセン病患者を目撃して衝撃を受け、以後ハンセン病患者の救済に尽くしたといわれてきた。しかし、この逸話には疑問がある。そもそもリデル自身がそういう説明はしていない。リデルによると、他人の会話から、本妙寺にハンセン病患者が多数いることを知った。それで一度本妙寺に行ってみたいと希望していたが、多忙でかなわなかった。ようやく機会を得て、行くことができたというのである。(8) さらに、ジュリア・ボイド（一九九五：七二）によれば、これまで四月三日が花見の日といわれていたが、リデルは四月一日に大阪の会議に出ており、その日に花見をすることは不可能であったという。猪飼も、患者の存在を知ったうえでの本妙寺行であったと論じている。

いずれにせよいえることは、本妙寺のハンセン病集落の存在が回春病院設立につながったことは確かであるが、動機はドラマチックなものではなく、もっと冷静に思慮したうえでのことだったということである。ただ、もともと熊本に来た目的はハンセン病救済ではなかった。それなのに、ハンセン病救済に取り組むのは、本妙寺の集落あってのことである。その意味では、リデルの人生にとって偶然の側面はある。

リデルは、ハンセン病の病院の設立を構想し、寄付金を集めたり、教会の援助を求めたりする。しかし、宣教団体は、あくまで信徒を増やす伝道を求め、ハンセン病救済には冷淡であった。もっとも、それは、ボイドの研究によれば、宣教団体側の保守的発想だけからもたらされたのではなく、リデルの性格への嫌悪や、リデルがとかく手続きを踏まないで頭越しに動いたりすること、あるいは華美な生活スタイルへの反発もあったようである。そうしたリデルの体質や行動パターンは、以後もみられることになる。

それでも、立田山麓に敷地を得ることができ、一八九五年に病院の開設を果たすことになる。「病院」ということで、医師を確保しつつ、精神面も重視する生活が行われた。この時期のリデルの功績としては、ハンセン病救済の必要性をさまざまな場で訴えることにより、問題への関心を喚起したことであろう。

リデルは回春病院の運営だけで満足せず、癩予防法制定に「尽力」することになる。法制定へ向け、大隈重信ら有力者と面会する。法案の審議においても、法制定に尽力した山根正次は、法制定の必要な根拠として、外国人の事業を挙げている。

回春病院の設置が、患者への純粋な同情心からスタートしたことは確かであろうが、カトリック系の施設と違って、有力者への援助を求めていくことで、よくも悪くも、社会的な広がりをもった。

回春病院はとかくリデルの功績としてのみ語られる。しかし、院長として長く支えるのは三宅俊輔である。三宅は、一八九七年から死去する一九二七年まで、三〇年にわたって、院長として回春病院を支えた。回春病院は、三宅の功労とあわせて評価すべきであろう。ところが、三宅が死去したとき、リデルは三宅の葬儀に出ることさえしなかった。森幹郎（一九九六：六九）はリデルにとって三宅も「一使用人にすぎなかった」とする。そして森は「患者から慈父のように慕われていた三宅院長に対しても、嫉妬していたのかもしれない」と分析している。リデルの倫理感の歪みはこうしたところにもあらわれている。しかし、三宅については『三宅俊輔追悼録』が一九二九年に出版され、三宅を知る人たちによって業績が語られている。三宅の死後は、神宮良一が院長をつとめる。

リデルの問題点として、宣教への姿勢をあげることができる。リデルは、貧困者を収容している公立療養所への偏見を隠していない。このことを、児島美都子（一九七三）は、イギリス階級社会の影響とする。リデルは、従来は上流社会出身といわれてきたが、ボイドや猪飼によれば、そうではないという。いずれにせよ、リデルは上流階級を思わせる生活スタイルであった。夏は軽井沢で静養し、東京では帝国ホテルに泊まっていた。上流階級出身でないのなら、なおさら、その贅沢ぶりが問われなければならないであろう。

とはいえ、リデルが公立療養所にまるで無関心であったわけでもない。九州療養所（現・菊池恵楓園）などに聖公会の教会が建てられているのは、リデルの影響である。リデルは、それなりに療養所に関心をよせ、ときに聖職者を派遣して、宣教にあたらせた。そのことが、療養所内のキリスト教の拡大、ひいては所内の生活の向上に役割を果たした面もある。

回春病院でとられたのは、男女の徹底的な隔離である。(9) そこにはハンセン病の原因の一つを遺伝に見るというリデルの誤った理解がある。それだけでなく、男女の恋愛や性交を道徳的に嫌悪する発想があったように思われる。いずれにせよ、このやり方は、患者が子どもを生むことを拒絶するものであった。国公立療養所においては、結婚は認められたが、断種手術が条件であった。回春病院では断種手術はないが、そもそも結婚や恋愛自体が認められなかった。国公立療養所の結婚の是認は、あくまで所内の治安維持のためであって、恋愛や結婚の自由を尊重したわけではない。しかし、動機は何であれ、人間の最低限の欲求にこたえる面をもっていた。回春病院はそれさえなかった。いやなら、国公立療養所に行くしかない。

それでも、男女の分離はじめからわかっていることなので、回春病院内で実施するだけなら、病院内部の問題かもしれないが、リデルは国全体で実施すべきことを説いている。仮にリデルのいうことを実施したらどうであろうか。徹底した隔離をしたうえ、異性を当然目撃する外出も認められない。国公立療養所以上の過酷で徹底した隔離を実施するしかなくなる。リデルの主張は隔離主義以外の何ものでもない。

回春病院は、一九三二年にリデルが死去したため、姪のエダ・ライトが跡を継ぐ。ライトはリデルの姪であるが、実質的には娘に近いような関係でかかわってきた。その意味では、リデルの後継者として自然な面があった。しかし、リデルに比べ、行動力や指導力で劣っていたことは否めない。回春病院はリデルの行動力や知名度に支えられている面があっただけに、厳しい時期に入る。

回春病院は、長島愛生園の医師との交流を深めている。回春病院に入所していた玉木愛子によれば、一九三〇年に林文雄が朝鮮を訪問した帰路に来院し、ともに賛美歌を歌うなどした。一九三三年には小川正子が訪問した。また、回春病院の医師であった神宮良一は長島愛生園に転じている。回春病院ではこうした愛生園とのつながりのなか、転院希望者が増え、玉木自身も長島愛生園に移ることになる。玉木の転院自体は、愛生園への憧憬というより、ライトへの不満のようだが、愛生園とのつながりは、回春病院が、隔離政策と無関係な場にいるわけではないことを示している。

回春病院では一九三六年八月に入所者による騒動が起きる。これはライトの、ひいてはキリスト教系療養所の限界を示すものであった。患者が院内でデモをするなど行動し、事務長の退任などを求めた。短期間のトラブルであり、国公立療養所の騒動と比較になるような規模や内容ではない。しかし、地元の『熊本日日新聞』でも詳細に報じられており、無視できないできごとであった。

当時、長島愛生園など国公立療養所で、患者による抗議運動が起きていた。キリスト教系療養所は、愛と感謝の生活が強調されがちで、騒動とは無関係と思われやすいが、個人的には不満をもつ者もいる。騒動自体は単発的なものであったが、不満が一部で蓄積していることを示していた。この事件は、キリスト教系療養所だからといって、患者が満足して暮らしているわけではない実態を明らかにしたといえよう。

戦時下になると、イギリス人であるライトにスパイ容疑がかけられる。かなり以前からライトには尾行がつくなど監視対象になっていたらしく、一九三四年からライトとの親密な交流を始めた澤正雄（一九九五：二八）は「どうもわれわれの行動の上には、いつも監視の目が光っているようだった」と述べている。ついには、家宅捜索を受け、ラジオを没収され、職員の飛松甚吾は勾留された。むろん、何の根拠もない不当な疑惑である。しかもライトを拘束して棒でたたくなどしたというから、いくら戦前とはいえ、あまりに非道で悪質な対応といわなければならない。

回春病院は経営がたちいかなくなり、一九四一年二月についに廃止されることになる。突然廃止が告げられるという、強引な廃止であった[10]。ライトは患者が乗せられたトラックにしがみついて、なかなか手を離さなかったため、出発に手間取ったという。患者は九州療養所に収容された。回春病院の跡地に龍田寮が設置され、戦後龍田寮事件が起きることは後述する。ライトは、やむなくオーストラリアに退去する。

なお、ライトは戦後日本に戻り、老人ホームを設置する。現在の、リデル・ライト記念老人ホームである。研究所の建物のみ残り、リデル・ライト記念館として現存している。

②聖バルナバミッション

コンウォール・リーによる、群馬県草津における聖バルナバミッションと呼ばれる一連の事業も、聖公会系である。[11] リーについては一九五四年に貫民之介による『コンウォール・リー女史の生涯と偉業』という伝記が書かれている。以後も窪田暁子「草津聖バルナバミッションの理念と事業」などの研究があり、豊田穣による伝記小説『あふれる愛』もある。しかし、それらは、すぐれた福祉実践として評価する視点が明白であった。それに対し、廣川和花（二〇〇五：四一―四二）は「リー顕彰を主眼とする研究は、大部分の非キリスト者病者にとっては聖ＢＭ（杉山注―バルナバミッション）での生活には負の要素が多いという自明の事実からも目を背けてきたといえよう。換言すればありうべき病者の療養形態という根本問題よりもリーの偉大さを賞賛することに重きを置くという本末転倒に陥っている」と、先行研究の視点の歪みを指摘している。

詳細な研究をまとめたのは中村茂である。中村はいくつかの個別論文を発表した後に『草津「喜びの谷」の物語』をまとめた。今のところ、同書が聖バルナバミッションの最もすぐれた文献といってよいであろう。

草津は温泉がハンセン病に有効と思われていて、患者が多数住み着き、湯之沢部落と称される患者の自治的集落が形成されていた。そのなかに一九一六年以降、聖バルナバミッションと総称される一連の施設が設置されていく。公的資料に「聖バルナバ医院」と記されているものがあるが、それは「ミッション」の語がキリスト教伝道を示唆し、補助金の対象として不適当との判断から「聖バルナバミッション」の語を避けたものである。

コンウォール・リーは一八五七年にイギリスで生まれ、一九〇八年に来日した。五一歳という年齢は、当時としては異国の地で困難な活動を開始するには高齢のように思われる。だが、ハンセン病患者と接するなかで、活動を開始していく。

窪田暁子の「草津聖バルナバミッションの理念と事業」では、聖バルナバミッションについて「医療ソーシャルワークの先駆的モデル」と位置づけたうえ、「医療と教育と福祉を見事に結合」「強烈な人格尊重の思想」「人格の力への信頼」「病者の人格の尊厳をまもり、ひとりひとりを人間として遇したことが、それまで人間扱いを拒まれ続けていた病者たちを感動させ、ひきつけた」等、礼賛的な記述となっている。廣川の批判する典型的なパターンである。後に窪田はハンセン病検証会議の委員になって、「福祉界」の責任を明らかにすることになるのではあるが、この研究がなされた時点では、窪田自身が、ハンセン病への実践を十分な論証抜きに評価する発想に立っていた。

では、聖バルナバミッションは実際にはどうであったのだろうか。聖バルナバミッションの施設は湯之沢部落内に点在しており、「施設」というものと異なり、湯之沢部落の一部を形成するものだった。最初は六畳一間を借りて「同情の家庭」として始めた。家屋の購入や新築を繰り返して、規模が大きくなっていく。しかし基本的には、他の療養所が程度の差はあれ隔離的な性格をもつのに対し、地域密着型の生活の場として形成されたといえよう。

コンウォール・リーについては、従来は結婚に賛成していたといわれていた。しかし、廣川和花（二〇〇五：三七）は、聖バルナバミッションの管理下にない一般の患者について容認しただけであって、聖バルナバミッションのもとにいる患者については、結婚希望者は退去しなければならないという厳しい制約を設けていたと指摘している。ただ廣川は、それを湯之沢部落において療養形態の選択肢が存在したことによるライフコースの多様性として把握している。つまり、リデルのように普遍的な倫理として患者の結婚を厳禁する発想とは異なる。

一九四一年に聖バルナバミッションが解散したのは、曲がりなりにも隔離政策と異なる実践をしてきたキリスト教系療養所が、隔離政策についに取り込まれるものであった。単なる一施設の閉鎖にとどまるものではなく、湯之沢部落自体の崩壊につながっていく。聖バルナバミッションの患者の多くは栗生楽泉園に収容された。

聖公会系の両施設の解散は、単にイギリス系であることからの困難ではなく、隔離政策の完成のなかで、無用になったということであろう。

③福岡・生の松原での活動

ほとんど知られていないユニークなものとして、福岡の「生の松原」での聖公会の活動がある。「生の松原」は福岡の海水浴場に近い場所であるが、ハンセン病の病院と患者村があった。戦後、日本福祉大学を創設することになる仏教感化救済会の鈴木修学（当時の名は修一郎）も、ここでハンセン病患者救済に従事したものの、厳しい財政事情に直面し、事業は同じ日蓮宗の身延深敬病院に継承される。[12] この地に、聖公会による伝道が展開され、教会も設立された。詳細は諸説あって不明であるが、聖公会によって救済・伝道が行われ、聖バルナバ慰安寮という生活の場が設置されている。しかし、一九四一年に閉鎖され、患者は長島愛生園に移ったという。身延深敬病院九州分院も一九四二年に閉鎖されている。

（四）その他

①慰廃園

長老教会の女性宣教師、ゲーテ・ヤングマンによって、好善社が一八七七年に設立される。[13] 好善社ははじめはキリスト教集会や日曜学校を行っていたが、慈善事業にも取り組むこととなった。その頃、プロテスタント信徒でありながら神山復生病院に入所した患者がいたが、退園してしまった。そうした事情もあって、一八九四年に慰廃園が東京の目黒区（当初は目黒村）に大塚正心らを中心として設置される。慰廃園については好善社による『ある群像』が最もまとまった文献である。ほかに平井雄一郎の研究がある。

「本園は病院と異なり憫然なる癩病患者を慰藉収容し、且つ同病者に基督教を宣伝するを以て目的とす」とされており、精神的な慰安を重視していた。しかし、医療面も、北里柴三郎による北里病院と提携するなど一定の水準をもっていた。しかし、都市部に位置する慰廃園は、周囲からの立ち退き要求にさらされ続ける。結局、アメリカからの寄付が途絶えたことや、主要な運営者が高齢になったことで、一九四二年に廃止される。患者は多磨全生園に移った。好善社は、戦後は国立療養所内の教会への援助において役割を果たすことになる。

②鈴蘭園

短期間で終わったが特異な活動として、服部けさと三上千代によってはじめられた鈴蘭医院と、服部の死後、三上が単独で行った鈴蘭園、第二鈴蘭園がある。(14) 服部、三上の活動については藤本浩一『鈴蘭村』で詳しく触れられている。また、最上二郎『ハンセン病と女医服部けさ』が服部の生涯を詳しく追っている。しかし、同書は「救らいの女神」という副題があって、ハンセン病問題への認識の低さをうかがわせるし、隔離政策を批判するようでいて、光田健輔については肯定的に書かれているなど、視点もはっきりしない。また、郷土の偉人を紹介するという視点が濃厚である。

三上千代は看護婦である。三井慈善病院を経て、全生病院に勤務した。服部けさは福島県出身で、兄や妹は短歌で業績を残すなど文化的な家族に育ち、自身も文学への関心をもっていたが、医師を目指すことになる。

二人は、コンウォール・リーのもとで活動したが、聖公会に対してホーリネスという信仰上の違いなどから対立し、一九二四年に独自に鈴蘭医院を設置する。しかし、服部けさはもともと体調が悪く、病院開設後わずか二一日目で死去する。

残された三上はいったん全生病院の看護婦になるが、一九二五年に草津に鈴蘭園を開いた。光田健輔はじめ、関係者の寄付を得るなどしたが、医師がいないなどの問題もあり、一九三二年に、栗生楽生園ができると廃止された。一九三一年に宮城県に第二鈴蘭園を開設し、患者の子どものための保育所を設置した。しかし、地主からお金を要求されたり、職員の裏切りにあうなどして継続できなくなって、一九三三年に廃止された。三上は、全生病院の看護婦を経て、沖縄の国頭愛楽園の看護婦となる。

長続きしなかったのは、もともと施設運営という困難な課題を、医療や精神のケアをやりながら行うこと自体が困難であったからだろう。さらに、三上の行き過ぎた理想主義、経営という問題への甘さがあったことも明らかである。また、服部も三上も光田との関係が深く、隔離政策と親和的であった。本来、隔離と異なる実践でありながら、隔離政策の一翼を担うという矛盾をかかえてもいた。いずれにせよ、戦前における隔離政策の完成の時期へむけ、遅かれ早かれたちゆかなくなる活動であった。ハンセン病救済の可能性と限界の双方を示していた。なお、三上は、ハンセン病患者が冤罪に問われ、死刑執行された菊池事件の際、「救う会」に入会して「生命の灯を消すな」と訴えていたことも（『全患協ニュース』第一九四号、一九六二年六月）認識されるべきであろう。

③明石楽生病院

小規模という点では、明石楽生病院にも触れておく必要があるだろう。元来は営利目的としてスタートしたこの病院を、キリスト教系として位置づけるには疑問もある。しかし、ある時期から、キリスト者の大野悦子が運営するようになり、患者に、松村好之や明石海人があらわれることからすれば、ここで取り上げておくことが適切と思われる[15]。

明石楽生病院は、福岡の第一楽生病院の分院として明石に設置された。大野はそこに一九二一年に、会計係として就職したに過ぎない。もともと営利目的の病院であり、入院者から多額の費用を徴収することで成り立っていた。しかし、新薬によって治療できるかのごとき宣伝で患者を集めていたため、実際には治療できないことがわかると患者は激減していき、経営者たちは去っていった。結局、最後まで残った大野が経営まで含めて、運営を担うことになってしまった。大野の献身的な姿勢が、松村好之のようなキリスト者を生み出す。社団法人明石叢生病院として再建しようとし、賀川豊彦らが申請人となっている。(16) 大野は賀川による小説『東雲は瞬く』のモデルでもある。しかし、大野の尽力だけで維持することはできず、一九三二年に患者全員が長島愛生園に移ることになる。その一人が、歌人として著名な明石海人である。

④二葉寮

救世軍は一八九五年の来日以来、さまざまな慈善事業を展開してきたが、医療にも力を入れていた。現在でも、救世軍の病院はホスピスなどで知られている。救世軍、特に山室軍平はハンセン病に関心を寄せた。救世軍として、療養所の設置を検討していた。しかし、それは国立療養所が開設される社会状況のなかで、実現しなかった。

唯一、実現したのが、栗生楽生園に設置された保育所である。療養所では「未感染児童」の養育という問題があった。「未感染児童」とは、親とともに療養所に入所したものの、本人はハンセン病ではない子どもである。親とともに生活をすると感染の恐れがあるため、別に養育の場を設けることが求められた。各療養所に設けられるが、栗生楽生園の場合は、癩予防協会から救世軍に委託された。それが一九三三年に設立された二葉寮である。二葉寮については、森幹郎『足跡は消えても』で述べられ、筆者も触れたことがあるが（杉山二〇〇六）、最も詳しくまとめたのは、滝尾英二『近代日本のハンセン病と子どもたち・考』の補論「栗生楽泉園『二葉寮』と救世軍」である。

純粋な救世軍の事業ではなく、癩予防協会からの委託という形であった。それでも、救世軍の士官が運営にあたり、救世軍の年報に統計が掲載され、『ときのこゑ』にも記事が出ており、救世軍の事業のひとつと考えてさしつかえない。しかし、救世軍は一九四〇年に手を引くことになる。回春病院がライトへのスパイ疑惑から廃止されたように、救世軍もイギリスのスパイ疑惑がかけられ、一九四〇年七月についに憲兵隊が強制捜査するという状況と無関係ではないだろう。隔離政策という国家事業を反国家勢力にまかせることはできない。

以後は、園の直轄なのか癩予防協会の事業になったのか不明な面があるが、滝尾は癩予防協会の事業になったとの見解を示している。いずれにせよ。救世軍の手から離れたことで、救世軍とハンセン病との組織的な関係は終わることになる。

以上のように、戦時下までに、プロテスタント系はすべて閉鎖されて、その歴史を閉じてしまった。それは、戦争という困難のためというより、もともと隔離政策にとって異質であったキリスト教系療養所を廃止に追い込んだといったほうが実態に近いであろう。キリスト教系の療養所も、程度の差はあれ、隔離政策を補完する役割を果たすことになる。しかし、少数の大規模療養所で患者を管理するという隔離の基本からすれば、小規模であったり都市部にあったりするキリスト教系療養所は異質な存在であり、あえて守るものではなかった、また、そのなかでも特にプロテスタント系のみが閉鎖になったのは、プロテスタント系は個人のリーダーシップによって運営している面が強く、創設者が死去すると、後継者がいなかったり、いても指導力が欠けたりしていると維持が困難になる。個人が前面に出ることのないカトリック系のほうが、困難のなか、生き延びることだけは可能であった。

(五) キリスト教系療養所と隔離政策

このように、キリスト教の療養所が設置されたのは、キリスト教が各種の慈善事業に積極的に着手した流れをみなければならない。ハンセン病史として記述する場合、キリスト教が突出して感じられ、キリスト教がハンセン病に対しての何がしかの構えをもっていたように見える。しかし、キリスト教は近代初期以来、慈善事業に活発に取り組み、日本の社会福祉の先駆となってきた。その際、常に目前の課題に取り組むというパターンをもつ。岡山孤児院は貧困な母子の子を引き取ったのがきっかけであるし、知的障害児施設の滝乃川学園は濃尾大地震の際に引き取った女児のなかに知的障害児がいたことから開始される。つまり、主義主張や思想があらかじめあって、活動を始めるのではなく、救済すべき対象が面前にあることから、活動が先に始まるのである。

当時、浮浪する患者あるいは患者による集落が多い状況のもと、孤児救済同様、キリスト者と患者が出会い、事業が開始された。どの療養所も意図したというより偶発的な契機で始まっている。最初の段階では、意図してハンセン病救済に乗り出したのではない。

したがって、隔離を目指していたわけではない。どの療養所も立地は住宅地に比較的近い場所である。設立の段階では隔離政策などを意識することなく、純然と患者の救済を意図したといってよい。

こうしたキリスト教系の療養所と隔離政策との関係をどう考えるか。もとよりそれぞれ、多数の人物が関与しており、時代も短期間で消えたものもあれば、一〇〇年を越えて現存するものまでさまざまであり、簡単に評価することはできない。訓覇浩は『近現代日本ハンセン病問題資料集成　補巻六』の解説において「宗教者たちが、ハンセン病隔離政策が世の流れとなっていくに従い、国策に対し積極的に賛意を表し、自らが携わる私立療養所を競うようにその中に位置づけていくのである」「療養所こそ宗教的世界が顕現する最高のステージであり、隔離政策と宗教的救癩は切り離すことができないものであった」と述べて、宗教系療養所と隔離政策の接近を論じている。各療養所にはそれぞれ特徴があり、隔離政策との距離も一様ではない。

共通点として、第一は、すべての療養所ではないが、設立の動機として、はじめからハンセン病療養所を企図していたわけではなく、患者との何らかの出会いがあり、出会った患者への個人的救済から発展していった。何かの目的や使命感を有していたわけではない。

第二は、どれも小規模であり、拡大していくようなことはない。そこでは日本のハンセン病全体を解決しようなどという発想はなかった。その点では隔離政策への支援を考えたわけではない。設置場所も都市部か住宅地に比較的近く、隔離型として設置したのではない。

第三は、鈴蘭園や救世軍の保育所のようなきわめて小規模なものを除き、多くは外国人による設立であることである。設立後、日本人の関与が大きくなるケースや、院長が日本人になっていく場合もあるが、外国との関係は以後も意識されていたといえよう。これら外国人が、「民族浄化」に関心をもつはずもない。

こうした点では、隔離政策とは一線を画したといえよう。しかし、隔離政策を内側から批判する可能性があったかといえば、そうとはいえない。どの療養所も患者の中絶や断種などはしていない。その限りでは隔離政策と異なっている。しかしそれは、国公立療養所での断種を否定し闘ったということではない。中絶や断種をしないのは、結婚を禁止していたためである。結婚するのであれば、退所して国公立療養所に移らねばならなかったが、そうすれば療養所で断種させられたはずである。真に断種や中絶を否定するのであれば、キリスト教療養所で結婚を認めるべきであっただろう。ハンナ・リデルにいたっては、患者が子どもを残すことを犯罪視しているのだから、隔離政策の思想と何も変わるところがない。また、どの療養所も癩予防協会からの支援を受け、皇室の支援を受けた。主観的にはそうでなくても、隔離体制の一翼を担わされたのである。

ただ、隔離政策との関係について、強引かもしれないが、以下のように分類できるのではないか。

第一は無関心型である。隔離政策の是非に関心がなく、推進しないが批判することもない。独自の活動を重ねるだけの姿勢である。待労院の修道女などはその典型であるし、カトリック系の外国人はおおむねこの範疇といえよう。外国人が内政に関与しないようにするのは当然ではある。事業の目的は隣人としての患者の個別的な救済にしかなく、その人たちへの精神的慰安が、主な関心となる。日本全体のハンセン病問題の解決といった、国公立療養所医師のような「使命感」は存在せず、「民族浄化」といったスローガンに共鳴することもない。しかし、国家が誤った政策に邁進するとき、無関心というのは加害者側に立つことと同義になることがある。実際、隔離政策のもとでは、そうした人たちの活動も組み込んでいくことになる。

第二は積極推進型である。隔離政策を基本的に支持し、その枠内にあることを意識した。隔離政策の一翼を担っていることを自覚し、隔離政策に協力していることを存在意義としてとらえる。岩下壮一、三上千代などがこれになろう。変則的だが、ハンナ・リデルもこれになる。

第三は批判的関与型である。隔離政策と無縁ではありえないとしても、違う方向を提示した。聖バルナバミッションがこれにあたる。これも、意図して批判したというより、その実践が隔離政策と異なるものであった。

いずれにせよ、創設者らの動機や活動には良心的な姿勢が感じられるものが多く、実際の展開のうえでもさまざまな困難を乗り越えてのものであった。しかし、隔離政策の拡大にともなって、そこに飲み込まれることを避けることはできなかった。

二　国公立療養所の医師、看護婦、事務職員としての勤務

（一）国公立療養所とキリスト者

ハンセン病政策の中心となるのは、国公立の療養所である。東京養育院に勤務していた光田健輔が回春病室をつくったのを先駆とし、一九〇七年の「癩予防ニ関スル件」により、連合府県立の形で設置された。一九三〇年に国立の長島愛生園が設置され、戦時下に公立は国立に移管された。

こうした療養所こそ、隔離を実行する場であり、隔離政策の中心として、批判の対象となっている。一般に流布されている療養所像は以下のようなものである。

第一は、管理的な対応である。園長に絶対的な権限があり、懲戒検束規定のもと、反抗的な患者には減食や監禁などの肉体的苦痛をともなう懲罰が加えられ、特に栗生楽泉園には特別病室が設けられて、多くの患者が死亡した。現

金は取り上げられて、園内のみで通用する券が使用された。

第二は、低劣な生活水準である。医師や看護婦などの職員は入所者に比べて少なく、それを補うために、患者看護や患者作業が強制された。無理な労働のために、症状を悪化させる入所者が少なくなかった。

第三は、人権の否定である。いったん入所すると外出はまず認められない。名前も変えるのが一般的であった。結婚は許されたが、それは断種手術と引き換えであった。

第四は、隔離的性格である。大半の療養所は、都市部から遠く離れた場所に立地した。多磨全生園や奄美和光園などは、現在行くと住宅地に隣接していて便利に見えるが、それは戦後、都市の周辺部が開発された結果にすぎない。大島青松園は離島であるため、現在も船で行き来するしかない。

こうしたなか、あまりの劣悪さに、脱走する者も少なくなく、また組織的な抗議として長島事件などがある。戦後、自治会運動の活発化で待遇改善が図られていくが、それまでは、刑務所よりも低劣な場所といってもよかった。

以上のような療養所像が、近年一般的に語られている。それがすべて適切な把握なのかには検討の余地はある。患者は虐げられてばかりいたのではなく、文化活動などによって、生活の充実を図った。しかし、全体として、隔離政策の遂行にとって療養所が絶対に必要であり、その役割を果たしたことは否定しようがない。

ところが、この療養所を、医師、看護婦、事務職員として支えるのはキリスト者が多かった。光田健輔は、晩年にカトリックの洗礼を受けたが、現役時代は信徒ではない。しかし、他の主要な医師の多くはキリスト者であった。

療養所に勤務することは、療養所が不便な場所にあることや、職員までもが差別されかねないこと、重症患者への対応はじめ過酷な業務が予想されることなど、望んで希望する者は決して多くなかった。しかし、キリスト者はしばしば、周囲の猛反対をおしきってでも、療養所への勤務を希望し、必要とあらば、離島勤務も厭わなかった。反面、当然かもしれないが、大半の者は光田健輔の熱心な支持者で、戦後になって光田への批判が高まってもなお、光田への礼賛の姿勢を変えなかった。隔離政策を批判し在宅診療を推進した犀川一夫でさえ、光田の隔離にこだわる面は批判しつつも、光田自体を賞賛する姿勢は他の者と大差ない。

ここでは、国公立療養所に勤務した主要なキリスト者を紹介する。

（二）男性医師

女性医師は隔離政策の遂行のうえで、特別な役割を背負わされていることから、別に整理したい。そうなると、まず男性医師を取り上げることになる。男性医師は、単に医療職にあるというだけではなく、若いうちに療養所の管理職となり、園長となっていく。そのため、医療に限定されず、療養所の人事管理、生活管理など、療養所の動き全体を管轄するようになる。結果、本人が意図するかしないかにかかわらず、隔離政策の現場の責任者という役割を担う。かつては、光田に連なる者として、光田への礼賛にかかわって、礼賛の対象となってきたが、光田批判・隔離批判が沸き起こるなか、今度は徹底した批判にさらされるようになった。

医師として、療養所に勤務する者にはキリスト者が多かった。療養所の医師のなかには、早田晧、中条資俊といった国家主義的でキリスト教に抑圧的な医師もいた。キリスト者と親交を結ぶなどキリスト教に受容的ではあるが、宗教には醒めている内田守といった医師もいる。しかし、全体としていえば、男女問わず熱心なキリスト者医師が目立っている。

キリスト者医師として活躍した代表は、林文雄である。林については、おかのゆきお『林文雄の生涯』によって、すでに詳細に紹介されている。また『キリストの証人たち』という日本基督教団出版局によるシリーズでも紹介されている。『思い出―林文雄の少年時代とその周辺―』と題した冊子が、妻の林富美子によって発行されており、林の周辺の人物が林について語っている。

当時の知名度、影響、その生涯、勤務の姿勢など、国公立療養所に勤務したキリスト者の代表者であり、また典型例であり、最も重要視すべき人物である。

一九〇〇年に生まれ、北海道のキリスト者家庭に育った林は、自身も熱心な信仰をもちキリスト者として成長する。北海道大学に進み、医師を目指すが、医学と信仰との関係について悩み、その解決策がハンセン病の医師となることであった。ハンセン病療養所への勤務を願望し、父親の猛烈な反対を押し切って、一九二七年に全生病院への勤務を果たす。信仰が原点であった林は、患者への伝道を使命としてもっていた。しかし、光田健輔は宗教への中立に配慮していたため、この点では光田と考えの相違をみた。それでも、林はキリスト者の患者との個人的な接触を深めていく。長島愛生園が設立されると、医務課長にまねかれた。

おかのによると、一時婚約をしたが、破棄したという。その後、一九三六年に大西富美子と結婚する。富美子については後述する。また、海外の視察を行い、それを出版したこともある。(17)

一九三五年に星塚敬愛園の園長となった林が着手したのは沖縄・奄美の患者収容である。詳細な経緯や評価は第四章で触れるが、困難をきわめた事業で、林の強いリーダーシップなしでは実現できなかったであろう。

林の管理者としての顔を見せるのは、患者を遺棄した「安村事件」である。一九三六年、断種手術に反対した患者の中心だった安村利助を園から放逐し、しかも宮崎県境まで車で連れて行き、そこで放置した。安村は足が不自由で自分で移動ができないため、そのまま悲惨な結果をまねいた可能性もある。幸運にも助けられたが、助かったのは僥倖であって、死亡した可能性は極めて高い。比喩でなく、殺人そのものである。仮に安村が悪質な人物であったとしても、殺人が是認される余地は無く、非道な行為と責められるべきであろう。森幹郎は「不可解」と述べているが(森一九九六:二二二)、林が光田の忠実な弟子であることからすれば、むしろ必然といえる、この事件に限らないが、隔離主義の医師たちは、隔離の必要をいいつつ、都合の悪い患者は追放したり、入園を拒否したりする。公衆衛生上隔離が必要なら、患者を外に放置するなど、あってはならないはずである。

林は一九四二年に、結核に倒れ、療養を余儀なくされる。一九四四年に富美子とともに大島青松園に移る。一時復職し、労働組合の役員までさせられるが、一九四七年に死去する。林がもうしばらく現役であったとしたら、患者運動にどう対応したであろうか。

一貫して国公立療養所に勤務した林であるが、キリスト教系療養所への勤務を考えた時期があり、救世軍の山室軍平に手紙を出したようである。(18) 山室から林に宛てた手紙が『山室軍平選集』の書翰《しょかん》集に掲載されている。それによると、林は救世軍がハンセン病療養所を設置するよう要請し、設置の際には自分が園長を引き受けると述べていたようである。救世軍による療養所自体が実現しなかったのだが、林は国公立療養所に満足していたわけではないことを示している。だがそれは、宗教的な理由であって、隔離への疑問ではまったくない。

林のもとで、星塚敬愛園に勤務し、沖縄・奄美の収容の陣頭指揮をとったのが塩沼英之助である。塩沼は幼少時のはしかのために片目を失った。そのことから、不幸な患者の医師になることを目指してハンセン病を選んだが、ハンセン病では失明することが多いことを知って眼科医となる。妻は林の妹の光子である。一九二九年に全生病院に就職している。一九三五年に、星塚敬愛園に移った。

一九三八年、沖縄の国頭愛楽園が設立されると、園長となった。一九四四年に林が星塚敬愛園を去ったことにより、後任の園長になる。しかし、自治会での患者の対立をうまく収拾することができず、一九五二年に辞任し、以後は一医師として長島愛生園に勤務することとなる。

林、塩沼のもとにいたのが永井健児である。一九三四年から長島愛生園に勤務し、林を兄事するようになった。一九三五年に林らとともに星塚敬愛園に移った。一九三七年に光田健輔の娘、芳子と結婚する。しかし、一九三八年に召集され、戦地で病死した。療養所勤務は五年足らずで、また死亡時に三〇歳と若かったので、園長のような要職に就くことはなかった。しかし、患者との出会いに触発され、いったん一般病院に就職したのにハンセン病療養所に転じたこと、光田との親密な関係、戦地に聖書を持参するほどの熱心な信仰など、典型的なキリスト者医師であった。

永井同様、十分な活動ができないまま終わってしまったのが、池尻慎一である。池尻は日本福音ルーテル協会の久留米教会で洗礼を受けた。一九三四年から三六年まで回春病院の医師をして、九州MTLにも参加した。一九三六年に全生病院に移る。一九四〇年に邑楽《おおら》慎一の名で『傷める葦』を書き、ベストセラーとなった。しかし、召集され、一九四四年に戦死することになる。享年三七歳であった。活動が短期間であったため、批判されるような言動もあまり残さなかったのだが、池尻もまた典型的なキリスト者ハンセン病医師であったといえよう。

回春病院出身者である神宮良一もいる。神宮については内田守の編集による『仁医神宮良一博士小伝』があり、全貌が把握できる。神宮は朝鮮・釜山で医師をしていたが、一九二六年に回春病院の院長となる。しかし、一九三三年に長島愛生園に転じ、光田健輔のもとで勤務する。一九三八年に邑久光明園に転じた。

宮崎松記は、林や塩沼のようにキリスト者としてのイメージは強くないようにも思われるが、出身地の八代メソジスト教会で洗礼を受けている。熊本の第五高等学校では、ＹＭＣＡにあたる花陵会に入り、主要メンバーであった。ハンセン病医師になったのは、五高時代にハンナ・リデルの活動に触れて感動したためであるという。戦後は、熊本大学ＹＭＣＡ花陵会の理事長を務めて、後輩のキリスト者の指導にもあたった。熊本の九州ＭＴＬの主要メンバーでもあった。宮崎は隔離主義医師の一人であり、長く九州療養所・菊池恵楓園の園長であった。本妙寺事件のときの園長でもある。また、戦後のいわゆる三園長証言の一人であり、つまり戦後のらい予防法が戦前と変わらない隔離法となった方向付けをした人物の一人ということである。ただ、戦後の龍田寮事件は、そもそも宮崎が訴えたことから始まったものである。療養所退職後はインドのハンセン病問題に取り組み、『ぼだい樹の木陰で』という著書にまとめている。一九七二年のインド・ニューデリーの日航機墜落事故で死去した。

プロテスタントが多いが、カトリックとしては大西基四夫がいる。林の妻の富美子の弟であり、光田の娘婿である。星塚敬愛園園長、奄美和光園園長である。大西については、第五章で触れる。ほかに、宮古療養所や国頭愛楽園の園長を務めた家坂幸三郎が徹底したキリスト教主義という点では目立つ人物であるが、第四章で述べる。

大勢として、光田派の医師として隔離政策を支持していくことになる。戦後になると、光田のもとで勤務した経験がありつつも、在宅治療を主張した犀川一夫のような医師もあらわれる。しかし戦前、隔離政策と異なる主張をするキリスト者医師はいなかったといってよい。

（三）女性医師

「女性医師」などと、女性を一括するのは、まさにジェンダーそのものだと批判を受けるかもしれないが、あえてそうするのは、隔離政策や療養所の性格を示す面があるからである。隔離政策を正当化する過程では常に女性が活用されてきた。東京女子医科大学皮膚科学教室編による、ハンセン病の女性医師だけ集めた本もある。

一般に著名なのは小川正子である。いうまでもなく、『小島の春』の著者である。長島愛生園に勤務し、そのときに潜在している患者を見つけ出していく体験を『小島の春』として出版した。同書がベストセラーになるだけでなく、映画化され、一世を風靡した。映画を福祉文化の文脈で評価する社会福祉研究者もいる。[19] いまなお、小川を賞賛する本の出版は絶えない。小川はキリスト者としてのイメージは乏しいが、聖書を愛読し、キリスト教信仰をもっていたと思われる。

出身地の山梨県笛吹市（旧春日居町・小川の出生時は村）では市立郷土館に併設する形で、小規模ながら記念館が創られて、顕彰されている。研究資料として貴重な所蔵品はそう多くはないのだが、そこでは小川を「救らいの母」

などと称して、その生涯を賞賛し、またハンセン病救済の関係者を礼賛している。「正子の『聖書』」というコーナーもある。ハンセン病関係の資料館・記念館はいくつかあるが、そのなかでも、救癩色を鮮明にした館である。館長が『ハンセン病報道は真実を伝え得たか』を書き、その救癩的、慈恵的発想が厳しく批判された。

一方で、小川への厳しい批判的見解もあった。島比呂志（一九九一）は、ありもしない事績までが語られて、歪んだ小川像がつくられていることを指摘した。

実証的体系的に批判したのは、荒井英子の『ハンセン病とキリスト教』である。荒井は、小川の生涯や思想を丁寧に分析してそこにひそむ問題点を明らかにしている。小川とキリスト教信仰との関連を明らかにしたうえで、小川の業績を分析した。小川は全力で業務を遂行する誠実さをもちながらも、使命に燃えるあまり、科学者として自らを客観視する視座を欠き、その結果、強制隔離による人権侵害を隠蔽する役割を果たしてきたというのである。さらに『小島の春』をめぐる動きを『小島の春』現象と呼んで、その内実を検証した。荒井は、それまで『小島の春』の著者ということで漠然と聖女視されてきた小川について、広範な史料の収集と分析により、実像を突きつけ、小川のもつ負の側面を明らかにした。

しかし、重度の障害者として歴史研究を重ねてきた花田春兆（二〇〇二：一六二）は「患者を確認しては療養所に送り込む、いわば強制収容の実行部隊だったということで、非難の矢面にたたされかねない昨今の状況ではあるが、彼女にとってそれは酷に過ぎるというものだろう。ともあれ、映画化されたこの作品によって、ハンセン病問題の深さを広く提示したことの意味は、決して消せないのだ」と、肯定的側面があることを認めている。部落問題研究所での議論も、批判一辺倒ではない（秦二〇〇六）。

小川は社会的に著名になることを望んでいたわけではない。『小島の春』の出版も内田守ら周囲が推進したのであり、小川がこれで世に出ようとしたわけではない。。また、本と映画は分けて考えるべきで、映画のもつ課題や影響はもはや小川の手を離れたところでおきたことである。だとすれば、小川を批判するのではなく、小川を神格化してしまった側を厳しく問うべきであろう。

林文雄の妻が、林富美子である。富美子は自分の生涯を『野に咲くベロニカ』という自伝にまとめているほか、いくつかの著作がある。[20] 富美子は東京女子医学専門学校在学中の一九二八年に洗礼を受けた。神山復生病院を見学したことから、ハンセン病への関心が芽生えた。全生病院への就職を願ったがポストが無く、いったんは賛育会錦糸病院の医師になる。そこでもハンセン病患者に出会うことがあり、ついに全生病院の医師となる。光田との強い関係ができたのはいうまでもない。一九三〇年、長島愛生園設立にともない、赴任した。そこで結婚話がもちあがって、林文雄と結婚することになる。光田と大西基四夫は義父・娘婿の関係であり、大西と富美子は姉弟であり、富美子と林が夫婦であり、林の妹が塩沼英之助の妻である。光田と医師たちが、師弟関係にとどまらず、縁戚としても結ばれていくのである。文雄との結婚とよって、星塚敬愛園に移る。文雄が健康を害したことにともない、大島青松園に移った。そこで終戦を迎えた。

文雄が死去したことや、もともと内面ではカトリック的な信仰をもっていたことからカトリックに改宗し、一九五一年から、神山復生病院に勤務することになる。したがって、戦後は国立療養所からは離れるが、光田を思慕しその業績をたたえる姿勢には何ら変化はなかった。『野に咲くベロニカ』でも「救癩の小さな谷川は、大正、昭和にかけて光田先生を中心にして激流となって流れ出し」「救癩の原点ともいうべき光田イズム（杉山注―ここでいう光田イズムとは、民族浄化を目指して徹底隔離と管理を貫徹したという批判的意味ではなく、慈愛に満ちた慈善家というような礼賛の趣旨である）」と述べている。

松田ナミは、一九〇四年に生まれ、東京女子医学専門学校在学中に洗礼を受け、学内にＹＷＣＡの結成を試みるなど熱心な信徒となる。賛育会錦糸病院を経て、一九三五年に九州療養所に勤務した。一九三八年に辞職して、国頭愛楽園に勤務した。一九四八年に星塚敬愛園に移る。一九六六年に再び沖縄愛楽園（国頭愛楽園から改称）に勤務し、一九七三年に奄美和光園に勤務と、勤務先を転々とし、一九七五年に療養所から退職した。

こうした女性医師を集約するかのごときに登場するのが、戦後の神谷美恵子である。神谷は若いときからハンセン病への関心をもっていたが、療養所の医師になることは実現せず、大学教授などをつとめるが、戦後非常勤の精神科医師として、長島愛生園に通うようになる。そこから生まれたのが『生きがいとは何か』等のエッセイや論文である。一般の読書家からの人気も高く、著作集も刊行されている。一九九〇年代からの隔離政策批判のなか、療養所の医師は批判されていくが、なぜか神谷への人気は衰えるどころか、ますます高まりテレビの人気番組で肯定的に取り上げられたり、神谷を評価する本が次々と出版されたりした。一部のハンセン病関連書では神谷への批判的コメントがみられるものの[21]、なお基本的には評価の面が強い。

隔離政策は、強権を振りかざして行われたのではなく、むしろ慈愛として行われた。映画『小島の春』で描かれているのはまさに、慈愛あふれる女性医師の患者への献身的姿勢である。強権による抑圧だけでは必ず、それへの抵抗があらわれる。隔離が成功したのは、慈愛を全面に出すのに成功したからであろう。それには女性が必要であった。小川も神谷も、ハンセン病に生涯を捧げたというには、勤務した年数が長いとはいえない。それでも小川や神谷が礼賛され続けるのは、隔離にとって不可欠な存在だったからである。

（四）事務職員

キリスト者がハンセン病に献身しようと試みるとき、医療的な課題である以上、医療資格が求められる。しかしながら、医療資格なしでハンセン病とかかわるには、療養所の事務職員に就職するという方法があった。そのため、事務職員として、療養所を支える者もいた。

早い時期としては、大島療養所で書記長をした宮内岩太郎である。県庁に勤務していたが、知事の依頼によって一九〇九年に大島療養所に勤務する。療養所では、キリスト者を職員に採用したり、入所者に聖書や賛美歌を送るなどしていたが、入所者の反発も強く、一九一一年には辞職する。大島療養所勤務は二年ほどである。

光田健輔と近い関係にあり、しかも影響も大きかった人物としては、宮川量と井上謙を挙げなければならない。宮川量には、遺稿をまとめた『飛騨に生まれて』がある。宮川は元来は園芸を学んだが、全生病院に出入りするなか、一九二八年二四歳のときに就職する。林文雄とほぼ同時期であり「全生五人男」とされる、光田側近のひとりであった。長島愛生園設立に際しては長島愛生園に赴任する。一九三二年末から三三年初にかけて沖縄、宮古島、石垣島を訪問し、後の沖縄の対策に影響を与えることは後述する。歴史にも関心があり、癩についての前近代の研究がある。ほかにも、多数の論考を書いている。

沖縄に国頭愛楽園が設置されると、事務長として赴任する。一九四一年には中国の療養所を視察するなど活動的であったが、帰国後喘息を発症して退職する。長島愛生園の嘱託になるがこれも続かず、一九四九年に四四歳で死去し、短い生涯となってしまった。ハンセン病にどっぷりつかった生涯であった。

井上謙については、藤本浩一による『井上謙の生涯』がある。幹部でもない事務職員の伝記が書かれるのは、医療に限らずきわめて異例であろう。それだけ、井上は療養所を典型的に象徴する人物といえる。井上ははじめセブンスデー・アドベンチストの教会に通い、セブンスデー・アドベンチスト系の三育学院に学ぶ。セブンスデー・アドベンチストは、土曜を聖日として礼拝を行うなど、他のプロテスタントと比べ、やや異なる教理をもつ。そのため、プロテスタント同士の交流に加わっていない場合も多く、特異な派とみなされてきた。井上は、セブンスデー・アドベンチストからは離れ、無教会の立場に立つようになる。

長島愛生園の開園式に出席したことから、一九三〇年に愛生園に勤務することになる。愛生園で患者収容にあたる。

一九三五年に星塚敬愛園が設立されると、庶務課長心得として移る。やはり患者収容にあたるが、何といっても力を入れたのは沖縄・奄美の患者収容である。この収容は前線の塩沼らの動きで実施できただけではなく、後方部隊ともいうべき井上の働きがあって可能になった。前述の「安村事件」の首謀者ともいわれている。一九三九年に敬愛園を辞任することになる。不本意な人事があったとも、あるいは「安村事件」の影響ともいう。

その後、栗生楽泉園に勤務する。『湯之沢部落六十年史稿』を霜崎清との共著で出している。草津の湯之沢部落が解体されていく際に、主要な役割でかかわっている。戦後は再び長島愛生園に勤務する。光田健輔の信頼が厚かったというだけに、隔離政策への追随は宮川をしのぐものがある。内田守（一九七一：二四一）によると、『光田健輔と日本のらい予防事業』を編集したのは井上だという。同書は、光田の主要な論文やエッセイを整理して、光田の業績を光田自身の著述によって示した文献である。また、光田が朝日賞や文化勲章を受章するのも、実は井上の尽力によるところが大きかったのだという。

宮川や井上に比べ無名であるが、広畑隣助と野村鎌磨という人物がいるが、第二章で触れる。

（五）看護婦

女性がハンセン病に献身しようとする場合、前述の医師という場合のほか、看護婦という方法があった。医師と比べて、資格を取得しやすいこともあり、少なくないキリスト者が看護婦として療養所に勤務した。ただ、その多くは、医師と異なりまったく無名であるため、一人ひとりについて、動機や思想を探ることは困難である。看護婦として代表的なのは三上千代である。鈴蘭園を創設、運営するが、それ以外の時期は療養所の看護婦であった。ほかでは、井藤道子が多くの著作を残している。井藤は一九四一年に星塚敬愛園に就職し、一九四七年に沖縄愛楽園に転じた。一九五三年に敬愛園にもどり、一九七三年から再び愛楽園で勤務している。

看護婦のハンセン病への意識をさぐる手がかりとして、岡野いさをの手記『私が歩いて来た道』がある。岡野は長くハンセン病療養所の看護婦を勤めるが、『林文雄の生涯』などハンセン病関係の著作をもつおかのゆきおの妻である。東北新生園を看護婦生活のスタートとし、以後ハンセン病以外の病院勤務をはさみつつ、ハンセン病療養所の勤務を続ける。これを読むと、使命感から夢中で飛び込み、仕事に走り回るなかで、体制に順応していく様子がうかがえる。しかし、岡野が看護婦になるのは戦後なので、岡野でもって、戦前の看護婦の意識を推し量るには限界がある。医師のように名を残していない場合がほとんどであるだけに、その働きや思想を発掘する必要性が高いといえよう。

(六) 国公立療養所での働きの意味

これら療養所のキリスト者に共通することは、第一に、患者救済への強い使命感である。自覚的な信仰のもと、ハンセン病救済に従事することが神から与えられた使命と考え、周囲の反対を押し切り、生涯を通して療養所に勤務するなどその使命感は萎えることはなかった。

第二に、患者を療養所で救済すると同時に、キリスト教伝道をしなければならないという意識をもっていた。彼らは療養所内での宗教活動にも熱心であり、キリスト者が園長であれば教会が栄えることにもなった。

第三に、隔離政策への絶対的な支持である。戦前は隔離政策を当然のこととして疑わなかった。使命感が個々の患者救済ではなく、隔離の実現へと転化していくことにもなる。ただ、戦後になると、沖縄で活躍した犀川一夫は在宅診療に踏み出し、邑久光明園の事務職員であった森幹郎は、隔離政策、とりわけ断種について正面から批判したように、かなり変化する。

第四に、光田健輔への絶対的信頼である。隔離政策への強固な支持と光田への信頼は表裏一体であった。長島愛生園で、患者処遇の低劣さから「長島事件」が起きると、光田擁護で動き、戦後、光田への批判が生じても、光田への評価は変わらなかった。

彼らは、患者を嫌悪し、社会からの排斥を願い、もって日本軍国主義が隆盛をきわめることを願って、療養所を支えたのであろうか。藤野豊の一連の研究では、一貫して療養所の医師を激しく非難している。その矛先に、ここで紹介したキリスト者が含まれているのは明らかである。

しかし、彼らは個々人としては、よきキリスト者であった。多くのキリスト者が中産階級の生活に甘んじていた時代、彼らも中産階級の出身ではあったがそれをよしとしなかった。安易な生き方から脱却し、隣人愛に生きようとしたとき、具体的な場として、ハンセン病療養所が存在した。苦労すればするほど、当初の目的に合致するので、苦労によって挫折することはなかった。

彼らが選んだ場所が孤児院であったり労働組合であったりすれば、今日の批判を受けることはなかったであろう。ところが、療養所は表向きの慈愛の場とは異なり、国策を貫徹する場であった。慈愛の精神で活動すればするほど、国策にはまっていくという構造に気づくことなく、職務に精励したのである。

三　療養所へのキリスト教宣教

(一)　療養所と教会

ハンセン病療養所を対象として、熱心なキリスト教宣教が行われた。どの療養所でも設立後まもなく、患者を対象として伝道が行われ、ほどなく教会が設立され、やがて会堂の建設にいたる。なお、「教会」とは自明の用語のようだが、多用な概念を含んでいる。全世界、または一定の国や地域内のすべての教会を指して使う場合(例・「第二次大戦で教会は戦争に賛成した」）、教派の意味で使う場合（「ルターが新たな教会を生み出した」）、地域に建てられた個々の信徒の集まりとして使う場合（日本基督教団銀座教会というような）、また世俗的には教会の建物を指す場合もある（「駅前の教会が火事になった」）。ここでは、地域に建てられた個々の信徒の集りの意味で使用する。「地域」というのが、本書では療養所ということになる。

現在でも各療養所には、カトリック、プロテスタントそれぞれの教会が設置されている。プロテスタントの教派としては聖公会が多い傾向はあるが、大島療養所では日本基督教会系の宣教師の働きがあったし、松丘保養園ではホーリネスが勢力をもったなど、特定の教派に限られない。また、プロテスタントの場合、どの教派にも属さない単立教会が多かったこともあり、さまざまな教派の流れをもった教会員を擁し、さまざまな教派の関係者が訪問した。キリスト教は日本では信徒数が人口の一パーセントに達するかどうかという程度の少数勢力であるが、療養所では一大勢力となっている。

これには、療養所側の事情と教会側の事情がある。療養所側の事情としては園内の治安維持があった。療養所に入所した患者のなかには、治安を乱す者も少なくなく、療養所にとって頭の痛い問題であった。懲戒検束権の問題もここからきている。宗教は患者を温和にさせるうえで、効果が期待された。死後の葬儀のための事務上の必要のため、入所者が宗教を決めておくという習慣もあった。また、医師以下の職員にキリスト者が多かった。彼らのなかには医療スタッフの立場を超えて、患者への伝道を意図する者もいた。キリスト者医師が園長となった園もあり、キリスト教にとって有利な状況が生まれた。国公立の施設において園長の宗教に入所者が影響されるのは、戦後の政教分離の感覚からすればおかしいが、戦前はもちろん戦後になっても影響があったことは否定できない。

一方、教会側の事情として、信徒数が思い通りに増えないなか、療養所は伝道の効果が高く、やりがいのある場であった。入所者に自派の信徒がいる場合、求められれば聖職者として出向くのは義務でもあった。さらに、療養所への訪問は、訪問者にとって、愛の行為をしているという実感を高めるものであった。

こうした事情があったとはいえ、信仰を得て、個人的な信仰を超えて差別からの解放を求めて闘いの先頭に立つ者もあらわれる。その典型例として、松木信をあげることができる。松木（一九九三：三六六）は「支部長会議や厚生省、あるいは議員会館に陳情に行った時、一度は必ず侮られる。そのような務めは、信仰がなければ、金を山ほどつまれても私は断る。しかし、イエスと共に俗の俗に落ちた時、私は何者をも恐れなかった」と述べて、自治会活動が信仰の実践そのものであることを証している。松木に限らず、教会を中心的に担っている者が、自治会でも中心的なメンバーとなっているケースがしばしばある。

自治会活動だけではない。戦後は各教会において信徒の群れとしていかに歩んでいくかが問われ、信仰が個々の入所者の自立につながっていく。一つの動きとして、長島聖書学舎と呼ばれる聖書学校が長島愛生園内におかれた。入所者自身が神学を学び、やがてみずから牧会していくのである。

しかし、戦前は療養所の治安維持に一役買った面も否定できない。外部から宣教活動を行う者には、隔離政策への支持を明確にしている者も少なくなく、隔離政策への協力として宣教がとらえられた一面もある。つまり、キリスト教宣教は、隔離政策を打破する力と、強化する力と双方にかかわったのである。

こうした療養所の教会の歩みについて、個別の教会史についてはいくつか出版されている。『約束の日を望みて』（長島愛生園曙教会）、『恵みに生かされて』（星塚敬愛園恵生教会）、『日本基督教団神山教会史』などである。一般の教会も『〇〇教会五〇年史』といった史書を発刊することは多いが、たいてい記念誌的編纂であり、歴史区分も「〇〇牧師時代」といった安易な分け方がしばしば行われているなど、歴史と真剣に向き合っているというより、区切りの年の記念として発刊したという域を出ない。しかし、これらは単なる記念誌の域を超え、教会内の対立なども赤裸々に描いていて、療養所教会にとどまらない、キリスト教全体にとっての貴重な信仰の証言となっている。

また、療養所教会の全体像として、『全国ハンセン病療養所内・キリスト教会沿革史』が一九九九年に日本ハンセン病者福音宣教協会（ＭＯＬ）より発行されている。同書は、ＭＯＬが組織的活動を終えるにあたって、各教会によってまとめられたものである。全国の療養所教会三〇のうち、二七教会が掲載されている。各教会の歩みが、教会によっては写真と簡潔な記述だったり一ページに満たないものだったりするが、年表とともに詳細に書かれている教会もある。同書で、療養所教会の動きが、戦前の宣教の開始から発行時までほぼ掌握できる。

渡辺信夫『ライ園留学記』『沖縄ライ園留学記』は、日本基督教会牧師の渡辺が全国の療養所を訪問した記録であるが、療養所教会の状況について困難な実態も含めて叙述されており、実質的に歴史の記録にもなっている。戦後の動きについては、療養所教会へのさまざまな支援をした好善社による『ある群像』も手がかりとなる。

また、ＭＯＬによって『現代のヨブたち』をはじめとした「ＭＯＬ証詞集」と題した本が繰り返し発行されている。個人的な信仰の歩みを記したものである。入所者の生活史として貴重な証言が数多くある、キリスト教に関心の無い者にとっても、ハンセン病史の証言として信仰をもつ過程での教会の役割などが述べられており、有益である。教会史の史料としても貴重である。同様の文献を、個人が単著として出版している場合もある。

療養所が発行した年史には、教会のことは何も掲載されていないか、あっても簡略である。自治会によって編纂された年史のほうが、情報としては豊富である。ただ、その場合も、せいぜい数ページにとどまるのは、他にも掲載すべき事項があることからすればやむをえないであろう。

ここでは、以上の文献に依拠して簡単に紹介するだけであるが、療養所教会の歩みは、ハンセン病史においても、また日本キリスト教史においても、今後究明していくべき重要な課題である。以下は、個々の教会を教派別に整理し、主に戦前の動きに重点をおいて紹介する。沖縄・奄美の教会については第四章と第五章で述べるので省いている。なお、見出しでは、現在の園名を用いている。

（二）超教派・単立教会

プロテスタントの療養所教会の一つの形は、特定の教派に属さない教会として設置されるケースである。こうした形態の教会を、単立教会と呼んでいる。特定の教派の一教会となることをあえて避け、独自の歩みを選んだ教会である。教派の統制下にないため、教派に属することから生じる制約、たとえば洗礼式の方法や、ある決まった聖書解釈から自由になる。さまざまな教派的信仰をもった者を信徒として広く受け入れることができるし、外部からの協力も教派を超えて受けやすいというメリットがある。反面、どの教派も責任をもつことがないため、財政や牧師の確保は独力で行わなければならないという問題が生じる。

①松丘保養園

すでに聖公会による教会があったが、一九二〇年からホーリネス教会安部豊造による伝道が行われ、受洗者が広がっていった。[22] 聖公会と二つの教会があることが好まれず、一九二六年に聖公会とともにハレルヤ会の名で園内の組織として公認される。しかし、園内の状況はキリスト教にとってトラブルの多いものであった。一九三三年、ホーリネス教会が、ホーリネス教会の指導者中田重治の聖書解釈をめぐって対立し分裂することになるが、その影響が松丘保養園（創設時は北部保養院。一九四一年に国立移管により松丘保養園に）にまで及び、一九三四年ハレルヤ会は、ホーリネス系と聖公会系とで分離する。[23] ホーリネス派は聖城団の名で活動を始める。

戦時下、ホーリネス派が全国的に弾圧を受けて、牧師多数が治安維持法違反容疑で逮捕、投獄されるという事態になり、最初に伝道した安部牧師ら園とゆかりのある牧師も同様であった。聖城団も解散させられた。ホーリネス弾圧は、キリシタン禁令が解かれた後のキリスト教への弾圧のなかでは、最大、最悪のもので、獄死した牧師もいるほどである。そうした国家の暴挙が、療養所のささやかな信仰生活にまで影響を与えたのである。園内でホーリネス教会は禁止されたという。

戦後、聖公会、カトリックとともに聖生会の名で教会が再建される。一九五六年、各派が分離独立することになり、松丘聖生会となった。松丘保養園のプロテスタント史の特徴は、他園がキリスト者園長の存在などで比較的キリスト教に園当局が好意的だったのに対し、そうではない厳しい状況であったことである。また、ホーリネス系としての歴史をもち、他園の単立教会が超教派的であるのに対し、教派的色彩がある。また、他園は日本基督教団など伝統的教派との関係が強いのに対し、いわゆる福音派とのつながりが大きい。(24)森山諭、羽鳥明、本田弘慈といった福音派を代表する、福音派内では極めて著名な牧師が来園し、洗礼を授けている。特に森山は一九四〇年に訪問を始め、戦後も教会の支えとなった。(25)福音派というと、伝道にのみ熱心で、社会問題への取り組みに不熱心だという批判がある。しかし、こうしたハンセン病者にかかわっていく動きがあったことも、把握されるべきであろう。

②東北新生園

東北新生園では、日本新生基督教会による伝道によって、新生園開始とともに伝道が行われた。(26)しかし、一九六二年に大量の会員が脱会する事態となり、単立のキリスト教信交会が設置された。したがって、小規模ながら一教派である日本新生基督教会と、単立の信交会が存在する形になった。

③多磨全生園

全生病院（一九四一年より多摩全生園に）では一九〇九年より宣教が行われ、一九一四年には受洗者があらわれていた。信徒が増えて七〇人ほどになり、一九一九年に教会として発足した。一九四九年に会堂が設置された。東京という地理的な有利さもあって、鈴木正久、由木康といった著名な牧師を含め、多くの牧師の協力を得てきた。

④駿河療養所

静岡県の駿河療養所は、軍人の患者を受け入れることから準備され、敗戦直前の一九四五年六月に患者の収容が始まったという特異な経緯をもつ国立療養所である。教会は、一九五一年に発足した。一九九〇年に日本基督教団に加入した。詳細は『日本基督教団神山教会史』に描かれているが、同書は教会運営にともなう諸問題を含めて描かれており、療養所教会とは何なのかを知るうえでの基本文献であろう。

⑤長島愛生園

長島愛生園は最初の国立療養所であることや、光田健輔が園長を務めたことなどから、ハンセン病療養所の中心的存在とみられているが、愛生園内の教会である曙教会も、療養所教会を代表する教会であったといえよう。詳しくは『約束の日を望みて』にまとめられている。愛生園は一九三〇年に開園し、三一年に患者の入園が始まる。入園者にキリスト者が一七名いたことから、最初の入園があった三月二七日から一〇日もたたない四月五日にはすでに教会として、曙教会が設立された。順調にもみえるが、会員が多い分、集会を行う場所が確保しにくく、また会員の教派的な背景も多様であるなど、運営が容易であったわけではない。戦後は、小倉兼治や原田季夫らが宣教にあたる。長島聖書学舎という聖書学校が開設されるなど、療養所教会の中心的な役割を果たしていく。

⑥邑久光明園

邑久光明園家族教会については『神の家族―光明園家族教会八十五年記念誌―』がある。[27] 前史としての外島保養院からみると、一九〇九年の創設時から福田荒太郎によって伝道が開始され、外島基督教青年会が生まれた。一九一二年に日本基督教会に属する外島家族教会が設立される。一時信徒が激減したこともあるが、信徒のなかで自治活動をする者がいるなど勢力をもつ。しかし、外島保養院自体が、一九三四年に室戸台風によって壊滅し、患者多数が死亡、そこには教会員も二七名含まれていた。この被災後、入所者は各療養所に委託されたため、キリスト者たちも各地に散ることとなる。

一九三八年に邑久光明園として園が再建される。これにともない、入所者も戻り、教会も光明園家族教会として再建された。ただこの段階で、日本基督教会所属の教会ではなく、単立教会となっていた。戦後、一九四九年に日本基督教団に加入する。

⑦大島青松園

大島療養所（一九四一年に大島青松園に）では、エリクソン宣教師の役割が大きかった。[28] エリクソンについては西脇による論文「エリクソン宣教師と大島療養所」で詳しく論じられている。菊池寛の名著『父帰る』にその名が出てくることでも知られる。エリクソンはアメリカの南長老教会の宣教師として一九〇五年に高松に赴任した。香川県内のキリスト教伝道に成果をあげた人物である。大島療養所が開設して間もない頃から出入りしていたものと思われる。

大島療養所の事務長、宮内岩太郎は、キリスト者として伝道を試みるが、キリスト教に反発する患者の行動などもあって、宮内は辞職し、キリスト教の布教が一時困難となる。

信徒の側では三宅官之治の存在が大きい。三宅は回春病院におり、一九〇八年に洗礼を受けていたが、一九〇九年に大島療養所に入所する。宮内による極端なキリスト教主義の導入への混乱の時期であったため、キリスト者の三宅の入所は警戒され、三宅に対して、職員も患者も好意的ではなかった。エリクソン宣教師の伝道も拒否されるなど、キリスト教にとって極めて厳しい状況であった。三宅は重病者を介護するなど誠実な活動を続けるなかで、支持する患者もあらわれてくる。やがて、長田穂波らキリスト者が徐々に増え、エリクソンの来訪も再開された。長田は詩集や随筆集を多数発行した、療養所文学の代表的人物でもある。

一九一四年に霊交会が発足する。[29] 発足は一九二八年という説もあって不明な点もあるようだが、少なくとも一九一四年頃には信徒の群れとしても動きが明確になっていたことは確かであろう。一九三五年には会堂も建築された。エリクソンは大島療養所を訪問して伝道を続けた。沖縄での活動で知られる青木恵哉も、聖公会のイメージが強いが、もともとはエリクソンの感化によって信仰に入ったのである。三宅とエリクソンの活動から霊交会が発展したことから、教会の敷地に両者の記念碑も建てられている。一般に、南長老教会の系譜をひく日本基督教会は、社会活動に消極的と評される。エリクソンはハンセン病救済をしようとしたのではなく、あくまで福音を伝えることを使命とした。それがむしろ患者との信頼を強めたのであろう。エリクソンは戦時下に、アメリカ人であるがゆえに帰国を余儀なくされ、一九四六年に死去し、日本に戻ることはできなかった。戦時下、機関誌として発行していた『霊交』が廃刊になるなど厳しい状況にもなったが、戦後も引き続き霊交会として、教会活動が続いた。

⑧星塚敬愛園

星塚敬愛園については、五〇周年記念誌である『恵みに生かされて』が詳しい。創設時、園長の林文雄、医務課長の塩沼英之助、永井健児、事務の井上謙など幹部職員にキリスト者が多く、はじめからキリスト教に有利な条件もあり、創設間もない一九三五年にさっそく園内で祈祷会が開かれ、実質的に教会がスタートしていくことになる。さらに、一九三五年に沖縄・奄美からの星塚敬愛園からの患者収容があり、収容患者にキリスト者がいたことから、さらにキリスト者が増加した。公認団体として恵生会が結成された。沖縄出身の信徒には青木恵哉の影響で聖公会の信仰をもつ者が多かった。そのため、恵生会は聖公会の影響が強く、長く聖公会の祈祷書が使われるなどのことがあった。しかし、一九五〇年の信徒総会で「われわれは如何なる教派にも属せず」と述べているように、恵生教会として、明確に単立教会の道を歩み、福音ルーテル教会や日本基督教団などさまざまな教派との関係が生じていく。

こうして単立教会が多いのは、狭い療養所内でいくつもの教派が乱立することが非現実的であったし、患者は魂の救済を求めているのであって、特定の教派や神学にこだわることがなかった。また、単立であるために、教派をこえた支援を受けることも可能であった。戦後は好善社による支援があり、また、長島聖書学舎による療養所内での聖書教育が行われたことも、単立教会での存在を可能にした。

しかし、単立であることは、聖職者の安定的な供給などの点でリスクをかかえることになり、戦後教勢の拡大が望めなくなると、教会の継続性などの点から日本基督教団に加入する道を選ぶ教会もあらわれた。光明園家族教会、神山教会、それに奄美和光園の谷川教会のケースである。日本基督教団とは、一九四一年に結成された、日本のプロテスタント最大教派である。戦時下の宗教統制の政策のもとで、プロテスタントの大半の教派が参加して結成された。戦後、戦前の教派を再建したり、新たな教派を結成しようとしたりして、離脱の動きが相次いだが、あえてとどまる教会や信徒も少なくなく、戦後もなお最大教派として存続し続けた。日本基督教団が、さまざまな教派的伝統を合同した教会であることが加入を容易にしたのであり、超教派的な発想や志向のなかでの判断であったと思われる。

(三)　聖公会

療養所で大きな勢力となっているのは聖公会である。聖公会とは、イギリス国教会の伝統をひいた教会であり、プロテスタントのなかでは、カトリック的な要素を色濃く残した教派である。戦前から社会事業への取り組みは比較的盛んであり、知的障害の先駆的施設である滝之川学園などが知られる。

①松丘保養園

青森では一九一二年に青森聖安得烈教会の伝道師らによって伝道が開始され。その後、ホーリネス系の伝道も行われて、ともにハレルヤ会を結成する。しかし、ホーリネス系の動揺のなかで、ホーリネス系が分離し、聖公会独自の歩みをする。しかし、戦時下、聖公会は独自に存在できなくなり、聖職者が維持できなくなるなどの困難に直面する。戦後、復興し、聖生会として他派と会を共にしていたが、一九五六年に分離して、聖公会系は松丘聖ミカエル教会となった。

②栗生楽泉園

栗生楽泉園は、聖バルナバミッションを背景としてもつ。すでに一九一三年から、ハンナ・リデルにより伝道が始まっている。また、ホーリネス系の安部千太郎が、東京で浮浪している患者に伝道するなどしていたが、一九二一年に草津に居を移し、聖バルナバ教会に参加した。しかし、聖公会とは相容れず、草津明星団を結成する。その後ホーリネス教会分裂のあおりで草津明星団も分裂することとなる。一九三二年に栗生楽泉園が設置されるが、湯之沢から移る入所者には聖公会の信徒が多く、聖バルナバ教会の分会ような、自然発生的な教会活動が行われた。会堂が建設されることになり、聖慰主教会として独立した教会となった。聖バルナバミッションの解体にともなって、さらに新たな信徒が入ってくる。一九四九年頃に、元ホーリネス系だった人たちが聖公会に合流してきたので、一九五〇年代には三〇〇人をこえる規模の大きい教会となる。

③多磨全生園

多磨全生園では、聖バルナバミッションの解体にともなって、すでに一九四一年に、聖公会信徒が入所していた。一九四七年に入所者に聖公会の信徒がいたことから司祭の派遣が始まり、それによって聖公会の教会が創立された。一九四八年に秋津教会に属していた信徒のうち七名が聖公会に移ることとなり、一九五〇年には会堂が設置された。

④菊池恵楓園

九州療養所(一九四一年より菊池恵楓園に)では、設立にあたって初代園長の河村正之が、回春病院のハンナ・リデルのもとを訪れ、療養所内での教会活動を依頼したという。リデルは、一九〇九年に九州療養所での伝道を米原馨児に行わせた。米原の活動によって信徒が増え、一九一三年に黎明会として発足する。一九四一年に回春病院が閉鎖されるが、そのために回春病院に入所していた聖公会信徒も九州療養所に入所し、会員が一〇〇名近くにまで増えた。

⑤生の松原聖バルナバ教会

療養所のところで述べたことと重なるし、国立療養所ではないので、ここに載せるのは不適切かもしれないが、歴史に刻むために記しておきたい。「生の松原」で小規模ながら療養所に近い場が設置され、伝道もあわせて行われた。(30)

神学生であった木末登によって訪問活動が始まり、一九三三年に患者の住居を新築し、一九三四年には礼拝堂も建設された。しかし、一九四一年に突然警察があらわれて、患者はトラックに詰め込まれ、教会も消滅してしまった。権力によって患者の生活の場が奪われたのは、湯の沢や本妙寺部落が知られるが、この教会も小規模ながら、そうして奪われたものの一つである。

聖公会が多いのは、やはり、ハンナ・リデルとコンウォール・リーの存在が大きい。しかし、青森ではこの二人と関係なく聖公会が設置されているし、二人の死後も教勢を維持して現在にいたっていることを考えると、二人による偶発的な結果ととることはできない。聖公会が社会事業全体に関心が高かったことが背景としてあるかもしれない。また、患者にとって求められたのは神学や社会運動ではなく、日々の祈りと平安であった。その場合、神学重視の日本基督教会や、社会主義や国家主義の影響に振り回された組合教会は魅力があるとはいえなかった。感覚的に把握しやすい聖公会が理解しやすく、また監督制という形態が聖職者の派遣等で有効に働いたとも考えられる。

（四）カトリック

カトリックはいうまでもなく、ローマ教皇を頂点とした世界的な組織をもつ教派であり、日本では戦国時代に布教が始まり、その後禁止されたものの、実は潜伏して信仰を保つ人びとがおり、近代になって再び活動していく。

①松丘保養園

松丘では、一九三一年にデルエン神父の来訪が始まった。[31] 一九三三年頃から信徒が増え始めた。しかし、戦時下、司祭の訪問が十分できないことやキリスト教への反感などもあって教勢が伸び悩み、ついに一人にまで減少した。戦後、受洗する者もあらわれはじめ、聖公会やプロテスタントとともに聖生会を結成したが一九五一年に松丘カトリック愛徳会が結成され、また神山復生病院から入所してくる信徒もいて、教勢がいっそう拡大した。一九五七年には会堂が完成した。

②東北新生園

東北新生園では一九五〇年からカトリック研究会が始まり、年末に解消されて暁の星会となった。一九五三年に会堂を建築した。

③栗生楽泉園

栗生楽泉園ではカトリック信徒は、聖公会に属して信仰生活をおくっていたが、一九五六年よりカトリック独自の活動が始まって草津カトリック教会となった。一九六二年には会堂も建設された。ただ、この会堂が入所者とそれ以外の者を隔てる別の入り口、座席、告解室があり、消毒する容器や薬品まであったという。それは『全国ハンセン病療養所内・キリスト教会沿革史』によると「聖堂の設計者が信徒であった某療養所の園長であった」ためという。

④多磨全生園

全生病院では大正末期からメーランが来園し月一回ミサが行われた。一九三〇年に教会として発足する。カトリック愛徳会として、活動を続け、一九五二年には会堂を建築した。『いずみ』と題した六〇周年記念誌を発刊している。(32)園長を務めた林芳信（一九七九：一四三—一四四）は、アノージュ神父、コッサール神父、アヌイ神父について、その働きを回顧している。

⑤駿河療養所

『入所者三十年の歩み』によると、神山復生病院からの神父の訪問があり、一九四八年に駿河カトリック教会として発足した。以後も、復生病院の神父を迎え、一九五八年には会堂が設置される。

⑥長島愛生園

カトリック信徒は当初、曙教会に属していたが、一九五一年に分離し、カトリック・ロザリオ教会が設置されている。なお、隣接している邑久光明園にはカトリック教会がなく、全国で唯一のケースである。これは、長島愛生園の教会に出席が可能であるためである。

⑦大島青松園

大島青松園では一九四七年に最初の受洗者がいた。(33) 一九五〇年に聖心信徒会が発足、五四年に会堂が建設された。林富美子が結核で病床にあった林文雄をともなって、大島青松園に赴任する。富美子は、文雄の死後一九四八年にカトリックに改宗している。つまり、この教会は医師の信徒を得ているというカトリックでは珍しい条件にあった。しかし、富美子は一九五一年末に神山復生病院に移るので、その期間は長くはなかった。

⑧菊池恵楓園

菊池恵楓園では大正初期に会員三名で教会が創設されたと推定されている。熊本に待労院があることから、待労院の神父や修道女の来訪がみられ、教会としての体裁を整えていく。

⑨星塚敬愛園

星塚敬愛園は、プロテスタントの林文雄が園長であり、当初カトリックにとって好条件ではなかった。しかし、待労院から転院した信徒など、カトリック信徒がいないわけではなく、当初は合同で集会を行うようなこともあった。一九四七年三月一七日に隆国男を会長としてカトリック暁の星会が結成される。鹿児島教区から七田和三郎神父や田辺徹神父が派遣されミサが行われた。一九五五年に会堂ができた。大西基四夫園長がカトリックであったことも、会堂建築が可能となった有利な条件であった。

カトリック教会の宣教はプロテスタントに比べて、常に遅れている。プロテスタント、特に聖公会では、救癩への熱心さがあって早くから伝道が始まったのに対し、意識的・組織的な伝道は行われなかった。また、大西基四夫以外に園長クラスでの信徒がいなかったこともプロテスタントに比べ不利な条件であった。しかし、そうした条件下でありながら、どの療養所にも教会がおかれるようになったのは、あえてプロテスタントではなく、カトリックを選ぶ患者もある程度存在したことを意味している。カトリックの場合、明確な意思で療養所伝道を試みたというより、たまたま信徒が入所し、そこから始まるのがパターンである。

カトリックはひとたび教会が設置されれば、当然の義務として神父の来訪などの支援がなされ、安定した運営が可能になる。その点はプロテスタント単立教会に比べ、有利であろう。

光田健輔は晩年、カトリックの洗礼を受け、葬儀もカトリック式であった。カトリックに何かの魅力を感じたのであろうか。もっとも、墓は出身地の山口県防府市中関の寺院の境内、本堂の脇の光田家の墓としておかれている。

（五）園外から療養所教会への働きかけ

療養所教会を支えるのは、入所者だけでなく、外部から関心をもった一部の牧師らである。こうした牧師たちは、宣教の目的で療養所に出入りしたのではあるが、宣教だけが目的なら、わざわざ交通不便な療養所に足を運ぶのはあまり効率的ではない。宣教を超えて、救癩の意識も含めて行なったのである。それゆえ、宗教的関心にとどまらず、ハンセン病問題自身に関心をもち、それは隔離政策への親和性を帯びることでもあった。

そうした人物に聖公会司祭の三浦清一がいる。(34) 三浦は熊本県に生まれ、日本聖公会福岡神学校を卒業し、北九州や阿蘇で伝道を行なった。妻の光子は石川啄木の妹である。一九四四年に神戸愛隣館の館長に就任し、社会事業の仕事もするようになった。

三浦は多様な活動の傍ら、ハンセン病にも深い関心を傾けていく。一九三九年の台湾伝道の帰途、国頭愛楽園や星塚敬愛園を訪問した。一九四三年には国頭愛楽園と青木恵哉を小説化した『愛の村』を書いた。熊本県出身であり、また熊本の聖三一教会の司祭であったことなど、[35]ハンセン病への関心をもつ素地はあった。熊本時代には回春病院とのつながりもあり、回春病院内の教会を担当するなどした。

三浦は戦時下に日本基督教団の結成に参加し、戦後もそのまま日本基督教団にとどまって牧師を務めた。日本社会党の兵庫県議会議員となり、左派の立場に立つ。一九六〇年に、ソ連を訪問している。三浦による『救癩運動の先駆者』は、およそ戦前の救癩思想をそのままもってきた著作である。一九五二年という、らい予防法制定の直前に出ているが、序文で「光田健輔先生の救癩事業は、人類の歴史の中に残る兄弟愛運動の歴史である」と述べたうえ、光田の活動を礼賛し、「皇室と救癩」との見出しをつけて皇室の「御仁慈」を強調している。断種についても「光田健輔先生によつてなされた業績の中で、皮膚反応の発見と共に忘れてならないいま一つの業績は、断種問題の解決である」（p.61）と述べて、断種がいかに必要で患者にとって益になるかが強調されている。ハンナ・リデルの男女を分離する方法については厳しく批判している。最後は「大理想の達成する日」との見出しのもと「一度此の病気に罹つたものは療養所に入れて、安らかに療養せしめ、又一般に病毒を撒布せしめぬことが、正しいということ、是である」（p.158）として、隔離の完全実施を唱えている。

同書が戦前の書であれば、あるいは光田子飼いの人物の書であれば、驚くほどのものではない。しかし、三浦は社会党結成後ただちに入党し、同書の出版される一九五一年には社会党より兵庫県議会議員に当選していた。すでに各療養所では自治会が次々と結成されていた。プロミン獲得闘争も展開されてきた。戦前から療養所に関心をもち、また社会党の活動家として、新たな動きを知っていたはずである。にもかかわらずこうした本を出すのは、戦前の思考が強烈に刷り込まれて微動だにしなかったためだと思われる。

三浦は青年期から社会主義に近く、国家主義に流れた戦時下を除いて、常に左派的であったといってよい。隔離主義は、とかく民族主義や皇室崇拝と直結させて論じやすいが、隔離が単なる国家主義で説明できない事例である。

長期間活動を継続したのは、河野進である。[36] 河野は一九三〇年に神戸中央神学校を卒業した。同校は戦後の神戸改革派神学校の前身である。岡山県の玉島教会に赴任した河野は、賀川の影響もあって、長島愛生園、邑久光明園、大島療養所への伝道活動を行うようになる。河野は玉島教会の牧師にとどまらず、保育所や養護施設（現・児童養護施設）の運営の責任も担っていたので、かなりの多忙であったと思われる。離島であった各療養所に通うのは時間的にも肉体的にもかなりの負担だったであろう。河野が他の宣教者と異なるのは、定期的に、しかも五〇年以上の長期間にわたって継続した点である。

河野は詩人でもあったので、詩によってハンセン病への想いを綴っている。そこでは光田健輔はじめ救癩関係者を繰り返し礼讃している。河野は一九九〇年に死去しているので、さまざまな情報に接することが可能であったが、光田への評価に変化はなかったように思われる。

とりあえず、三浦と河野を紹介したが、療養所教会に協力し、療養所に出入りした牧師や神父は少なくない。たとえば、更井良夫は、岡山博愛会を継承し、戦前から戦後にかけて大きく発展させた人物であるが、一九三九年に曙教会の専任布教師となるなど、療養所教会を支援している。岡山博愛会の活動だけで十分に高い評価に値することもあって、更井を紹介するとき、療養所への伝道についてはあまり語られない。[37]

療養所に信徒がいる以上、招かれれば訪ねるのが牧師や神父の務めである。その当然の務めを果たしたということであろうが、個々の牧師・神父らの発想や意識も、解明していくべき課題の一つであろう。

（六）キリスト教信仰をもつ入所者

教会の設置が可能となったのは、信仰をもつ患者が多かったためでもある。彼らはなぜ、日本で勢力をもてないでいたキリスト教を受け入れ、熱心な信仰生活に踏み出していったのだろうか。もちろん信仰への動機は人によってさまざまであり、法則化できるものではない。病と人生とに悩みぬいたケースもあれば、所内の人間関係のなかで入信したり、あるいは園長がキリスト者である場合、園長への迎合で教会に近づくという入所者もいなかったわけではない。戦後については、ＭＯＬの一連の証集によって、信仰をもつにいたった経緯をかなり広く把握することができる。しかし、戦前の場合はそうした文書はまとまった形にはなっていない。

信徒の大半は、本名を棄てざるを得なかった患者として、無名の生涯をおくったわけだが、なかには、著作によりその信仰生活を記録に残した者がいる。著名人にスポットをあてる方法は最善ではないが、一つの事例としての意味はあるし、また社会とハンセン病とのつながりを示すものである。そこでキリスト者として知られている患者について概観する。

明石海人は歌人として知られる。それゆえ、内田守『日の本の癩者に生まれて』、松村好之『慟哭の歌人　明石海人とその周辺』、栗原輝雄『生くる日の限り　明石海人の人と生涯』、荒波力『よみがえる万葉歌人明石海人』などの伝記も書かれているし、戦前から全集が編まれてきた。その知名度や社会的影響は北条民雄と並ぶものであり、今日のようにハンセン病が社会的関心を浴びる以前から、注目されてきた。

明石は小学校の教師であったが発病、一時明石楽生病院に入院する。大野悦子はキリスト者であり、キリスト教について考える場となった。明石楽石病院が閉鎖されたことにより、一九三二年一一月に長島愛生園に入所する。一九三八年短歌が『新万葉集』に掲載されて歌人としての注目を集めるようになる。一九三九年には歌集『白描』がベストセラーとなる。その序文で「癩は天刑である」に始まり、「癩はまた天啓でもあつた」で閉じられる、著名な文章を記している。

松村好之は明石楽生病院以来、明石と行動をともにしてきた。[38] 関係が近すぎて客観的に評価できなくなっている点はあるにせよ、明石楽生病院から精神障害の発症、歌人としての活動、ハンセン病の病状の変化、長島愛生園での死にいたる事実関係についての記述の信頼性は高いといえよう。明石は必ずしもキリスト教に高い関心があったわけではないが、ある時急に洗礼を受けることになったという。明石の信仰について、松村好之は、大野悦子の影響による回心ととらえている。

キリスト教の側面から分析しているのは、清水氾である。[39] 清水は、本来の専門は英文学であるが、キリスト教の視点から夏目漱石や太宰治などの分析を試みてきた。その信仰は保守的な福音主義であるが、そうした立場で明石を論じている。清水は「讃美」をキーワードにして、「昏迷、暗黒、絶望」の底から光がさし、イエス・キリストに救われていくことが短歌の主題であるとし、明石は失明をも平安のなかで受け止めることができたという。清水も「癩は天刑である」に始まる文を根拠として、明石が絶望から讃美へと価値転換したとしている。

しかし、山下多恵子（二〇〇三）は、そう単純なものではなく、「海人と宗教との関わりは『寒い』と形容されるような、しらけたものだったのではないか」とあまり肯定的な評価をしていない。松村も、信仰生活をそれほど描いておらず、明石を「敬虔なクリスチャン」というように捉えるのは適切でないように思われる。その意味ではここに取り上げるのに適した人物ではないかもしれない。清水は自分の福音的保守的信仰を明石に投影してはいないだろうか。ただ、山下のように、キリスト教を軽視して生涯を描くのも公正とは思われない。大野や松村との長い親交は信仰にも影響し、狭い世界から名作を生み出す一つの力となった。

女性で知られているのは玉木愛子である。玉木には自伝『この命ある限り』がある。だが、一時回春病院にともに入所していた青木恵哉は玉木を思慕して、青木の自伝『選ばれた島』にも玉木のことが何度も出てくるが、玉木の自伝には青木はまったく登場しない。何らかの配慮が働いたものと思われる。このほか、内田守の編集によって一九三九年に婦女界社から刊行された『瀬戸の曙』に「闘病の手記」を寄稿している。また、『真夜の祈』は前半は句集であるが、後半は「文集」としてエッセイが掲載されており、玉木の生涯の一端が描かれている。

玉木は一八八七年に大阪の比較的裕福な家庭に生まれた。幼少時に水泡ができたことから、ハンセン病と診断された。ただし、当分は大風子油を服用することで、通常の生活を続け、学校にも通うようになる。そのまま高等女学校にまで進学するのであるが、その頃から神経の麻痺が目立ちはじめ、さらに身体測定時に校医によって斑紋が発見され、それ以来、登校をとりやめ、自宅での生活をおくる。顔の変貌や神経の麻痺が確実にすすんでいくが、対外的にはハンセン病であることを隠して生活する。一時期、父が死亡するなど、家運が傾いた時期もあったものの、母の尽力で持ち直し、自宅での療養生活が続いていく。しかし、病状の進行もあって、自宅での生活が困難となり、きょうだいの結婚等の進路も問題もあって、聞き知った回春病院への入所を考え自ら、手紙を書き（すでに字を書く力は著しく低下していたのだが）、入所する。

回春病院の宗教的雰囲気のなか、一九二一年に洗礼を受けることになる。しかし、リデルの死後、ライトとの関係が良好でなく、一九三三年に長島愛生園に移る。愛生園に移る時の転院願いが『長島は語る　岡山県ハンセン病関係資料集・前編』（pp205-206）に掲載されている。長島愛生園では、林文雄や宮川量らのキリスト者医師・職員との交流を深めていく。病状はなおも進行し続け、一九二九年に右足を切断し、身の回りのこともほとんど自分ではできなくなっていた。一九三五年に結婚したが、一九三七年に失明する。

玉木は経済的に恵まれていただけでなく、家を出た後も家族との関係が切れなかった。母親は何度か回春病院まで来たし、長島愛生園入所後は面会こそできなくなったが、きょうだいとの手紙のやりとりもあった。重症でありながら結婚できたように人間関係も良好であった。当時の女性として知的水準が高かったことも魅力であったようである。

したがって、一般的なハンセン病患者とはかなり異なる面があるが、しかし病気による肉体的苦痛は強烈なものがあった。その苦痛を信仰によってのりこえていく。玉木はことさらに、ハンセン病それ自体を恵みだなどと強調はしないが、受容する要素としている。

ほかにも、救世軍に籍をおき、救世軍の機関誌『ときのこゑ』にも執筆した太田楽山(40)、大島療養所に入所し、歌集や詩集など著作の多い長田穂波らがいる。せめて、こういったある程度著述を残している人物について、今後分析していくことが求められよう。

キリスト者というと、信仰をもつことで、安定した感謝の生活をおくっているというイメージがあるかもしれないが、必ずしもそうではない。信仰を得るだけでなく、そこから自治会活動に取り組む者もいる。原田嘉悦は全国国立療養所ハンセン氏病患者協議会（当時の名称）の議長などを務めたが、『いのちの真珠』に自己の信仰をまとめている。『生まれたのは何のために』を書いた松木信も、信仰を基盤にして自治会活動に取り組んだ(41)。原田や松木ほど知られていなくても、筆者が聞き取りをしたなかにも、教会の中心メンバーでかつ自治会の役員という人が何人かいた。外島保養院は外島事件等、患者運動の先進的な活動が展開されたが、自治活動を展開したのはキリスト者であった。松岡弘之の研究によると、患者自治の当初の中心は、岩本禎吉、桂文吉、阿部礼治といったキリスト者であった。なぜ、キリスト者が登場したのか、松岡弘之（二〇〇五）は宗教者が実生活上の倫理を受け入れるなかで個人の内心の問題だけでは解決できずに改革者として登場したという。マルクス主義は次の段階で登場し、桂はマルクス主義に転じる。信仰と運動との関連も、研究課題となりうる点である。

（七）朝鮮での伝道

国内の療養所における宣教活動をみてきたが、戦前日本は植民地をもち、そこでも隔離政策が展開されたことを軽視してはならない[42]。そのことは植民地の療養所の入所者による裁判闘争でも明らかとされた。

朝鮮の療養所は、一九一七年に小鹿島慈恵医院として設置された。拡張されて、小鹿島更生園となって、他に類を見ない大療養所になっていく。小鹿島更生園の過酷な処遇については、藤野豊や滝尾英二の研究、あるいは国家賠償請求訴訟で明らかにされてきた。なお、台湾のハンセン病とキリスト教については、芹澤良子（二〇〇七）の研究がある。

小鹿島更生園に、キリスト教の伝道が試みられていく。『日本カトリック新聞』一九三九年一月一五日には「朝鮮の療養所更生園にあがるキリスト讃美の歌」という記事が掲載されている。そこでは更生園について「五千余名を収容その幸福を保護してゐるが昭和十年に一人の公教信者が入園し布教に努め今や信者十六名研究者二十四名に達し何れも敬虔に生活してゐることが昨秋判明したので木浦天主教会の金ヨセフ師が同園に巡回」と報じている。そして「神父様の御導きに依つて吾等の将来が天主の御摂理の儘に行はれんことを念じております」といった神父への感謝の言葉が列挙されている。

『朝鮮の救癩事業と小鹿島更生園』という、植民地支配への反省もなく、ただ礼讃に終始した冊子であるが、それでも毎年患者が三〇〇名近く死亡したといったことや小鹿島神社なるものが療養所の主要施設として機能していたことも書かれていて、過酷な実態が垣間見える面もある。そこでキリスト教についての記述も少しある。「神社参拝が励行させられたことであろうかと存じます。患者には多くのキリスト教信者もありましたから、患者の精神指導を神社崇敬によって行なおうとする園の方針には、若干の抵抗もありましたが、これもだんだん園の方針に順応する大勢となりました」（p.36）とあり、神社参拝を強要したことを隠していない。

「多くは付添いとなることを嫌い、唯キリスト教を信仰する者だけが長期に亘り、重症者、身体不自由者の世話を引受けるような実情でありました」（p.37）とされており、キリスト者が比較的従順に運営に協力していたという。「患者の中には、多数のキリスト教信者がおりまして、彼等は日曜日には中央公会堂に参集し、信者中のリーダー格の司会で、聖書の朗読、讃美歌合唱など礼拝を行つておりました。一時日本人牧師を嘱託として在園せしめて、患者の教化につとめたこともありましたが、うまくいかないことがあつて解嘱してしまいました」（p.41）とある。これだけの記述では推測でしかないが、日本人牧師を使って朝鮮人を皇民化しようともくろんだものの、朝鮮人信者と牧師との間がうまくいかず、失敗に終わったということではないだろうか。

（八）療養所教会とは何だったのか

患者は戦前は、伝道される存在であった。その意味では、救癩の延長としての伝道であった。人間としての尊厳を失った患者を哀れみ、そこに福音の「光」を与えようというものであった。

しかし、単純に受身の存在にすぎなかったわけではない。沖縄で活動した青木恵哉は、伝道者として成果をあげたし、ほかにも大島療養所など、患者自身が伝道の先頭になった例が少なくない。カトリックの場合は、カトリック側が宣教したというより、園内の信徒が招き入れる形で関係が生じる。

さらに、戦後は患者のなかから神学を学び、牧師として活動するケースがでてきた。特に長島聖書学舎はそうした学びの場として大きな役割を果たした。第五章で述べるが、奄美和光園ではカトリック勢力が大きくなり、園の運営のうえでも無視できない勢力になっていた。

戦後の動きは、戦前に信仰を保持した動きが戦後になって芽生えたものである。療養所教会は戦後さらに展開していく。好善社の支援もあり、信仰生活を叙述した本も多数発行される。

療養所教会に対して支援が行われた背景には、気の毒な患者を助けたいという慈恵や同情、憐れな患者を手助けしたという満足感、「こんなに悲惨な人が熱心な信仰をもっている」という事実による自己の信仰への刺激あるいは一般の者への宣伝、「醜い患者」が熱心な信徒になっていることによって聖なる存在に転化することへの崇拝などの発想が入り混じっていると思われる。

いずれにせよ、全体としては、隔離政策を前提としての活動であったことは否定できないであろう。『近現代日本ハンセン病問題史料集成〈戦後編〉第四巻』の解説の表紙に掲載されている写真がある。「一九四〇年頃の礼拝堂内」とされている。洗礼式の写真のようだが、牧師または神父と思われる者が、柵越えに手を伸ばして洗礼を授けているのである。隔離を前提とした宣教であったことが、端的に示された写真である。

今日、療養所教会はその役割を縮小しつつある。一般の教会は、信徒を獲得して教勢を伸ばすことを目的の一つとしているが、[43]療養所教会には今やその機能は存在しない。とはいえ、入所者の主体性の獲得に果たしてきた役割は大きい。療養所教会ほど、教会が社会の矛盾のなかでどう歩むかを示したものはなく、日本もキリスト教そのものを照射する存在となっている。

注

（1）キリシタン時代の癩病人への救済として東野利夫『南蛮医アルメイダ』など。古いものとしては海老沢有道（一九四四）『切支丹の社会活動及南蛮医学』冨山房がある。

（2）神山復生病院について、ドルワール・ド・レゼー（一九二三）『神山復生病院』公教青年会。ドルワール・ド・レゼー（一九二八）『神山復生病院』天主公教会。北里善従編（一九二六）『神山復生病院概況』神山復生病院静岡県後援会。相田良雄（一九二三）「神山復生病院を見る」『社会事業』六―一一など。なお、高倉節子監訳による「パリ外国宣教会資料（翻訳）」『東北アジアにおけるカトリック社会福祉の歴史的研究』長崎純心大学（二〇〇八年一月）は、パリ外国宣教会所蔵資料を日本に紹介したものであり、神山復生病院や待労院についての、これまで知られていない資料が含まれている。

(3) 井深については、阿部志郎『福祉の哲学』。同志社大学社会福祉学会編『社会福祉の先駆者たち』。同志社山脈編集委員会編(二〇〇三)『同志社山脈』晃洋書房。室田保夫編(二〇〇六)『人物でよむ近代日本社会福祉のあゆみ』ミネルヴァ書房などで紹介されている。

(4) 井深八重顕彰記念会による『人間の碑』の広告では井深を「救癩の天使」と呼んでいた。批判があったせいか、顕彰記念会もやがて使わなくなった。

(5) 岩下壮一(一九三七)『祖国の血を浄化せよ』関西MTL。

(6) カトリックの社会福祉を理解するためには修道会への理解が欠かせないが、カトリック以外の者にとって、理解の困難な組織である。一口に修道会といっても、世界規模のものもあれば、日本国内に限定したものもある。男子修道会と女子修道会に分かれる。また、宗教活動に限定した会、福祉や教育に熱心な会など、性格も異なる。一般にカトリックは教皇を頂点としたヒエラルヒーとして理解されるが、修道会は独立した性格があり、どこからか指令を受けて動くのではなく、福祉を行う場合も自らの判断で行う。フランシスコ修道女会も、戦後に神山復生病院を運営することになるクリスト・ロア会も海外に拠点をおく女子修道会で、福祉活動には熱心である。主な修道会については、女子パウロ会編(二〇〇六)『現代社会への挑戦　今を生きる女子修道会』女子パウロ会。

(7) 待労院については、『琵琶崎待労院の事業』待労院、一九二二年。『琵琶崎待労院の事業』待労院、一九二五年。『島崎待労院育児院花園慈恵院事業ノ概要』フランシスケン会、一九三五年。『琵琶崎癩病院創立五十周年記念』マリアの宣教者フランシスコ修道女会、一九四八年など。「待労院沿革」という手書き史料が『近現代日本ハンセン病問題資料集成〈戦後編〉第四巻』に掲載されている。

(8) ミス・リデル(一九一九)「回春病院設立の動機に就て」『救済研究』七―八。

(9) 猪飼隆明『「性の隔離」と隔離政策』は「ハンナ・リデルと日本の選択」という副題がついて、いかにもリデルの男女の厳格な分離を分析した本に見えるが、実際の内容はこの問題に少し触れているだけで、著者の姿勢もあまり明確でない。その点は松岡弘之による同書の紹介(『部落問題研究』一七七、二〇〇六年)や、小松裕による書評(『ハンセン病市民学会年報　二〇〇五』)でも指摘されている。なお、リデルの死後の話だが、金城幸子と兄は、患者である両親から回春病院で出生した(金城二〇〇七)。

(10) 回春病院の閉鎖の経緯について、熊本日日新聞社編(一九七二)『百年史の証言―福田令寿氏と語る―』で、福田が詳しく語っている。光田健輔は。「回春病院の解散」という短文を一九四一年二月に長島愛生園が発行する『愛生』に寄せている。

(11)聖バルナバミッションについて、徳満唯吉（一九三七）『草津聖バルナバ医院略史　コンウォール・リー女史と救癩事業』聖バルナバミッション。

(12)鈴木修学の活動については秦安雄（二〇〇五）「鈴木修学の実践福祉」『福祉を築く—鈴木修学の信仰と福祉—』中央法規のなかの「仏教感化救済会と鈴木修学の実践—福岡・生の松原のハンセン病救済活動」が詳しい。とはいえ、一次史料が少なく、同書も二次的な史料が中心で、詳細が明らかにされているわけではない。身延深敬園の歴史を描いた加藤尚子（二〇〇五）『もうひとつのハンセン病史—山の中の小さな園にて』医療文化社も、九州分院の存在を指摘するだけにとどまっている。

(13)私立病院慰廃園（一九〇七）『慰廃園沿革大要』。このほか慰廃園については、藤原鉤次郎（一九二九）『社団法人慰廃園沿革』。清野長太郎（一九一五）「慰廃園視察の実況」『慈善』六—三など。廃止の経緯について、「私立慰廃園閉止迄ノ概畧」『愛生』一二—一〇（一九四二年一〇月）。『近現代日本ハンセン病問題資料集成　補巻六』には、慰廃園関係の史料が多く収録されている。

(14)鈴蘭園については、三上千代（一九二九）『鈴蘭園の事ども』など。小林正金（一九二八）「癩病同情の先駆者（二）」『社会事業』十—九は服部けさについての記述が詳しい。

(15)大野については、「大野悦子」『福祉の灯　兵庫県社会事業先覚者伝』兵庫県社会福祉協議会、一九七一年で紹介されている。

(16)「社団法人明石叢生病院設立許可申請書」が『近現代日本ハンセン病問題資料集成　補巻六』に掲載されており、病院の経過や定款が記載されている。

(17)林の著作をまとめたものとして、大島太郎編（一九五〇）『林文雄句文集』、塩沼英之助編（一九五九）『林文雄遺稿集』、土谷勉編（一九七八）『天の墓標』新教出版社がある。海外の視察記として林文雄（一九三四）『世界の癩を訪ねて』長崎書店、林文雄（一九三四）『世界癩視察旅行記』癩予防協会。また、『病める者の母　モロカイの母マザー・マリアンヌ』という翻訳書がある。一九三八年に長崎書店から発刊され、戦後、中央出版社や聖山社から再刊された。

(18)『山室軍平選集・書翰集』「山室軍平選集」刊行会、一九五五年に山室から林宛の手紙が掲載されている。この手紙を出す前に林から山室に、救世軍が設置しようとした療養所に勤務したいとの要請があったようである。

(19)『映画のなかに福祉がみえる』で、坂本道子は映画「小島の春」を取り上げ、「社会悪に対し、映画の女医は人々の間を静かに立ち回る。（中略）ソーシャルワークそのものである」と書いている（pp67-68）。

(20) 林富美子（一九六九）、林富美子（一九八七）など。
(21) 神谷への批判的分析として、鈴木禎一（二〇〇三）。
(22) 神子沢新八郎（一九九一）「松丘聖生会」『創立八十周年記念誌』松丘保養園。藤田恒男（一九七九）「天国のひながた聖生会」『秘境を開く—そこに生きて七十年—』北の街社。
(23) ホーリネス派は、聖化を強調する派であり、メソジスト派から分かれて形成された。日本では中田重治によって広がるが、中田の特異な聖書解釈をめぐって分裂する。戦時下、日本基督教団の結成に参加するが、イエスの再臨を信じる信仰が治安維持法違反に問われ、牧師多数が逮捕され、教会が捜索を受ける。
(24) 「福音派」とは、既存の教派が、聖書のとらえかたや伝統的な教理について次第に自由な解釈をするようになってきたのに対し、聖書主義を鼓舞し、伝統的な教理を固守する立場として、主に戦後広がってきた。伝道に熱心で、かつては「ビリー・グラハム大会」といった大規模な伝道集会をたびたび開催していた。一方、社会に対しては消極的姿勢になりやすいとされる。『クリスチャン新聞』『百万人の福音』は福音派を対象とした発行物である。アメリカでは、この立場の教会の保守性（中絶反対、進化論反対など）や好戦的性格（ベトナム戦争やイラク戦争を聖戦として奨励）が問題視されるが、日本の福音派はアメリカより常識的で、また素朴な平和主義に立っている場合が多い。なお、ハンセン病との関係では、「福音派の諸教派や、諸団体に所属している教職者の中には、人の心に潜む罪の醜さ、恐ろしさを、らい病の症状、遺伝性、伝染性などをもって説明し、癒されない病と断定するような、今日の医学によっては受け入れられない非科学的な言辞をもって公開の席で説教したり、福音放送の電波に乗せたり、印刷物に掲載されるなどのことが相次いで起こっている」（『約束の日を望みて』pp107-108）という指摘がある。「福音派」全体への適切な理解には、中村敏（二〇〇〇）『日本における福音派の歴史』いのちのことば社が最もよいであろう。
(25) 森山が療養所にかかわるようになった経緯などは、森山諭（一九八三）に述べられている。森山によれば、東北新生園を一九四四年に訪問したとき、園長の鈴木立春から「ほんとうにらい者伝道に使命を感じるなら、感染する必要があります」と言われた（p.135）。それで森山は「感染したら園内で伝道しようと覚悟した」という。鈴木は、伝道者の当事者性ということを問うたのかもしれないが、このやりとりからは、むしろ「感染」という課題を互いに安易に扱っている印象を受ける。
(26) 『忘れられた地の群像』東北新生園入園者自治会、一九八七年、pp144-149で「宗教活動」として、新生園伝道所、カトリック暁の星会、キリスト信交会について記述している。
(27)ほかに簡略だが津島久雄（一九九九）「キリスト教家族教会」『国立療養所邑久光明園創立九〇周年記念誌』がある。
(28)西脇勉（一九七八）「エリクソン宣教師と大島療養所」『四国学院大学論集』四二。
(29)土谷勉『癩院創世』キリスト教大島霊友会。初版は一九五九年で、一九九四年に新装して再版された。
(30)日本聖公会九州教区歴史編集委員会（一九八〇）pp270-272。
(31)岡村健二（一九九一）「カトリック教会のあゆみ」『創立八十周年記念誌』国立療養所松丘保養園。『秘境を開く―そこに生きて七十年―』には、小野忠亮「松丘教会の思い出」、フローラン・ベンサン「お互いに愛し合いましょう」が掲載されている。
(32)『いずみ　多磨全生園カトリック愛徳会六十周年記念誌』カトリック愛徳会、一九九一年。
(33)『海のほし　献堂二〇周年記念誌』大島カトリック教会、一九七四年。
(34)三浦清一については伝記として、藤坂信子『羊の闘い』がある。ただし、同書は三浦の周辺的な記述が多くて、肝心の三浦の言動の分析は乏しい。『福祉の灯　兵庫県社会事業先覚者伝』兵庫県社会福祉協議会、一九七一年に「三浦清一・光子」の項があるが、ハンセン病については触れていない。
(35)『熊本聖三一教会百年史』には三浦に関する記述も多い。
(36)江草安彦監修『岡山福祉の群像』pp123-127に「ハンセン病患者を救援」との題で河野が取り上げられている。
(37)田代国次郎・菊池正治編著（一九八九）『日本社会福祉人物史（下）』相川書房に更井の項があるが、ハンセン病との関係には触れられていない。『岡山福祉の群像』や、同志社大学社会福祉学会編『社会福祉の先駆者たち』も同様である。ただし、松村好之（一九八一）では、わずか八行だが、まとまった記述がある。
(38)松村好之（一九八〇）『慟哭の歌人』小峯書店。
(39)清水汎（一九八二）『讃美の歌人―明石海人について―』小峯書店。この時期の限界とはいえ、清水には隔離政策への批判的視点がないため、内田守や小川正子に極めて肯定的な評価を与えている。
(40)太田については、日本ハンセン氏病福音宣教協会編『現代のヨブたち』聖燈社、一九七二年、p11-12。
(41)松木信（一九九三）『生まれたのは何のために』教文館、p.366。同書は、ハンセン病を軸とした松木の人生、信仰者としての歩み、自治会活動の経験とを、自己の苦悩や葛藤を隠すことなく描いた名著であろう。松本馨（一九八七）『十字架のもとに』にも、「自治会活動の中で」という節がある。なお、松木と松本は同一人物である。

(42) 本書では、日本の植民地でのキリスト教とハンセン病との関係についてほとんど触れることができなかった。滝尾英二の編集による『植民地下朝鮮におけるハンセン病問題資料集成』不二出版のうち、特に第六巻（二〇〇二年）では、滝尾の解説のなかでキリスト教の問題に言及があり、関係する資料も掲載されている。滝尾の『朝鮮ハンセン病史』でも、キリスト者の入所者、三井輝一について詳しく論じられるなど、キリスト教の問題が出てくる。

(43) 療養所教会であっても、患者でも職員でもない園外の一般の会員をむかえることはある。『日本基督教団神山教会史』にはそうした記述があるし、筆者が奄美和光園の教会を訪問したときにも、近所の公務員住宅（奇しくも筆者もそこに小学生時代に住んでいた）に住む女性が教会活動に参加していた。あるいは、会員ではなくても時間的都合で一般の者が礼拝に参加することもあるようである。しかし、そこに主たる目的があるのでないことも明白であろう。

第二章

飯野十造のハンセン病救済の行動と思想

一　ハンセン病救済運動とキリスト者

ハンセン病救済は、国の政策として展開されつつも、民間の運動として動いていく。それを担っていくのが日本MTLである。日本MTLは民間サイドで救癩を支えるべく、一九二五年に結成された。官製救癩団体として、一九三一年に癩予防協会が設立されるが、民間団体として一足早く日本MTLが結成されていたのである。理事に当時はキリスト者ではない光田健輔が加わっているなど、純然たるキリスト教団体とはいえない面もあるが、中心メンバーはキリスト者ばかりであり、基本的にはキリスト教による組織と考えてよいだろう。その活動は戦後まで存続し、JLMと名称を変えつつ継続されてきた。機関紙『日本MTL』の発刊などの出版活動による啓発、寄付金募集、講演会や映画会の開催などの活動を行っている。『日本MTL』では欄外にスローガンを掲げた時期があり、そこには「急速に療養所を拡張せよ」など隔離政策を鼓舞する内容が含まれている。実際に、療養所の拡張を求めて、署名運動なども展開した。

日本MTLの活動内容や展開については、藤野豊（一九九三）の研究もあり、ここで改めて日本MTLを追うことはしない。本書では、ハンセン病対策の展開のなかで、ハンセン病救済をライフワークもしくは主要な活動課題と認識して、長期間にわたって献身的にかかわった人物を取り上げていく。彼らは、隔離政策を疑わず、隔離政策への協力に尽力し、光田健輔への尊敬も疑わなかった。今日からみれば、隔離に加担した民間人という位置づけになるのかもしれないが、彼らは患者への嫌悪をよりどころにして活動したわけではない。むしろ、患者の生活を心配し、援助をすることを望んでいた。彼らを批判する前に、まず彼らは何を考え、何をしたのかを把握しておくことが必要であろう。

日本ＭＴＬで活躍した人物として、代表である小林正金、三井報恩会に属した遊佐敏彦などをあげることができる。社会運動で著名な賀川豊彦は、日本ＭＴＬにも加わり、ハンセン病救済に尽力した。賀川はある時期から、ハンセン病に関心を寄せ、救癩運動側からすれば、頼もしい同志であった。ところが、その割には賀川の伝記では必ずしも賀川とハンセン病との関係を紹介していない。たとえば、賀川の伝記のなかでも、とりわけ実証性や学術性の面で優れている雨宮栄一による三部作では、ハンセン病のことに全く触れていない。(1) 遊佐敏彦についても、そもそも遊佐自体の研究がまだあまりみられず、ましてや遊佐のハンセン病観や果たした役割は解明されていない。したがって、これらリーダー格のメンバーについて、検討していくことも当然必要である。

しかし、本書ではこうしたリーダー的な人物ではなく、地方における運動の展開を追っている。なぜなら、賀川や遊佐は、ハンセン病救済に人生を賭けたわけではなく、関心を寄せた社会問題の一つがハンセン病であったにすぎない。しかし、地方における運動は、強烈な使命感と行動力に裏付けられた人物によって主導されている。この人物が何を考えて運動に飛び込み、何をしたのかを解明することは、キリスト教ハンセン病救済運動の核を明らかにすることでもある。

また、地方での活動は、その地方においては非常に目立つ存在であり、社会的な影響も多大であった。しかも、患者個人に働きかける活動が中心であるため、個々の患者の人生に直接影響を与えている。

さらに、地方の運動はどれも教会との関係なしでは語れない性格をもっている。個性的な運動家が運動家でありえたのは、教会という後ろ盾があったから可能になった。たまたまその活動家がキリスト者だったということではなく、キリスト者でなければありえない活動だったのである。だから、非キリスト者で類似のケースを見出すことはできない。

そして、彼らが属する教派がすべて異なっている。ということは、特定の神学がハンセン病救済の発想を生み出したわけではなく、日本のキリスト教全体に、ハンセン病救済を生み出す何かがあったと考えるべきであろう。それをいささかでも明らかにすることで、キリスト教とハンセン病との関係性を史的な面から示すことが可能になる。

また、地方の活動家は、人生全体を賭けたといってよいほど、情熱をこめて活動した。情熱があったからよい、というわけではない。いくら情熱があっても、客観的にみて不適切な活動であれば、批判せざるをえない。ただ、激しい情熱の結果、患者からも注目され、社会的にも関心を集め、ハンセン病救済のあり方に影響を与えたことは確かである。その割には、今日、その活動は忘れられている。評価はともかくとして、まず彼らによって何がなされたのかを跡付けておくことが必要であろう。

本書では、静岡における飯野十造を中心とした活動、熊本におけるルーテル教会信徒による活動、沖縄における服部団次郎らによる活動、それに日本ＭＴＬとは関係なく時期も戦後になるが、奄美大島におけるカトリックの動きを取り上げていく。いずれも地域に密着しつつ、その地域でハンセン病救済を確立していく動きである。それらは隔離政策を批判したわけではなく、むしろ積極的に推奨しているものが目立つ。しかし単純に政策に追随していたわけではなく、独自の判断で動いている面をかなりもつ。したがって、ハンセン病救済運動がもつ複雑な性格を示すことにもなる。第二章ではまず、静岡を中心に活動した飯野十造を取り上げていく。

二　飯野十造の生涯

ハンセン病に情熱をもって取り組み、その人生をほぼハンセン病患者の救済に使ったといっていい人物が、飯野十造である。他の運動家は人生のある一時期にハンセン病救済にかかわったり、あるいは他の課題ももちつつハンセン病にも関与したという場合がほとんどであるが、飯野は、本職の牧師としての業務をこなしながらではあるが、関心事はハンセン病救済であった。職業的救済家と呼んでもよい。ハンセン病以外の多様な活動も行ってはいるが、人生はハンセン病救済に終始したといっても、おそらく本人も同意するのではないだろうか。

飯野は小川正子のような人物と違って、社会的には忘れられている。『小島の春』がたまたま売れた小川がいつまでも聖女視される一方で、生涯をハンセン病に捧げたといっていい飯野が忘れられていること自体、ハンセン病にかかわった人物への評価が、実証性を欠き、歪んでいることを示している。

ただ、活動の場であった静岡県の地方史では、しばしば紹介されている。『静岡県医療衛生史』では、「らい」という項のなかで、神山復生病院や駿河療養所のほか、飯野の活動について簡潔に記し、写真を掲載している。[2]『静岡県昭和人物誌』では、ハンセン病救済に携わった人物として、岩下壮一とともに写真付きで掲載されている。[3]『静岡県歴史人物事典』では、「飯野十造」が単独の項目としておかれ、やはり写真が掲載されている。[4]『静岡県社会福祉の歩み』では、ごく簡略ながら、飯野の存在に触れている。[5]静岡県という一地域では、愛の行為をした人物としての評価がなされていると一応言えるかもしれない。

しかし、ハンセン病史の先行研究において、飯野はマイナスの評価しか与えられていない。森幹郎の『足跡は消えても』では、第一九章「安倍川河畔の患者と飯野十造」で淡々と紹介されているだけだが、藤野豊の『日本ファシズムと医療』では飯野を、日本ＭＴＬの体質を示すキーパーソンとして取り上げている。そこでは宗教的良心が「民族浄化」論と結びつき、無癩県運動の推進者となったことを厳しく批判している。『「いのち」の近代史』では「満洲」にまで隔離運動を広げた人物として、さらにマイナスの評価がなされている。荒井英子『ハンセン病とキリスト教』でも藤野の評価を踏襲し、否定的に紹介されている。

飯野に関しては、かつて飯野によって創設された静岡其枝基督教会（現・静岡その枝キリスト教会）による記念誌『涙流』が詳しく、飯野の生涯のほか、飯野自身の文章が多数収録され、また飯野を知る者による回顧が掲載されており、これが飯野を伝える唯一最大の文献となっている。同書の原資料は、其枝基督青年会の名で、事実上飯野が一九二二年より編集・発行していた『あかし人』である。しかし、『あかし人』はじめ、飯野が牧師として在職していた時期の史料について、静岡その枝キリスト教会を筆者が調査したものの、教会堂の新築等のなかで所在不明となっていた。ただし、若干は長島愛生園神谷書庫に残っているものなどがある。『近現代日本ハンセン病問題資料集成〈戦前編〉』には、もう一つの発行物『愛のみち』の一部も収録されている。

飯野には『愛はあけゆく』という、一九五〇年に基督教文書伝道会から発行された単著があり、ハンセン病患者とのふれあいなどの体験が述べられている。ただし、同書には、患者の家族同士が患者のいない場でかわしている会話など、明らかに空想や推測で書いた部分が多い。事実とそうでないことが混在しており、飯野の思想や人となりを知るうえでは有益だが、飯野の活動を正確に把握する資料としては使える範囲は限られる。とはいえ、筆者が所有しているものは、一九六二年の第四刷であり、比較的長期間発行され、ある程度販売されたようである。社会的な影響力を持ったと思われるので、同書の存在を軽視してはならないであろう。

『涙流』などを参考にしつつ飯野の生涯をたどると、以下のようになる。飯野は一八八六年に群馬県に生まれた。

小学校高等科卒業後、しばらく家業を手伝っていたが、一六歳で海軍を志願し、横須賀海兵隊に属した。日露戦争時にも海軍に属しており、旅順港の閉塞に参加すべく向かったものの、病気のため、横須賀に戻ってきた。

転機となったのは渡英である。二〇歳のときに軍艦による出張によって渡英し、宿泊先の婦人よりキリスト教に触れ、感化を受けた。帰国後、田辺熊蔵と知り合う。田辺は、前橋老人ホームの創設者として知られ、また日本社会党委員長をつとめた田辺誠の父でもある。田辺誠は「大きな影響を与えたのは、同年兵の飯野十造だった。飯野は群馬県渋川の米屋の息子で、クリスチャンであった。同県のよしみで、すぐ仲良くなったが、部下をなぐったりいじめたりして喜んでいる上官を憐れんでいる飯野の態度に、心を打たれた。飯野も他の水兵同様しごかれたが、恨み言をひとことも漏らさず、じっと耐えていた」と描いている。(6) そして、熊蔵は、救世軍の伝道に触れて、キリスト者となり、やがて社会事業に身を投じていく。

飯野は、救世軍が横須賀で伝道していたことから救世軍に加わったのだが、一九一〇年、海軍を離れ、救世軍士官学校に入る。しかし、浮浪者の救済などをめぐって対立し、救世軍から離れメソジスト教会に加わる。そして、中野聖書学院で中田重治のもとで学ぶ。中田は、ホーリネス派で活躍した人物として著名である。一九一四年に結婚し、横浜で伝道活動を始めた。

横浜で健康を害したこともあり、一九一六年に静岡に移り、伝道を始める。『静岡県歴史人物事典』によれば、この年、浅間神社の祭礼でハンセン病患者に接したことが、救癩運動に参加したきっかけともいわれる。今度は宣教師との対立から一九二二年のクリスマスに独立を宣言し、一九二三年初頭にメソジスト教会から離脱した。飯野の伝道への熱意と実績が宣教師にとってかえって危険視されたこと、あるいは教会運営の実権を宣教師が握っていたことへの反発とされる。

飯野は「宣教師と共に働く伝道者など実にみじめなものであります。終日不平と不満で過ごす人の多くあるのには驚かされます」（『涙流』p.17）と述べており、具体的に何があったのかよくわからないが、相当な不満が鬱積していたように思われる。以後は、単立教会静岡其枝基督教会の牧師として活動する。単立教会とは、どの教派にも加わらない、独立した教会運営の形態である。

戦後の日本基督教団離脱までふくめると、三度も所属教派を離脱したことから、感情的で我の強い人間を想像してしまうが、そうではない。温厚で温情にあふれる人物であった。ただ、ハンセン病救済運動で示されるように、ある事柄に熱意を燃やし、確固たる信念をもって譲らないことが、組織としては持て余す面があるように感じられる。単立教会が飯野にとっても、最も適切であった。

単立教会は教派からの支援がないために不安定になりやすく、困難も予想されたが、独立時の礼拝等の教会行事への参加は五〇人前後であり、それなりの規模の教会としてスタートしている。はじめ借家を使い、手狭でもあったため、さっそく新会堂の建設に着手する。ところが、献金が思うように集まらず、中止の声が出ることもあった。また、お人よしという面もあったようで、建築にあたって、請け負った大工が行方をくらましたり、多額の費用を請求され、支払いに長期間苦慮するといったこともあった。

独立して間もない頃に、関東大震災が発生するが、飯野はさっそく被災地を訪問、さらに蒲団を集めて送る運動を行った。また、この頃、便所掃除の仕事を始めていた。[7]

飯野の関心は、次第にハンセン病患者に寄せられていく。静岡では安倍川の河川敷にハンセン病患者が居住していた。飯野はそこを訪問し、療養所入所の斡旋をするなど、患者の救済をすすめた。皇后の短歌に感激し一九三一年に、御聖徳礼賛会を設立、翌年に御坤徳礼賛会となった。一九三三年に「満州」を訪問してハンセン病救済を訴えた。一九三五年に教会に隣接して、「愛の家」を設置した。しかし、ただでさえ財政的に厳しい状況のなかで新規の活動を加えたことで、厳しさがさらに増したと思われる。

こうしたなか、其枝基督教会出身で、ハンセン病療養所職員となるのが、広畑隣助と野村鎌麿である。また、医師の塩沼英之助は、飯野から洗礼を受けている。宮川量の妻の千代子も其枝教会の会員であった。

塩沼については第一章で触れているので説明は省くが、広畑は、和歌山県出身で、両親もキリスト者である。農林省園芸試験場に学び、浪花少年院に勤務した。しかし、少年院に入る前に子どもを救わねばならないという使命感から、農村伝道を志すようになり、飯野のもとに身を寄せた。

ところが、一九二五年に安倍川のハンセン病患者を対象としたクリスマス会に出たことでハンセン病に関心を寄せ、さらに一九二六年二月に静岡で開かれた光田健輔の講演会に出席した。その際に光田から全生病院に農業指導者として来てくれないかとの話があり、さっそく決心し、二月のうちに全生病院に就職する。ところが、一九二八年一二月に急死したため、広畑が活動したのは三年足らずで終わってしまった。広畑は文学的な関心も高く、『広畑隣助師遺稿』が死後出版され、短歌や詩が掲載されている。多磨全生園患者自治会による『倶会一処　患者が綴る全生園の七十年』では、園長であった林芳信や医師の林文雄らと並んで、詳細に紹介されている。短期間の勤務に終わった一職員としては異例の扱いであり、それだけ患者への影響も大きかったのであろう。

野村は、静岡郵便局に勤務していたが、一九二四年に退職し、一九二五年に飯野から洗礼を受けた。一九二六年に全生病院に勤務した。一九二九年に長島愛生園の先遣隊の責任者として、開園業務にあたった。ところが、一九三一年、実際に患者が入所する直前に急死した。死の様子については、井上謙が長島愛生園慰安会による『長島開拓』（一九三二年）のなかで「野村先生の死」と題して、書き残している（pp98-104）。二人とも結果的には療養所での勤務は短期間であったが、大きな教会でもないのに、療養所職員を次々と輩出するところに、飯野の感化力を感じる。

飯野の活動はハンセン病に注がれてはいくが、ハンセン病に特化されていたわけではない。工場の女子労働者への伝道活動を継続的に行い、あるいは一九三〇年に其枝自然保育園を創設した。結核療養所の南湖院への訪問活動も行っている。ただし、保育園は一九四一年に休園するように、やはり優先順位としてはハンセン病が最高の位置にあったといえる。

戦時下には日本基督教団に加入する。日本基督教団は、戦時体制下において、大半のプロテスタント教会を組織して結成された教派であり、飯野も単立教会ではあったが、その流れに乗ったようである。日本基督教団では、創立総会代議員や厚生局参事をつとめるなど、教団内で一定の役割を果たした。一九四五年六月の静岡の空襲では、子ども二人を失い、悲しみにくれることになる。戦争が終わると、直ちに日本基督教団から離脱している。やはり大組織の一員であることは飯野には向いていなかったのであろう。

戦後は、民生委員や司法保護委員といった役割を果たした。また、一九五三年には世界連邦運動の日本代表としてデンマークを訪問し、さらに欧米の視察を行った。世界連邦講演会を開くなど、平和運動にも力を注いだ。

一方で、一九四六年の二・一ストへの反対デモを、サンドイッチマンに扮して一人でやったり、マッカーサーに戦犯助命の書簡を送ったりと、奇行とも思える行動もとっている。いずれにせよ、ハンセン病への情熱は最後まで衰えることはなく、一九六〇年にはＮＨＫラジオより「救癩の日に思う」という放送を行い、一九六三年にもやはり「ラジオ人生読本」という番組で「伝道と救癩」という番組に、三日間にわたって出演している。静岡市功労者、静岡県功労者、藍綬褒章、勲四等瑞宝章といった表彰も受けており、晩年はそれなりの評価を公的に受け、社会的にも認知されていたといえる。一九六七年四月二四日に八一歳で没した。

以上のように、飯野は驚異的な行動力を発揮してハンセン病救済に尽力した。飯野個人の行動にとどまらず、教会員の人生を変えたり、行政を動かすなど、影響力も大きかった。

三　飯野のハンセン病救済運動

飯野がハンセン病に関心を持つようになったのは、前述のように浅間神社での患者目撃ともされるが、飯野の言によれば、ある日曜日、集会の後に青年が来て、彼がハンセン病患者であったことが出発点という。その青年は一晩泊めてくれるよう求め、承諾したが、そのとき突き出された手をみると、ハンセン病患者であった。飯野は、恐怖や嫌悪をもってしまったが、神と愛とキリストの忍耐を同時に感じ、ハンセン病の問題に進んでいく。

一九二五年頃には、安倍川でのクリスマスを実施するなどハンセン病救済をライフワークとすることを決意するにいたった。以後も、ハンセン病以外の活動もみられるものの、ほぼ活動の焦点はハンセン病救済であったといってよい。日本ＭＴＬが結成されると、一九二六年一月に日本ＭＴＬ静岡支部を結成した。もっとも「静岡支部」といっても、実態は飯野が中心、というより飯野の活動のための存在だったと思われる。さっそく一月から二月にかけて、神山復生病院の訪問、「救癩事業に関する大講演会」、患者の発見などの活動がなされたという（『日本ＭＴＬ』第一号、一九二六年三月）。早くも、日本ＭＴＬの主要な支部として動き始めたのである。

飯野の活動の中心は、安倍川河川敷に住んでいた患者の支援である。しばしばハンセン病患者は特定の場所に病者同士で集住するケースがあったが、静岡の場合それが安倍川河川敷であった。したがって飯野の活動対象は、当然に安倍川河川敷に注がれていく。飯野によると、安倍川の堤防沿いに古布で造った天幕が張られていて、そこに患者でない者も含め、四〇名以上が暮らしていた。そこには重症患者も含まれていた。この集落について、一般市民も無関心であるし、行政も放置しているのが実態であった。飯野は患者らを、妻子も連れて訪問した。

飯野は、患者にとって秩序を壊す存在であり、歓迎されなかった。しかし飯野は拒否にひるむことなく、訪問を繰り返していく。こうして信頼関係をつくりつつ、やがて懇意となった患者に、療養所への入所を勧めた。説得に応じた患者について、療養所への入所を手配するのである。

飯野のこの行動は、河川敷での野宿という低劣な生活実態を憂いて、よりよい生活が可能と思われる療養所への入所をすすめたのであった。強制するようなことはせず、あくまで同意するのを待つという対応であった。また、入所にあたっては一緒に付き添うなどしたので、貨物列車に押し込めるといったことはなかった。入所後も繰り返し訪問するなどの対応をしていた。

安倍川河川敷とは関係ないが、少年時に発病して、邑久光明園に入所した津島久雄は、入所の際の列車のなかで、飯野と出会う(8)。津島は、小学六年生のときに発病し、卒業を待って、入所することとなった。人目を避けた移動、また年少で自己の運命を内面で整理しきれない状況で飯野に触れたのである。やがて津島は、キリスト教を受け入れ、邑久光明園家族教会の牧師となる。飯野は単に、隔離収容に力をいれたのではなく、個々の患者の生活全般にも気を配る姿勢を持ち続けたのである。

飯野が安倍川の集落への活動を継続した結果、一九三一年に長島愛生園が患者の受け入れを始めた際、残っていた患者がすべて入所して解消されることになる。その際、専用車両を用意したり、必要な旅費が足りず、市長と面談して、費用を提供させるなど、最後までさまざまな課題を解決しなければならなかった。しかし、安倍川の集落がなくなったからといって、飯野の活動が停滞するわけでは全くない。静岡市周辺に限定されず、在宅あるいは浮浪の患者を見つけては、療養所に入所させる活動が継続された。

一九三五年には、「愛の家」を設置する。患者と療養所をつなぐ仲介の場として、相談所を設置し、療養所に入所するまでの一時保護などを実施しようと試みたものである。土地の選定、買収、建築、資金の確保など、かなりの困のは、ハンセン病問題への取り組みへの重大な決意を示すものでもある。
難を乗り越えて、設置にいたっている。経済的に決してゆとりがあるわけではない飯野が、こうした施設を設置する

飯野は、「癩問題の解決は病者の隔離療法であります。健康者のためには、相談所あり、職業紹介所あり、無料宿泊所もありまして彼等は誰にでも相談が出来ますが、癩者こそ誰にも相談に行くことが出来ません。故に彼等の為めに善き相談所が必要であります。彼等とゆつくり膝を交へて語り、慰め、相談し合ふて、問題を解決し、救の道を開いて上げねばなりません。これが我等健康者の責任であります」（『愛のみち』第七号、一九三五年二月、『近現代日本ハンセン病問題資料集成〈戦前編〉第四巻』）と設置の趣旨を語っている。飯野は隔離を推進すべきとして行動してはいたが、それは官憲を駆使するような強圧的な方法ではなく、患者への同情心によって穏健に遂行しなければならないと考えていた。

落成にあたって、静岡県知事、静岡市長、静岡警察署長、静岡県医師会長といった名士による祝意の広告が『愛のみち』第七号に掲載されている。儀礼的、形式的なものにすぎないのかもしれないが、行政や地域全体から一定の期待を受けていたともとれる。さらに、三井報恩会の助成によって、隣の家を買って農園とするように（『日本ＭＴＬ』第八五号、一九三八年四月）、拡張していく方向をもっていた。

療養所入所者全体への支援として行ったのが、静岡の名産の茶の贈呈である。静岡の茶業組合をはじめ、製茶関係者の協力を得て、すべての療養所に毎年茶を送り続けた。日蓮宗系の身延深敬病院も例外ではない。その様子を『日本ＭＴＬ』（第五号、一九二七年一〇月）の記事で見ると、「ＭＴＬ静岡支部では今夏全国患者に対するお茶運動を計画し之れを同地の星製薬製茶部及県市の茶業組合に寄付方を慫慂したところ何れも深く同情の意を表され左記の通り夫々多額の製茶を寄贈され荷造り、運搬―静岡自動車会社は自動車を提供運搬の衝に当られた」という。この運動は、毎年繰り返されることで定着し、飯野側から要請するまでもなく、茶業組合ではあらかじめ、予算に組むように

なった(『日本MTL』第九号、一九三〇年六月)。とはいえ、当初は、飯野が関係者に強く働きかけ、実現へ向けてかなりの尽力があったものと思われる。

そもそも茶のような日常生活の必需品は、療養所当局において準備すべきものであろう。しかし、低い生活レベルのなかでは、生命にすぐにかかわるわけではない茶が、十分に供給されなかったとしても不思議ではない。そんななかで、茶が寄贈されれば、入所者の生活に一定の役割を果たしたことも事実であろう。

茶だけでなく、さまざまな金品の寄贈を行った。一九三八年のクリスマスには、療養所内の保育施設を中心にみかん、星塚敬愛園に茶種、国頭愛楽園に桜の木、「救癩同労者」に物品書籍、病者に金品を贈ったという(『あかし人』第八七号、一九三九年一月)。

茶については、贈呈するだけではなく、活動資金獲得のためにも用いている。一九三五年に、「愛の家」設置にあわせ、「愛の家消費組合」なるものを創設し、茶の販売を行った。「皆様がこのお茶をお買い上げ下さる事によつて愛の運動資金が生み出され、あなたの美しい御同情はやがてあなたの御家庭を御幸福に導き、不幸な病者が救はれ国が潔められてまゐります」と述べて、購入を呼び掛けている(『愛のみち』第七号、一九三五年二月)。

療養所の訪問も繰り返した。一過性の訪問をする宗教者は数多くいるであろうが、飯野は常に関心を持ち続けた。訪問を受けた側の感想として、長島愛生園の入所者、松村好之(一九八一:一六八)は「口をついて出る一語々々は、愛と誠実そのもので集う者に深い感銘を与えずにはおかなかった」と回顧している。また、管理者側ではあるが、多磨全生園の園長をつとめるなどした林芳信(一九七九:一四二)は、飯野による療養所への支援を列挙し、「ご厚情とご教導は筆舌に尽し難い」と述べている。

一九三八年一一月、国頭愛楽園開園時には、沖縄を訪問した。開園式に出席するだけでなく、講演などを企画して精力的に活動した。当然、愛楽園では、園長の塩沼英之助、事務長の宮川量、愛楽園の設置に貢献したキリスト者の患者青木恵哉らと面談しているし、服部団次郎ら沖縄ＭＴＬのメンバーとも歓談の機会をもった。第四章で述べるように、愛楽園はキリスト者の活動のなかから実現した療養所であるため、飯野も特別の思い入れがあったのであろう。帰途には奄美大島に立ち寄り、さらに鹿児島を経由して星塚敬愛園も訪問している。

なお、奄美大島に立ち寄った際に、飯野はカトリック教会迫害の痕跡を確認し、「島民の救霊、文化に貢献した会堂も内部は取り壊されて、神を拝した聖堂は町役場となっていた。感慨無量、涙なくして見られなかった。しばし頭を垂れて黙祷して去る。宣教師たちが日本の立場を理解し、もう少し聡明であったらこんなことにはならなかったであろう」（『涙流』p.122）と述べている。奄美大島のカトリック迫害については第五章で触れるが、キリスト者としては、迫害されたカトリックを擁護し、迫害をした側を批判するのが自然な考えであろう。外国人宣教師を非難するという発想は、飯野の視点が排外的な国家主義に傾いていることを示している。

いずれにせよ、飯野が療養所を訪問し続ける姿勢は常に変わることはなかった。最晩年には、これが最後の訪問だとして、高齢をおしてあえて全国を行脚したという。

訪問する療養所は国公立のものにとどまらない。近隣の神山復生病院は宗派が違うにもかかわらず、支援した。『日本ＭＴＬ』第二号（一九二六年七月）には「神山復生病院を観る」という飯野の文章が載っている。そこで飯野は、ハンセン病救済をカトリックが先行し、プロテスタントが遅れをとっているとして、反省の態度を示す。そのうえで、神山復生病院の歩みを振り返り、「天国の様である。働いて居る癩患者の楽し気な笑ひ声や、神を讃美する歌が聞へる」と、その明るさを強調する。しかし、井戸が不足して衛生面で問題をかかえている実態を報告し、対策として一万七〇〇〇円が必要だという。そして「日本人のやるべき事業を彼がやつてくださるのに、金のために心配させるのは申訳が無い、此際ＭＴＬの会員は此のため具体的な働きを起さねばならぬ」と、資金協力を訴えている。訴える以上、自分も寄附をしており、『神山復生病院の一〇〇年』では、飯野が長期間にわたって寄附を続けていたことを記している（p.88）。

一九二七年九月には、林文雄らとともに、草津の鈴蘭村を訪れたことが『日本ＭＴＬ』（第五号、一九二七年一〇月）に掲載されている。飯野は「あこがれの草津」と呼び、三上千代、あるいはやはり草津で活動しているコンウォール・リーについて、称賛している。あわせて、現地の旅館で活動写真会を実施している。

仏教系の身延深敬病院に対しても例外ではない。創設者綱脇龍妙は「基督教徒の飯野師から常に慰問を受けて、恐縮してゐる」（『日本ＭＴＬ』第八三号、一九三八年二月）と述べており、飯野が繰り返し訪問していることへの感謝の念を示している。

また戦後、駿河療養所内の神山教会の設置にあたって支援し、教会を支えた。『日本基督教団神山教会史』には、飯野の役割が記されている。駿河療養所では、キリスト者の入所者が多くいたものの、教会の設置にはいたっていない状況がみられた。そうした時期に飯野は月に一度、定期的に訪問した。飯野の尽力で、オルガンなどの楽器も運び込まれた。一時来られなくなった時期もあったが、再び訪問するようになり、入所者の信頼を集める。特にクリスマス会などの重要な集いには常に飯野の姿があった。神山教会と其枝教会との関係は飯野の死後も継続した。同じ静岡県といっても、長時間かかる駿河療養所を訪ねるのは決して容易ではなかった。しかも、飯野は高齢になっていく時期であり、体力的にも遠出することは困難になっていったはずである。神山教会が教会として着実な歩みをすることになるには、飯野の働きが大きかったのは明らかである。

四　「満洲」での運動と皇族への思慕

飯野への批判の論拠の一つは、「満洲」での活動である。飯野はたびたび「満洲」を訪問した。『涙流』の略歴によると、一九二一年に「満洲朝鮮」で三か月伝道、一九二九年に伝道旅行、一九三三年に伝道旅行し、癩予防協会設立を推進する。一九三五年にも「満洲」に行き、患者収容所の設立に尽力した。前二回については、「満鉄の厚意に由りバスも与へられ、費用も援助せられ、集会も準備せられて、愉快な御用をさせていただいた」（『愛のみち』第五号、一九三三年一二月）と述べており、いわば丸抱えの旅行であったようである。とはいえ、当時の交通事情、飯野の経済力、単立教会として責任者が長く教会を留守にするリスクなどを考えると、決して「愉快」なだけではないはずであり、かなり負担や危険の大きい行動であったと思われる。それでも繰り返したところに飯野の「満洲」に対するある種の情熱を感じざるをえない。

これらの訪問のうち、一九三三年の訪問については「満鮮旅行記」という詳細な記録を飯野自身が執筆し、それが掲載された『愛のみち』第五号（一九三三年一二月）が『近現代日本ハンセン病問題資料集成〈戦前編〉第三巻』に掲載されているため、その行程や出来事を把握することができる。しかも、飯野の一連の「満洲」訪問のなかでも、救癩運動にとって最も大きな影響を与えたものであった。藤野豊（二〇〇一）がすでに詳細に取り上げているが、この訪問について詳しく確認しておきたい。

一九二一年と二九年の訪問は、伝道が主な目的であったが、今回はハンセン病問題にねらいを絞った訪問であった。依頼があったわけではなく、自ら思い立ったものである。「満洲」に、日本や朝鮮からハンセン病患者やその家族が入り込み、やがて「満洲」にもハンセン病が蔓延する。それが「戦慄に値する」という危機感であり、「王道楽土の建設の途上にある満洲国をして、欧州文明国の如く、癩皆無国とならしめ文明国に伍して遜色なからしめねばならぬ」というのである。

まず「満洲」行きを発表し、それから上京して癩予防協会の会長、副会長、陸軍教育総監らに面談して紹介状をもらうという強引さであった。旅費も借金などで工面しなければならなかった。そのうえ、体調が悪く、入院を勧められるような状況であり、周囲には反対する声も少なくなかった。

しかし、反対を押し切り、九月四日に静岡を出発、長島愛生園と外島保養院を訪問する。九月八日に日本を発ち、九月一一日に大連に到着した。さっそく満鉄本社に副総裁を訪ねるが、秘書官から「満鉄は営利会社である。こんな問題を助けると会社はつぶれて仕舞ふ」と門前払いに近い対応を受ける。それでも地方課の社会係、学務課、衛生課をまわることができたものの、「癩の問題など聞く者はあるまい」「そんな運動は必要ない」といった消極的な対応を受けるだけであった。

翌日は、社会事業協会、市役所、警察署をまわるものの、やはり親身な対応ではなく、かろうじて、市役所の社会課で、講演会をする時は援助するとの回答があった程度であった。ただ、たまたま開かれていた全満連合婦人会で一五分間発言の場を与えられた。

一三日に旅順に移動して関東庁を訪問したが、経費の関係上、どうしようもないと、やはりあまり相手にされなかった。ただ、旅順要塞司令部に司令官を訪ね、また衛戍病院を慰問した警官教習所で講演することができた。警察教習所での講演が許されて、一時間余り、警察官約二五〇人を対象に講演を行った。

一四日に、再び関東庁を訪れるが、状況は変わらなかった。一五日は病院や教会などを精力的にまわった。一六日には女学校などで、次々と講演を行った。

こうして、懇談や講演などを繰り返すうちに事態が変化し、行政、医療、警察関係者らが面会するようになり、協力を約束することとなったという。結果、九月二八日の集会で「満洲国癩予防協会」が設立されることとなり、一〇月四日に第一回の実行委員会が開催された。

飯野はこれだけで満足しなかった。一〇月一一日には「首都」の新京に出向き、やはり行政や衛生の担当者との面談を繰り返した。さらに、「満洲国総理」と会見したり講演をこなすなど、精力的に動いた。ハルピン、再び新京、奉天、大連と移動していく。日本への帰途には朝鮮に立ち寄り、京城では総督府を訪問、小鹿島に三日間滞在した。

飯野は「熱だ、正実だ、愛だそれが大勝を来らした。思ひに優る目的が達せられました」と、所期の目的が達せられたとみずから賞賛し、さらに「愛を植えつけねば満洲国の建設は出来ない」などと、「満洲」へのさらなる行動への意欲も語っている（『日本ＭＴＬ』第三三号、一九三三年一一月）。

飯野自身の記述である以上、単純な事実関係については飯野の誠実さからいって信頼性は高いが、反響や相手方の意図などについては、そのまま受け取るには慎重であるべきであろう。特に、本当に飯野の「満洲」訪問によって突然、「満洲国癩予防協会」設立にいたったのか、検証が必要である。

飯野はかなり強烈な使命感によって、「満洲」の「救癩」を考えたことである。その際、実際に存在する個々の患者の救済というより、予防体制の確立など、衛生政策的な発想がむしろ強かったのである。また、「満洲」でさほど関心の高くなかったハンセン病問題について、関心を喚起したことは確かであろう。日本で推進される隔離政策、無癩県運動の論理を「満洲」にまで持ち込む役割を果たしたのである。

この事実を否定的に解釈すれば、隔離主義者の飯野が、「満洲」侵略をも是認して、植民地にまで隔離政策を浸透させたということになり、植民地侵略と隔離推進の二重の行為を行ったということになるであろう。藤野豊（二〇〇一：四〇一―四〇二）は、日本の傀儡国家である「満洲国」への幻想のうえに展開された活動として、欺瞞的な性格を厳しく批判している。

飯野には、日本の侵略への加担といった意識はなかった。客観的には、侵略を前提としての行動である。しかし、飯野はそこにひとりでも患者がいる限り、行かなければならないという使命感につき動かされて行動しているだけなのである。確かに飯野には「満洲」侵略に何の問題意識もない。しかしそれは、侵略主義者であったとか、中国人を蔑視していたとか、国家への肯定とかというより、飯野のあまりに狭い社会理解によるものであった。飯野は自分の知る範囲の課題に熱中し、その背景や構造を思考するゆとりに欠けていた。飯野は、「満洲」にも患者がいるであろうことを想像したとき、黙視できなくなった。それが無謀ともいえる「満洲」行きを促したのである。

飯野に寄せられているもう一つの批判として、皇室への過剰な思慕がある。飯野もまた、貞明皇后の短歌に感激した。そして、皇族を記念すべく御坤徳礼賛会を立ち上げる。その際に、飯野は「大御愛の実行」と題して、「聖愛は九重の深い雲井の宮居天つ大御母よりそゝがれた、倣へ！天つ大御母の恵の大御心に、救へ！哀れなる同胞を、生みの親さへも愛し得ずして、浮浪の旅へ追はれる癩者に垂れ給ふた大御愛を以て互に相愛する道を実行するなら我が国を癩皆無国とするのみでない、真に日本は天国の如き明い聖い幸福な国となるであらう。九千万同胞が大御愛を実行し祖国日本を癩より潔めんことを」と述べている（『愛のみち』第五号）。

ハンセン病救済と皇族とを結びつける思想自体は、戦前はもちろん、現在にいたるまで根強く続いているもので、飯野特有では全くない。それにしても飯野の皇族への思慕は、強烈に感じられる。この引用文は、キリスト者でない読者を想定しているとはいえ、イエスと皇族とが同一視されているようにさえ感じる。「満洲」訪問にしても、出発前に大宮御所を訪ね、賀川豊彦によるハンセン病を題材にした小説『東雲は瞬く』を天皇に献上することを依頼し、帰国後もさっそく大宮御所を訪問し、菓子を下賜されて「恐懼感泣」している。飯野の感覚では、皇族の使徒として「満洲」でハンセン病救済運動を展開したのである。

一九四二年に皇太后より下賜金があるが、飯野は「実に数ならぬ小生の仕事が皇太后陛下の御上聞に達して此の光栄を頂きまして、誠に有りがたき極みであります。何等取り上げていただく程の事業でもなく、只皇室の御仁慈と基督の愛に励まされて此の働きを行ったのみであります。実に身に余る光栄でありまして、ことに風邪を引かぬやうにとの御言葉と共に防寒用のチヨツキを拝受いたしましたこと誠にありがたく長く家宝として子々孫々にまで伝へて記念いたし度く存じて居ります」と述べている。謙遜しているようでいて、自負と素直な喜びとがにじみ出ている発言であり、飯野の皇室への思慕が、改めて確認できる（『楓の蔭』第一四〇号、一九四二年一二月）

なぜ、皇族に厚い思慕を持つようなことになってしまったのか。飯野は、権力に対して、むしろ反抗的な態度である。それが、救世軍やメソジストからの離脱を生んでいる。権力に媚びることは、飯野の行動パターンとは異なるのである。

しかし、飯野は「愛」を周辺の人物には注いだが、社会構造のなかで押しつぶされている人、たとえば植民地支配に苦しむ人に気づくことはできなかった。同じように、宣教師のような目に見える権力者には反発したが、体制の中で権力を持つ者に怒りをぶつけることはなかった。直接交流していれば、その欺瞞性を見いだして怒りを感じるが、そうではない皇族は、反権力の対象になりえないのである。

また、飯野は神と皇室とを二重に信仰しているとも思える。「愛」をひたすらに信奉する飯野は、「愛」の実践をする信仰の同志を求めていた。その際、皇族がその「愛」の同志に見えたのである。カトリックにおけるマリアの姿が、歴史に実在したマリアと比べて美化、純化されているように、飯野は皇族を「愛」の象徴として、純化して見ていたのである。

五　飯野の思想

飯野はハンセン病をどうとらえ、実践とつなげたのであろうか。飯野の発行していた『愛のみち』第七号に、「癩の話」という記事がある。執筆者は記載されていないが、事実上飯野の個人誌である以上、飯野が内容に全面的に同意しているのは明らかである。そこでは、癩菌による感染症であること、主な症状、患者が外出をさけるべきこと、療養所の紹介などが記載されている。当時の一般的な理解がそのまま記載されており、飯野が良くも悪くも医学的な「常識」に依拠していたことがわかる。医師でない飯野が、政府や医師の流布する情報に依拠したのは、その限りではやむをえないことであろう。

そうした知識を基盤とした飯野の思想を端的にいえば、放置されている患者を一刻も早く療養所に収容することが重要だという信念である。『愛は明けゆく』では、「今の府県立療養所を国立に切り替え、内容をととのえ、全部を収容せねばならぬ運動を進めなければならぬ、文明国（今は四等国なれど）で癩を浮浪させて置くのは日本だけである。かかる哀れなる同胞を見過ごしにして置かれようか、私の良心はこれを許さない」（p.49）「その多くはその日その日の生活に脅かされつつしかも現代医学の恩恵に浴することも出来ず日々崩れ行く臭体を抱いて死の到来の悲惨な境遇に呻吟しているのです、これを拱手傍観する如きは人道上の一大罪悪であります」（p.141）と述べている。現に目の前にいる患者をそのまま放置することは犯罪でさえあると考えたのである。

それだけなら、当時の一般的な救癩観であろうが、飯野はそれを自分の使命と考えた。「この種の人々を救済することは容易なことではない、その前途にどんなことが起るかもしれない、伝染して癩病になり、自らこの群の人となるかも知れない、教会は空になるのみならず子供らの前途は悲惨なものになるかも計り難い、よしどんなことがあっても意とするところでない、彼らの救済は神が私に命じ給いし職である」（飯野一九五〇：五三）という強烈な使命感である。単立教会の牧師として、本来は教会を維持することが職務のはずだが、飯野はそれ以上に救癩を優先した。救癩は人生の最上位におかれている。

飯野は直情的で純粋な行動パターンがあって、たとえば関東大震災のときにも、ただちに救援活動に乗り出している。すぐに県庁に出向いて旅行証明書を入手し、被災地を訪問、さらに静岡に戻って、布団を送る運動を開始した。しかし、飯野が患者への同情だけで救癩に取り組んでいるわけではなく、公衆衛生的発想も強く有していた。安部川の患者への飯野の説得では、「もし君の病気が此の人々に伝染したとしたらどうしましよう、あまりにも悲惨ではありませんか、どうです止めてくれませんか。社会公衆衛生上重大問題ですから」（飯野一九五〇：三〇）というように、感染の危険があり、感染が悲劇を拡散させ、公衆衛生上の問題であることを強調する。しかも、患者でない者が患者と接触しようとすると「此の人は癩病なのです。癩病は伝染病ですからうつりますよ」（飯野一九五〇：三一）と警告している。

あるいは、「安倍川の癩者の部落は石油をかけて焼き清めた、これで水泳も、魚釣りも安全に自由に楽しめる、市中に癩キンの散布は無くなり二十万の市民が癩の伝染の危険から免れたことは嬉しいことの極みである」（飯野一九五〇：一九一）としている。しかし、飯野が行政的発想で公衆衛生を唱えているわけではなく、飯野の主観的な同情心は患者ばかりでなく市民一人ひとりにまで注がれていたのであろう。

したがって、飯野は自らは説得による収容を行ったが、強制収容を否定していたわけではない。一九四三年に、飯野は長島愛生園の光田園長宛てに強制収容についての問い合わせを行っている（岡山県ハンセン病問題関連史料調査委員会二〇〇七：二六六―二六七）。そこで飯野は「それ（筆者注：無癩県）に就て知事・内務部長と相談致し、強制収容を法令に依りて行ひ、本年中に無癩県にする様協議を進め候ところ、故障を生じ、県令に無いからどうかなど申す者もあり」と述べ、静岡県を無癩県にすべく行政と協議したところ、強制収容の法的根拠をめぐり、県側が消極姿勢をみせたため、すでに無癩県を実現した岡山や山口での実例を示すよう求めている。それに対し、長島愛生園側より、警察による強制収容に園としても協力する旨の回答が「無癩県静岡実現の一日も早からん事を衷心より御祈り致し候」との言葉とともに出されている。実際、飯野について、『静岡県歴史人物事典』（p.32）では、「県下全患者の療養所収容を果たした」と述べている。ただ、無癩県化は、衛生当局、警察など権力機構全体の総意であり、飯野の独力で静岡県の無癩県化が果たされたかのような説明は、やや過大評価であろう。

あるいは、『日本ＭＴＬ』の第一〇〇号に寄せて「本紙を通して神を知りキリストの救が受けられ、祖国日本の浄化の聖業が進められ神の栄光の顕現せられんことを祈る」（『日本ＭＴＬ』第一〇〇号、一九三九年七月）と述べており、「浄化」という発想も明確である。

また、飯野は、収容すればそれで終わりと考えていたわけではない。そこが大半の救癩関係者と違う点である。収容後の患者の生活にも配慮する姿勢をもっていた。したがって、療養所への訪問などの活動も熱心に続けた。『愛は明けゆく』のなかで「全国療養所その他癩者の群を慰問し歩こうと決心した」（p.217）と書いている。

飯野には、思想とか神学といった体系的なものは感じられない。「愛」の大切さを繰り返しているだけである。機関誌の名称は『愛のみち』であり。著書の題も『愛は明けゆく』であり、「愛」への強い執着がうかがわれる。飯野は救世軍時代に上層部の意見に反してでも救済にあたるなど、それが宗教者にありがちな講壇から説くだけの観念的なことではなく、日々の実践をともなっていた。「愛」の対象は妻や子への近親者から、見ず知らずの通りがかりの者、さらには全国のハンセン病患者と、あらゆる人に注がれてもいた。

その「愛」の根拠や内容が説明されることはない。説くものではなく、実践するものであった。個人的にはこれほど善意だけで固まった人物は稀有であろう。飯野の善人ぶりは、教会堂の建築にあたって、多額の費用を事実上騙し取られるなど、随所に現れている。「愛」は患者にも求められるので、長島事件においては、患者を非難することになっていく。

その飯野は国家をどうとらえたのか。「愛国心」については高い関心があり、「預言者もイエスも彼の弟子等も決して非国家的ではなかつた。彼等は実に激烈に国家観念を発表したのである」（飯野「イエスの愛国心」『あかし人』第六三号、一九三四年六月）と述べて、イエスまでをも国家主義者に仕立てている。「我は神の福音を伝へ、真理を説き、イエスの愛に燃ゆる者を起す事に由りて、我が死にし後、多の義人、仁人が起りて、日本を神の国と為すであらう」（飯野「柘榴の口より」『あかし人』第六三号）と述べて、宣教と国家とを連続させる発想をみせている。皇室についても、強烈に思慕するのである。信仰と国家とが連続しているので、キリスト者ではない皇族を思慕することと、キリスト者としての立場は何ら矛盾することはなく、信仰を鼓舞すればするほど皇族への思慕も強まる構造となっている。

日本におけるキリスト教と国家とのつながりは、キリスト教史研究において常に批判の対象となってきたことではあるが、そこでは信仰あるいは教会と国家との二元論がよく問題とされる。飯野の場合は、信仰と国家は一体化しているのである。したがって、国策と一致するハンセン病救済を信仰によって推進することは、飯野の思想のもとでは、きわめて順当な流れになるのである。飯野にしてみれば、信仰によって愛を実践し、信仰を広げることでハンセン病者の隔離がすすみ、国家が強化されることは、実に好ましい循環である。

しかし、飯野には国家論とか、国家観というものはない。愛国心を鼓舞してはいるが、自己の立場を補強する材料としている以上のものではない。自らが依拠すべき所与の前提でしかないのである。飯野の直情的な発想は、国家への見方にも貫かれているといってよい。自分がその国家の一員である以上、国家に奉仕するのは当然であるという感覚である。そのため、患者への個別の救済が、そのまま国家への奉仕へと直結してしまうのである。

神学も欠落している。救世軍、メソジストと経験した飯野は、基本的に伝統的なメソジスト神学の立場を継承していたと考えられる。しかし、実行力に富む飯野は神学より実践の人であり、また単立教会であることから神学的立場を問われることもなかった。飯野は一見すると賀川豊彦に近いタイプにも見えるが、賀川は神学をもっていた。それが、常に実践の基礎にあった。神学のない飯野は、神学の基礎を欠きそれが、「愛」、国家、ハンセン病等々を、論理抜きで結びつけることを容易にした。

荒井（一九九六）はハンセン病へのキリスト教の態度として、「信仰と人権の二元論」を批判する。しかし、飯野はむしろ強烈な人権意識と使命感をもっていた。日本基督教会をはじめ、神学が優先して実践をともなわないケースもあったが、飯野は逆であった。人権意識が優れていればそれでよかったのかもしれないが、神学を欠いたため，人権意識は政府の宣伝に乗せられる結果にしかならなかった。

六　飯野の評価について

飯野の生涯は何だったのであろうか。ハンセン病患者への差別心を発露すべく、患者の排除にのりだしたのであろうか。もちろん、そんなことではない。

飯野が純粋な信仰に生きたことは間違いない。飯野の書くもの、行動すべてに、そのすぐれた信仰が感じられる。飯野の死後、静岡その枝キリスト教会は、子、孫によって継承されているが、今なお純粋な福音信仰を保持した教会である。あるいは、飯野の信仰上の弟子ともいってよい津島久雄は、邑久光明園家族教会の牧師として、家族教会を支えていく。(9) もちろん、津島の信仰や神学理解の多くは津島自身の努力によるのではあるが、飯野の感化のもとにあることも確かである。飯野には神学には欠ける感があるが、その分、信仰と実践を結びつける視点は鮮明である。飯野は、決して体制に従順な人物ではない。むしろ、体制の腐敗をかぎ取り、反発する人物である。それは、メソジスト教会に反発して単立教会を立ち上げたこともそうだし、戦後マッカーサーに書簡を出したことなどの行動にあらわれている。ハンセン病救済運動も、その姿勢の反映である。たとえば、「満洲」での活動は、ハンセン病に取り組まない状況が、「体制」であり、飯野はそういう「体制」に抗議して、救済運動を推進するのである。飯野を、隔離政策の先兵のようにみるのは、客観的な判断としては一定の妥当性があることは否定できないが、飯野の主観からすれば、全く異なるであろう。

飯野の住む静岡は、安倍川の河川敷に患者が住み着き、ハンセン病の問題が可視的な状況で展開されていた。飯野からみれば不幸で気の毒な姿であった。ところが、マクロな政策としては隔離政策が推進されていたが、行政の担当者が浮浪する患者の収容に熱心であったとは限らない。直情的な発想をする飯野は、国家の意図や方向性を見抜くのではなく、個々の事象から思考した。患者を放置している現状こそ、戦うべき「体制」であった。したがって、飯野の行動は単なる慈善活動ではなく、社会運動の性格を帯びたのである。光田健輔という存在も、飯野からみればハンセン病を放置する「体制」に孤軍奮闘して戦う、反権力の戦士であったのではないだろうか。そして、皇族はそうした反体制運動の支援者として理解された。

飯野が、たとえば「癩予防ニ関スル件」の制定以前に活躍したのなら、もっと違った展開がありえたのかもしれない。患者の悲惨な生活を支援すべく、建設的な活動を行ったのではないだろうか。あるいは、一九六〇年代以降にあらわれたのなら、患者運動の最もよき理解者になったかもしれない。しかし、飯野のもっとも活動的な時期と、隔離政策が強力に推進される時期が、見事に重なってしまった。飯野が行った、患者の発見と療養所への収容、患者の慰問という具体的な行動は、隔離政策が求めたことと一致してしまった。飯野は、自分自身も社会から排斥されつつ、排斥に負けずに患者の側に立って動いていると思っている。しかし、現象としては、政策の流れの補完的な存在である。必ずしもうまく遂行できない隔離政策を忠実に実施する役を演じることになり、飯野は最大の隔離主義者になってしまったのである。隔離政策が「愛」の形態をとってすすめられていく、もっともふさわしい人物として、活用されてしまい、本人はそれを自覚することなく、ある意味では幸福に人生を終えていくのである。

注

(1)『青春の賀川豊彦』(二〇〇三)、『貧しい人々と賀川豊彦』(二〇〇五)、『暗い谷間の賀川豊彦』(二〇〇六)、いずれも新教出版社刊。

(2)土屋重朗(一九七八)『静岡県医療衛生史』吉見書店、p.355。

(3)静岡新聞社編(一九九〇)『静岡県昭和人物誌』静岡新聞社、p.255。

(4)静岡新聞社編(一九九一)『静岡県歴史人物事典』静岡新聞社、p.32。

(5)静岡県社会福祉史編さん企画委員会編(一九八九)『静岡県社会福祉の歩み』静岡県民生部、p.105。

(6)田辺誠(一九八四)『敬神愛人—田辺熊蔵の生涯』日本評論社、p.29。

(7)後藤安太郎(一九七二)『ひとすじの道』東海大学出版会、pp37-38。なお、後藤は静岡県出身で、オリジン電気の前身にあたる会社を創業、経営しつつ、日本ＭＴＬの理事長をつとめるなど、救癩運動に関心を寄せた人物である。同書では賀川豊彦と光田健輔からの影響であると述べており、飯野からの影響は乏しいようである。

(8)津島久雄(一九七二)「この病いえずとも」日本ハンセン氏病者福音宣教協会編『現代のヨブたち』聖燈社、pp88-101。

(9)津島の信仰の姿勢は津島久雄(二〇〇八)『悩みの日にわたしを呼べ』新教出版社に掲載された説教などで、詳しく語られている。津島は長島聖書学舎で学び、邑久光明園家族教会の牧師となるが、同書が示す、神学や聖書学の水準の高さや信仰の確かさに感銘を受ける。

第三章　熊本におけるキリスト者の行動 ―特に本妙寺事件・龍田寮事件をめぐって―

一　熊本とハンセン病

キリスト教系のハンセン病救済運動のなかでも、ある一定期間、非常に真剣に取り組まれ、具体的な展開を見せたのは、熊本での活動である。それは、活発であったがゆえに、運動の限界や性格を明瞭に示すものとなっている。熊本はハンセン病問題において、特異な地域である。熊本市内にある本妙寺は、加藤清正が癩に罹患したものの、祈願したところ治癒したとの伝説から、患者が多数集まり集落を形成していた。第一章でみたように、この集落の存在が動機の一つとなって、回春病院と待労院が設立された。

さらに、連合県立九州療養所（現・菊池恵楓園）が一九〇九年に設置され、現在では最大の入所者を有する療養所となっている。戦後は、ハンセン病をめぐるさまざまな問題が熊本を舞台に繰り返される。戦後最悪の人権侵害事件ともいえる龍田寮事件がおき、事件を題材にした映画「あつい壁」が制作された。さらにハンセン病患者が殺人罪で逮捕・起訴され、無実との主張にもかかわらず死刑判決がくだされ、再審請求したにもかかわらず却下後すぐに死刑が執行された事件（かつては、当該人物の姓を事件名としていたが、近年は「菊池事件」と称されている）が起きた。

国家賠償請求訴訟の勝訴判決を得たのは熊本地裁であった。裁判の評価ともかかわって、菊池恵楓園園長由布雅夫の発言をめぐる問題も発生した。二〇〇三年には、黒川温泉のホテルが菊池恵楓園の入所者の宿泊を拒否する事件が起きた。

こうしたハンセン病をめぐる、他府県とは異なる状況のなかで、九州ＭＴＬが結成されていく。九州ＭＴＬはＭＴＬの地方組織のなかでは、非常に活動が活発だった地域のひとつである。熊本という地域自体がハンセン病問題を凝縮しているが、九州ＭＴＬもまた、キリスト教ハンセン病救済の特質をよく示している。ここでは九州ＭＴＬを軸にした動きを検討する。

九州ＭＴＬの先行研究として、内田守『熊本県社会事業史稿』がある。九州ＭＴＬが結成され活動していく事実関係は、おおむね同書で明らかにされている。しかし、著者の内田は当初九州ＭＴＬに関与した当事者であり、客観性に欠ける。内田は光田健輔系のハンセン病の医師として隔離政策を支持してきた人物であり、隔離政策への批判的な問題意識を全く有してはいないので、隔離政策との関連での問いかけがあるはずもない。また、体験記に近く、歴史的な評価や分析はなされていない。したがって、先行研究としての水準を有していないといえよう。

熊本日日新聞社による『検証・ハンセン病史』は熊本のハンセン病史を、国家賠償請求訴訟の意義を踏まえて詳述している秀作である。九州ＭＴＬに関連するあまり知られていない事実を紹介するなど、活動の一端を明らかにしているが、キリスト教とハンセン病との関係などは関心の外にあり、本書との重なりはあまりない。

九州ＭＴＬの当事者でもある潮谷総一郎は、たびたび自らの体験を語ってきたし、やはり当事者の江藤安純は、日本キリスト教社会福祉学会のシンポジウムで九州ＭＴＬについて発題し、その簡略な要旨が学会誌に載っている（江藤二〇〇五）。これらのものは、証言としての価値は大きく、本章でも主要史料として用いている。しかし、研究というわけではないし、発表した雑誌や本は、教会の発行物など、一般市民には入手困難なものが多く、その知見が共有されている状態ではない。

結局、九州ＭＴＬの存在とその活動は、一部が明らかにされているものの、歴史的意義と課題は議論されていないといえよう。熊本におけるハンセン病の動きについては、多数の文献が書かれてきたが、九州ＭＴＬだけがそこから漏れてきたといっても過言ではない。しかし、九州ＭＴＬは、熊本の状況を背景とした特異なキリスト教運動として、その活動や性格を把握すべきものである。それなしに、熊本のハンセン病問題を論じても、論じきれたことにはならない。

その際、主要史料として「九州ＭＴＬ記録」を用いる。九州ＭＴＬの議事録などを綴じている第一級の史料である。江藤安純が保管していたものを、複写を許可していただいたものである。

二　九州ＭＴＬの結成

熊本とキリスト教との歴史的な関係といえば、まず思い出されるのは熊本バンドである。熊本バンドとは、熊本でキリスト教信仰をもつようになった一群の組合教会系のキリスト者、具体的には宮川経輝、小崎弘道、横井時雄、海老名弾正、金森通倫といった人物たちを指す。このため、熊本といえば組合教会というイメージが形成されているかもしれない。しかし、熊本バンドのキリスト者は主に同志社に学び、卒業後は関西を中心に活動した。熊本にも組合教会が設置されてはいるが、組合教会が特別に盛んだったわけではない。

熊本で勢力をひろげたのは、むしろ日本福音ルーテル教会であった(1)。福音ルーテル教会は九州を主要な宣教対象をして多数の教会を設立し、特に熊本で教勢を獲得する。教会のほか、九州学院や九州女学院が設立され、現在も継続されている。福音ルーテル教会は、一九一九年に社会事業に乗り出す方針を決め、モード・パウラスによって、児童施設であり、さらに養老院をもつ慈愛園が熊本に設立された。

一方、ハンセン病とキリスト教との関係では、早くから聖公会系の回春病院とカトリック系の待労院が設立されていた。しかし、回春病院を設立したハンナ・リデルは高踏的な姿勢で、地元とのかかわりは乏しく、熊本のハンセン病問題自体への働きかけという点では弱かった。待労院も修道会のシスターらによる運営で、救済活動は修道会内でおおむね完結し、社会的な活動はほとんどなされなかった。この両施設は、地域でのハンセン病への関心を高めたり啓発する機能はそれほど有していない。九州療養所に教会が設置されていくが、リデルの影響により聖公会の教会が設置されている。

ハンセン病問題が大きい割には、キリスト教からの関心は、両施設への支援という範囲にとどまっていた。聖公会はリデルとの関係で、かなりの関心をもっていたようだが、[2]全体としては、必ずしも高いとはいえない状況であった。

こうした消極的状況を変えていくのが、一九三四年に設立された九州ＭＴＬである。時期的にみると、日本ＭＴＬの結成から一〇年近くたっており、決して早いわけではない。すでに官製の癩予防協会も設置されており、むしろきわめて遅いといってよいかもしれない。しかし、設置後は、遅れを取り戻すかのように、活発に活動していくことになる。

では、遅ればせながら、ＭＴＬが設置されたのはなぜだろうか。設立の経緯について「九州ＭＴＬ記録」で冒頭に次のように記している。

九州療養所員内田博士元来九州の地にＭＴＬなきを遺憾とする志あり。熊本日本基督教会牧師松尾氏その所牧教会員にして療養所医員なる宮崎氏を其の医局に訪ひたる折内田氏よりＭ・Ｔ・Ｌ・に関する事項を耳にせられ帰途直に九州女学院長エカード女史を訪ひ倶に共に事を行ふべき賛同を得られたり。内田氏再に回春病院医員池尻を説かる。よりて内田松尾宮崎池尻松尾氏宅に会して準備委員会開催の事を計る。是六月十八日なりき。

かくて六月廿一日エカード氏宅の第一回相談会となり続いて七月上旬の第二回のそれ及夏季休暇をへだて、十一月五日の第三回、十一月十日即ちめぐみの日の慰問派遣なりて而してやうやく十二日公会堂に於ける正式発会式となりたるもの也。

その間上記の人々の他ルーテル熊本教会牧師石松氏、熊本医大太田原教授、福田令寿氏等多大の労を採られたり。又九州療養所々長宮崎博士は陰に陽に甚大の便宜を与へられたり。

この文は池尻慎一のみ敬称が省かれていることから、池尻が書いたものと思われる。また、内田守も、『熊本県社会事業史稿』において、設立の経緯を述べている。それによると、内田は、官製団体の癩予防協会の熊本県支部の結成に尽力するとともに、MTLを熊本にもつくることを構想していた。しかし、自身はキリスト者でないことから提起できないでいたが、九州療養所にキリスト者医師の宮崎俊子が就任したことから、宮崎を通して、日本基督教会の松尾牧師に相談し、さらにルーテル教会の石松量蔵牧師、回春病院の池尻慎一らをまとめていったというのである。石松は『癩患者心理の観察』という本を、一九四〇年に出版している人物でもある。これは九〇ページにも満たない小冊子ではあるが、まとまった著述ができるくらい、石松が患者とかかわっていたことを示す。

これ以上の史料がないので、このまま受け止めるしかないが、内田が最初の提案者ということになる。なぜ、内田が官製の癩予防協会とは別の組織の結成にこだわったのか理解しがたいが、キリスト者による主体的発想ではなく、療養所の非キリスト者医師の主導で開始された点は注視しておくべきであろう。

なお、ここに出てくる福田令寿とは、医師として長く活躍した、組合教会に属したキリスト者である。戦前はYM

CAの活動や熊本女学校長など幅広く活動した。戦後は、熊本県の教育委員長となって教育行政にも関与、熊本県社会福祉協議会の会長にも就く。一九五六年には八三歳という高齢にもかかわらず、熊本市長選挙に立候補して落選した。ハンセン病との関係では、回春病院の解散に関与したことや、病院の跡地に設置された龍田寮の寮長を戦時下につとめたことなどがある。龍田寮事件には直接はタッチしなかったと本人は述べているが、後述の潮谷の回想によれば、ネガティブな役割を果たしているようである。百歳近くまで生き、熊本のキリスト教界、医学界、教育界、社会福祉界などに影響を与えた（熊本日日新聞社一九七一）。

いずれにせよ、九州ＭＴＬ結成への具体的動きが開始され、一九三四年六月二一日に九州女学院長のエカード宅で、第一回の準備会が開催された。出席者は、エカード、ライト、パッツ、ハーダー、松尾、石松、乙部、村上、内田守、宮崎松記、池尻慎一と記されている。日本ＭＴＬ等の綱領に倣って、ＭＴＬを設立すべきことでまとまった。七月七日、エカード宅で二回目の準備会を開き、前回いなかった人物として新たに、福田令寿、宮崎俊子が出席した。ここでは、会則の基礎となる申し合わせを定め、名称を九州ＭＴＬとし、また理事となる者を推薦した。三回目は一一月に行われ、一一月一〇日に九州療養所、回春病院、待労院に慰問使を出すことを決め、発会式を一一月一二日に公会堂で開くことを確認した。ただし、待労院からは慰問を断られた。

発会式には六〇名ほどの参加があり、市長の祝辞、そしてＹＭＣＡの斉藤惣一が熊本を訪問していたことから、奨励の言葉を得た。さらに、方面委員十時英三郎の講演がなされた。十時は、本妙寺の患者収容にあたって活発に行動するなど、ハンセン病対策に熱心だった方面委員である(3)。

内田のような非キリスト者が主要メンバーであるとはいえ、おおむねキリスト者を中心とした組織である。特にエカードを筆頭にして、福音ルーテル教会の関係者が中核を担っていた。エカード宅が理事会の場となっており、その役割の大きさがうかがわれる。

一面で、旧制第五高等学校出身者による、いわば学閥的なつながりも出てくる。五高とは、現在の熊本大学の前身でもあり、夏目漱石や小泉八雲が教鞭をとったことでも知られる。宮崎松記は五高の出身であり、江藤安純もそうである。特に五高のYMCAにあたる花陵会のメンバーたちは、慈善活動として、回春病院や待労院を訪れることがあった。リデルは花陵会に会合のために自宅を開放したり、会を訪ねたりしたという。宮崎も江藤も花陵会のメンバーであった。特に江藤は、花陵会の生活施設である花陵会館に入館して、会員の精神的支柱にもなっていた（熊本大学YMCA花陵会一九九六）。ちなみに「神の痛みの神学」で著名な北森嘉蔵も花陵会員である。花陵会は龍田寮事件においても、通学賛成の側に立って動くことになる。とはいえ、地方都市でのこうしたつながりはありがちなことで、MTLを地縁血縁の組織であるように捉えるのは適切ではないだろう。

九州MTLがプロテスタント系の組織と認識されていたことは、カトリック系の待労院への訪問活動を試みたものの、宗教的理由から断られたことにもあらわれている。後に運動の中心となる潮谷も「県下のキリスト教連合の救癩連合」と位置づけている（神水教会一九八二：四九）。教派をこえた活動ではあるが、エカードやパウラスの意志が強く働いていたと考えられ、ルーテル教会の主導だったといえる。それは、後にルーテル教会員である江藤安純、潮谷総一郎が中心になっていくことで、ますます強まっていく。

MTLについては、「民族浄化」を強調する姿勢が、藤野豊らによって批判されている（藤野一九九三、二〇〇一）。しかし、エカードやパウラスが日本の「民族浄化」に関心をもつはずもない。その意味では、患者への率直な同情心からスタートしたといえる。少なくとも、外国人たちには、民族主義や国家主義を背景にもったわけではなく、異国の病者への対応の必要性への認識による活動であった。しかし、宮崎、内田といった隔離主義の医師も関わっているなかでは、外国人らの善意だけで活動が貫けない現実もあったことも明らかであろう。同床異夢の状況でスタートした。

このうち、内田は一九三六年一月に長島愛生園に、また中心メンバーだった池尻は全生病院に転出し、主要な医師は短期間で離れることになる。なお、池尻は軍医として召集され、一時解除されたものの、再び召集され、戦死した。結果、福田や石松ら、医師でないキリスト者が中心となる。このことで、光田流の隔離主義からは、いったん距離ができる可能性もなくはなかった。しかし、結局は、光田との直接的な協力で、本妙寺事件へとつながっていくことになる。

三　九州ＭＴＬの活動

九州ＭＴＬの活動は、準備相談会での申し合わせでは、「癩患者ニ対スル福音ノ宣伝並慰安」「患者及其ノ家族ノ相談ニ応シ之カ救護ニ努ムルコト」「癩ハ遺伝病ニ非スシテ伝染病ナルカ故ニ隔離ニヨリ根絶シ得ルモノナルコトノ宣伝」「隔離療養事業ノ後援」を掲げていた。後述の趣意書でもこのままになっている。この文面からすれば、隔離政策の推進をする日本ＭＴＬと同じ路線である。

発会後も精力的に理事会が開催され、会員募集の検討、寄附金募集、熊本での全国方面委員大会への働きかけ、本妙寺の浄化運動等を検討した。一九三五年一月二八日には総会が開催された。同時に公開講演会が開催され、「皇太后陛下ニ拝謁ヲ賜リテ」と題する宮崎松記による講演のほか、皇太后の短歌の朗詠、「光明ヘノ道」と題する映画の上映が行われた。一三〇名ほどの参加があったという。

一方、趣意書を作成している。やや長くなるが、九州ＭＴＬとは何だったのかを示す貴重な史料であるので、全文を掲載する。

苦悩を世の習とは申し乍ら、余りにも痛ましい実例も有れば有るもので、病名は態と挙げませんが、罪無くして不幸之に襲はれた人達は、能力有つても業に就く由も無く、衣食足つても容易に心を慰むる術を持ちません。しかも世人の迷信に祟られ、人を憚つて蟄居すれば遺伝疾患だと家人が悩み、思ひ余つて世に出れば天刑病者だと有らぬ浮名を被ります。其の移り行く容色の果敢無さに面を背くる人は多くとも、其の遣る瀬無き胸の悩に涙をはなむくる人は稀で有ります。斯くては、其の人々が心荒んで世を呪ひ天を怨みても、あながち無理とも思はれません。

畏くも　皇太后陛下には常々大御心を茲に慨がせ給ひ、病者達も年々数々の厚き御情に浴してゐます事は有り難き極みで有ります。併し国家の施設も不十分で、全国に五万とも申さるゝ患者に対し官公私立療養所収容能力は合せて五千に過ぎません。何うして此の儘で捨て置けませう。されば自然同情に飢うる罹患の人々に一片の思遣を捧げ、且本病の系路は遺伝で無い伝染だと絶叫して病者血族の苦痛を釈き、更に現代並将来の民衆を擁護する為、伝染範囲の縮小に全力を尽す事が目下の急務では有りますまいか。

其んな考から、病者多き九州の私共は基督の心を心とし。内外の例に倣ひ晩れ走り乍ら今、此の会を組織致しました。其の力一茎の藁に過ぎずとも、絶望に溺るゝ人の之を掴む事も有り得ませう。其の器金玉で無いが、中身は基督の命デ有る。以て、喘ぎ喘ぎ人生を辿る心の行路病者に捧げたい。之が本会衷心の祈りで有ります。願くは皆様も御援助を与へて下さいませ。

こうした文章に続いて「申合」として、事業内容や、会員について規定している。文中の「基督の心を心とし」との表現や事業のなかの「癩患者ニ対スル福音ノ宣伝並慰安」からも、ＭＴＬがキリスト教を基本とした組織であることが改めて確認できる。

早速行った活動として一九三五年四月一六日の救癩座談会がある。知事、市長ほかの行政関係者、療養所の医師、MTLメンバーなどが参加している。方面委員・十時も参加している。何より、癩予防協会の会頭の清浦奎吾、それに顧問の安達謙蔵という、「大物」が参加したのである。熊本で開催された全国方面委員大会にこの二人が出席することから可能になったことである。

清浦と安達の挨拶の概要が「九州MTL記録」に残されている。清浦は、新聞協会大会と方面委員大会のために熊本に来たことを前置きし、文明国で癩病が後を絶たないことを遺憾だとし、皇太后の御仁慈を強調して、政府、民間の協力で、撲滅に尽力したいと述べた。

斉藤衛生課長が「熊本県の癩に就て」を語り、九州療養所、回春病院、待労院の説明がなされた。安達が抱負を語った。安達は、郷里にMTLができたことは喜びだという、儀礼的な発言をした後に、軍事・経済で一等国の日本が衛生では三等国であり、日本を世界一の健康国にしたいと述べ、そのための財源問題などを指摘し、清浦よりはやや実際的な話をしている。

最後に、十時と内田が本妙寺についての説明を行った。この座談会は、熊本のハンセン病関係者が勢ぞろいしたといってよい規模であり、小規模な民間団体の活動を超えた行事であった。

こうした目立つ活動もみられたが、「九州では金が集らず、従って知恵と業とで働くことにした」（日本福音ルーテル熊本教会一九九八：一二六）ともいわれており、経済的に裕福であったわけではない。一九三八年三月の会計報告があるが、収入合計が一〇六円八七銭、その大半を寄付金と会費が占めている。支出は、一〇円二九銭で、郵便代など最低限の実費にとどめている。結局、会員自身が金を出し合っているだけで、会としての支出はほとんどできない状態である。これでは、派手な宣伝や活動はできない。やがて、医師の内田や池尻が去っていくとなると、ますます会費等を支払える者がいなくなることになる。会員募集も行っていたが、増えるにも限度があった。こういう状況の中で、経費のかからない、実際的な活動を重視していくことになる。

一九三六年一月八日には日本ＭＴＬの小林正金が、鹿児島を訪問したことから、熊本にも立ち寄り、宮崎、内田、エカード、福田ら、主要メンバーで歓迎の懇談を行っている。

実際の活動の第一は、回春病院の支援である。回春病院ではすでに創設者のリデルは死去しており、姪のエダ・ライトが継承していた。ライトは人間的な誠実さではリデルより優れていたものの、その分リデルほどの知名度や行動力を欠き、運営は困難であった。そのバックアップとともに、同じプロテスタントとしての信仰の支援もあった。また、九州ＭＴＬの主要メンバーに回春病院の医師池尻慎一が加わっているなど、回春病院の支援は当然の流れであった。しかし、回春病院は日英関係の悪化とともにライトに根拠なくスパイ容疑がかけられ、特高が出入りするなど、安定した運営が一段と困難になり、ついに閉鎖を余儀なくされる。入所者の九州療養所への移管など閉鎖への諸業務を支えたのも、福田令寿ら、九州ＭＴＬのメンバーたちであった。

第二は、九州療養所への訪問や支援である。定期的に訪問して、牧師の説教などが行われた。児童を対象とした童話の読み聞かせや、活動写真なども行おうとしていた。

第三は、市民への啓発である。市民に対して、ハンセン病が伝染病であることについて、ビラの配布や講演会の開催などによって、啓発した。一九三五年一一月一一日には「『みめぐみの日』を憶へよ」と題して、池尻と熊本医科大学教授の太田原豊一による講演がメソジスト教会を会場にして行われた。一九三六年二月一一日には林文雄をまねいての「救癩大講演会」を開いている。単なる講演会ではなく、「報告」や「独唱」などがあり、「皇太后陛下御歌」もある。県内の中等学校での講演会を企画した。

遊佐敏彦が、熊本医科大学で癩学会が行われた際に、「癩問題の社会的意義」という講演を行っているが、それにも積極的なかかわりをしたようである。その際、江藤安純の名により、全国のＭＴＬに手紙を出して、ＭＴＬ関係者の懇談の場を設けたいと述べている。江藤は、各地のＭＴＬが統一や連絡がないことを遺憾とし、学会の機会に交流したいと述べている。当時の交通事情では、熊本のような地方都市は大都市との関係で孤立しやすく、運動にも限界を感じていたのであろう。

講演会はそれなりの人数を集めた。また、教会での小規模な講演も行われた。ビラを作成して工場・学校等に配布した。二〇万枚を作成して県下全小学校児童を通じて家庭に配布した。県の衛生課、学務課、熊本市の後援のもとで行ったという。そうしたビラ配布についての学校長らへの依頼文が「九州ＭＴＬ記録」に残されてる。貞明皇后の短歌をはじめ、貞明皇后がいかにハンセン病に配慮し、支援しているかを強調し、「陛下の大御心」としてＭＴＬが結成されて活動しているので、協力してほしいという趣旨である。学校に依頼するという性格上、キリスト教色を出すわけにはいかないことは理解できるが、それにしても貞明皇后の威光に依拠して文面で、協力を得るための方便ではあるにしても、皇室に依拠した救癩運動の実態を示している。

第四は、詳細は後述するが、本妙寺への活動である。本妙寺は患者の集住する地域であったが、当時は定住し、隔離の推進にとって、ネックとなっていた。ついに一九四〇年に警察力によって、強制的に除去し患者は各地の療養所に分散して収容されることになる。

このほか、実態は不明だが、星塚敬愛園や九州療養所の看護婦の勧誘、小川正子『小島の春』の教会への寄贈なども「九州ＭＴＬ記録」には記載されている。

これらの活動は、設立当初の理事より、むしろやや遅れて加わってくる潮谷総一郎と江藤安純が中心となって担われることになる。内田は一九三五年に突然、九州療養所の職を解任された。療養所内の混乱が原因で、内田にとっては不本意であったようである（馬場二〇〇四）。この結果、内田は熊本を離れるので、九州ＭＴＬの活動からも、手を引かざるをえなくなる。なお、九州ＭＴＬでは内田のための送別会を開いている。

内田の不在により、若手の、潮谷や江藤の活躍をより自由に展開できる条件が整ってきた。潮谷・江藤が中心になるなかで、「救癩座談会」のような派手な活動より、地道な患者救済に傾斜していくことになる。それが、本妙寺事件につながっていくことにもなる。

詳細は後述するが、潮谷は慈愛園の職員であり、園長のパウラスのすすめもあって、九州ＭＴＬの活動に入る。戦後は養護施設はじめ社会福祉界の代表的な人物となり、また眼の銀行、老人福祉法の制定運動を九州から提起し大きな影響をあたえた。免田事件の支援活動にも参加し、免田栄の再審無罪判決につながってくる。戦前は慈愛園の職員として、児童と高齢者の援助を行っていた。江藤は九州女学院の教員に一九三七年に赴任し、エカードのすすめもあって九州ＭＴＬに入る。戦後は九州女学院の学長を務めるなど、九州女学院と人生を共にした教育者である。

二人とも戦後は社会福祉、教育というそれぞれの分野で多大な功績を残すのであるが、当時は若手であった。また所属教会は違うものの、二人とも日本福音ルーテル教会に属していた。九州ＭＴＬの創設に尽力したパウラス、エカードのバックアップのもと、九州ＭＴＬは、この二人を指すといってもいい状況になる。

しかし、戦時下になると名称は九州救癩協会という日本風の名称に変更される。さらに、潮谷が召集されて、活動から離れていく。江藤も九州女学院が危機的状況になって、対処せざるをえなくなったものと思われる。中心の二人が活動できなくては、動きようがない。また、本妙寺の患者収容によって、当面の活動のターゲットが消滅したということもある。

一九四一年六月二五日には皇太后陛下御誕辰奉祝祈祷会を行っているし、閉鎖された回春病院の事後処理などもあって、しばらくは、いくらか活動が継続されたものの、戦後、龍田寮事件に取り組むまでは、いったん表舞台から消えることになる。戦時下のキリスト教がおかれた環境を考えれば、停滞するのは当然ではあるが、隔離政策が一応の完成を見たなか、政策側からすれば用済みになったという面もあるのではないか。

四　本妙寺事件と九州ＭＴＬ

九州ＭＴＬの活動との関連で最大の事件であり、また戦前の活動の最終的な総括ともなっていくのは、一九四〇年七月九日に行われた本妙寺のハンセン病患者集住地域の撤去である。本妙寺周辺に形成されていた、ハンセン病患者を中心とした地域を警察が急襲し、居住していた患者を強制的に連行して、各地の療養所に収容した事件であり、ハンセン病史上において、隔離政策の強権的性格を示す出来事として語られてる。

この事件はすでに、藤野豊（二〇〇一、二〇〇六ｂ）や滝尾英二（一九九九）、また熊本日日新聞（二〇〇四）などによって全容が明らかにされ、また『近現代日本ハンセン病問題資料集成　補巻三』（以下『資料集成　補巻三』）などに多数の史料が採録されている。ただ、藤野や滝尾は九州ＭＴＬの働きをさほど重視せず、権力の横暴としての側面が強く描かれている。ここでは、すでに明らかにされている、事件前後の経過などはあまり触れず、九州ＭＴＬ関係者の動きや、その歴史的意味について考えていく。

撤去それ自体は警察の手によるもので、九州ＭＴＬの直接の責任ではない。また、九州ＭＴＬの活動がなくとも、この時期に撤去されたに違いない。無癩県運動が「完成」に近づき、かつ戦時体制がすすむなか、放置することは考えにくい。もうひとつのハンセン病患者の集落であった草津湯之沢も撤去されていることからも、市街地に近い本妙寺集落は解体すべきもののはずであった。本妙寺事件は、少数の民間人の意向の有無で起きたのではなく、もっと大きい力のもとでの事件というべきであろう。隔離政策の必然的帰結というべきであり、九州ＭＴＬに焦点をあてて論じるのは、政策の力を過小評価することにもなりかねない。

しかし、九州ＭＴＬが、民間から推進・支援したことも、まぎれもない事実であるし、その支援は、単なる応援のようなものではなく、核心の部分での全面的な協力であった。

本妙寺は、加藤清正が癩に罹患し、祈祷によって治癒したとの伝説があることなどから、周辺にハンセン病患者が集まり、日本有数のハンセン病患者の集落となっていた。(4) 単に集まっているというだけでなく、住居を有したり、職業をもつ者までいて、独特の地域を形成していた。回春病院も待労院もここの患者の救済からスタートしている。

救癩関係者からは、ハンセン病問題の凝縮した場所であると認識されていた。いくつかの調査が行われており、内田守は、一九三五年に「本妙寺附近ノ癩部落ノ調査成績」をまとめ（『資料集成　補巻三』）、さらに内田ら三人は「熊本市付近の部落の現状に就いて」なる報告をしているなど（酒井シヅ編一九九五）、さまざまな調査がある（『資料集成　補巻三』に多く収録されている）。隔離政策の進行するなか、一段とその存在が目立っていた。

本妙寺は九州ＭＴＬの主要な活動対象であった。もともと九州女学院のエカードが、慈愛園職員の野中ミサとともに訪問し、一九三七年から江藤安純も同行するようになった。特に潮谷総一郎が専任者として入って活動していた。潮谷は、貧窮の病者には慈愛園の乳牛から絞りたてのミルク、畑の野菜類、白米を持参して、慰問し、相談を受けた。子どもたちには紙芝居を見せ、成人には伝道活動を行った。潮谷と患者との間には一定の信頼関係もつくられたという。しかし、潮谷は、患者と患者でない者とが雑居していることに気づくようになる。そして、それは「ハンセン氏病が遺伝病であり、不治の病であるという認識」がその背景にあると判断した（潮谷一九九二：一六一）。

一方、患者の間で「相愛更生会」なる組織（潮谷は「秘密結社」と表現している）が結成され、相互扶助活動や寄付による資金集めをしていた。寄付の対象は一般市民向けであるが、本妙寺外に出向いての募金行為は、隔離の立場から問題視されていくことにもなる。藤野豊の表現を借りると「相愛更生会に対しては、意図的に詐欺団体というイメージが作られていく」ということになる（藤野「解説」『資料集成　補巻三』p.5）。

患者のなかには、潮谷らに、共同浴場を設置すること、新しい療養所を本妙寺周辺につくること、診療機関を設けること、療養所入所を希望する者の入所の世話といった要望を出してくる。九州ＭＴＬは患者の要望について必ずしも否定的ではなかったが、九州療養所長の宮崎松記は反対であった。患者の要望を受け入れることは、隔離政策の例外を認めることになり、隔離推進の立場からすれば、とうてい認められないことであった。

したがって、潮谷は患者の療養所への入所を考え、入所希望者を募ったところ、六人が入所を希望した。そこで、宮崎に相談をもちかける。しかし、宮崎は拒否した。本妙寺の患者に療養所の脱走経験があるなど、療養所の治安悪化を恐れたのであった。潮谷によれば、星塚敬愛園からの逃亡患者が多数住み着いており、逃亡患者がさらに敬愛園から新たに患者を誘い出すという流れができて、集落が大きくなっていったのだという（酒井シヅ編一九九五：五四一）。

しかしながら、国民の健康を守るために隔離が必要だというなら、そういう患者こそ受け入れて、一般の住民と交わらないように尽力すべきであろう。感染の恐怖を宣伝しつつ、入所を拒否する宮崎の姿勢は、隔離主義のご都合主義を示すものである。

潮谷らにとって、宮崎の態度は意外なものであり、失望を与えるものであった。そこで潮谷は、長島愛生園を訪問して、光田健輔に陳情する。光田も以前から本妙寺について懸念していたこともあり、六人は長島愛生園に受け入れられ、潮谷が長島愛生園まで同行する。しかし、これだけで終らなかった。光田との話し合いのなかで、他の患者についても療養所への入所が好ましいとの結論になる。潮谷は「この戦時体勢の非常時といわれているとき、安心して療養に専念することができるようにしむける以外に、彼らに真の幸福はない」と発言した（潮谷「養護施設と本妙寺のことども」桜井方策編一九七四：二一六）。

撤去を予期しはじめた患者側は潮谷に入所を前提とした希望を出した。それは「住宅は夫婦室にして各戸自炊し、家庭的に暮らしたい」「子供も共に同室に居る事を希望するが、若し未感染児童として隔離する場合は同地域内に保育所を設けて貰いたい」「患者に健康な妻を有する場合の善処方をお願いしたい」という、一般的な生活を想定すれば、至極当然な要求であった（酒井シヅ編一九九五：五四二）。潮谷はこれを光田に伝えたというのだが、いずれも隔離政策や療養所の管理主義と相容れない内容であり、こうした希望は何ら実現されなかった。

結局、潮谷らの意向を受けた光田が関係機関に働きかけ、強制収容へと流れていく。最後は官憲の手によって、実行されることになる。しかし、潮谷は「九州救癩協会では二六〇〇年記念事業として、本妙寺癩部落の教化、救済そして、徹底的な解決策の把握のため努力すること、なり」（酒井シヅ編一九九五：五三二）と述べており、九州MTLの記念事業と位置づけられていたというのである。

撤去時の強引な手法や、患者を各地に送ったこと、なかでも栗生楽泉園の悪名高い特別病室に入れられる患者がいたことなどの対応は、九州MTLの者たちの考えと異なっていた。潮谷は特別病室に収容された患者の解放に尽力したともいわれる。(5) しかし、潮谷らがその道すじをひいたことも否定できない。潮谷は後年、「光田園長の見識遠謀による手際よい解決」（神水教会五十年史編集委員会一九八二：五一）と肯定的に評価しており、全体として、事件を是認していることは明らかである。

収容時に、患者とそうでない者とが混住していたため患者の住居を示す情報が必要であった。それを示す地図は、潮谷・江藤が作成し、宮崎を経て官憲にわたった。江藤は、宮崎らにいわれて深く考えずにまとめたという。利用された面があるが、利用される関係が築かれていたともいえる。なお、潮谷は、事件の後、一九四〇年一二月に召集された。一九四六年に復員し、慈愛園職員として復帰することになる。(6)

そもそも本妙寺集落の実態はどうであったのか。藤野豊は安定して定住していたことを強調し、「当時の「予防法」でさえ、このような行為までは許容していないはずである。まさに超法規的措置」（藤野二〇〇一：三二九）と述べて、事件が予防法体制下であっても違法だと指摘している。

潮谷は「病者のなかには療養所逃走九回の浮浪患者と呼ばれる者を初めとして、自由を求めて療養所を脱走した者ばかりだつた。彼らは年二回、日本全土、北は北海道から南は台湾、大陸は朝鮮まで、各県二人の担当として、新しい療養所をつくるのだと本妙寺管主、熊本県知事の証明書を偽造して持ち廻り、寄附金を募集して歩いた。強制もあり、恐喝もあつて県警察部へ苦情が絶えなかつた」「全国募金のほか、花札賭博、女郎買い、酔っぱらいと乱れた生活をしていた」（神水教会五十年史編集委員会一九八二：四九―五〇）と描いて、道徳的に堕落した地域として、感染源としての危険というより治安的な面を強調している。

また潮谷は戦後の体験記で、地域の状況を描いている（酒井シヅ編一九九五：五三五―五三六）。そこでは「窟」と称され「狭い露地には悪臭を放つ下水が溢れて足の踏場もなく、厭な便所の糞尿さえ覗かれ、うじ虫がうようよしているのを二、三羽の鶏が一心にあさつていた」と劣悪な環境が強調されている。また

道を通つていると朝と言うのに酔つぱらいの声がする。数名の男が集つて呑んでいる。彼らは焼酎をあほるのだ。焼酎でなければ効目がない。向うから下駄を足に結い付けた神経癩の女がやつて来る。顔は醜く歪み、指はひどく拘攣している。近くに〇〇屋と言う癩の老媼の住む古い二階建の家がある。その前に荷車が一台、車上の四斗樽には軍隊払下の残飯が一杯つめられて黒蝿青蝿がたかつている。際を通るとぷーんと四散する。蓋も何もない四斗樽の中には貝殻やら漬物やら魚の骨やら混合の残飯が見えた。舵棒を振つてつゝ、立つている青い鼻汁を垂らした薄馬鹿の三十男に前身悪寒を覚える。この残飯が百匁二銭五厘である。中尾丸部落の細民が飢を残飯にしのいでいるのだが、よくあれで病気せずに生きて行けると不思議に思ふ位である。

といった調子で、不気味な地域として、描かれている。これは掲載誌が一般向ということもあって、いささか興味をそそる記述が意図されているようにも思える。「薄馬鹿の三十男」といった表現は、潮谷も当時の感覚をひきずっていたのであろう。潮谷の目には、不潔で犯罪もあり生活の場としてはあまりに不適切に感じられたのである。

繰り返し集落に入っていた潮谷の語ることであるから、単にちょっとのぞいただけで、偏見や決め付けで語っているのではなく、そうした道徳的問題が発生していたことも事実であろう。また、キリスト者であることに加え、戦時下であることがそうした生活態度への憤りを感じさせたともいえる。いずれにせよ、総じていえば、一部に着実な収入源をもって安定した生活をおくる者もいたにせよ、全体としては不安定な生活のなかで病状も悪化することが予想され、また市民に患者への不快感を高める行動もみられた。戦時体制で規律ある生活を強いられるなか、集落の存在が突出したということであろう。初めから強引な方法を考えていなかったことは、当初は希望を募ったことからも推測できる。しかし、収容が必要との信念も生じていた。それは、一部に裕福な者がいたとはいえ、基本的には治療も受けずに悲惨な生活を送っていることの憂慮である。

一方で、感染源としての不安をもっていた。潮谷は本妙寺について患者たちが感染への配慮をしていないことについて「五年、十年の長年月の潜伏期と微弱な伝染力に油断している中に恐るべき現象が、斑紋となつておこるのであるが、これらの人々は知らないのだ」（酒井シヅ編一九九五：五三八）と批判している。つまり、部落が感染源となることへの危機感をもっていたのであり、患者への同情のみが本妙寺への関心になっているのではなかった。

潮谷は自分への感染の恐怖をもっていた。潮谷の子の愛一は「総一郎は着ていた服を毎回、釜の湯を沸騰させ、煮ていた」と述べている。(7) また愛一が二十歳になったとき、愛一に「潜伏期間を過ぎたのでおまえは大丈夫だ」と語った。江藤と潮谷は、本妙寺を訪問するときにはあらかじめ消毒薬を準備し、訪問後互いにかけ合うことをしていたという。自分ばかりか、子への感染の可能性を心配しつつ、あえて患者のなかにとびこんだ情熱は評価すべきなのかもしれない。また、日頃患者に接するなかで生じた恐怖心について、隔離が叫ばれている状況も含めて考えれば、非難することはできない。しかし、感染への素朴な恐怖心をもっている以上、感染しやすいことを前提とした判断、行動になった可能性が大きい。つまり、感染源としての危険性、地域の道徳問題、そこに戦時体制が加わって、潮谷をして、撤去への肯定を産み出した。そこへ、宮崎、光田といった隔離主義者との共同で行ったのであるから、隔離政策の枠内の活動にとどまっていくことは避けられなかった。

五　龍田寮事件での行動と責任

九州ＭＴＬの活動の意味が問われれたもう一つの事件は、戦後、一九五四年に始まる龍田寮事件である。(8) 回春病院閉鎖後の跡地に、感染していない患者の子を養育する施設として龍田寮が設置され、教育は黒髪小学校の分校という形でなされていた。それに対し、菊池恵楓園園長の宮崎松記が本校への通学を訴えた。しかし、通学に対し、猛烈な反対運動が起きてくる。妥協的に一年生のみ四名が実際に通学することになったのだが、これに対し黒髪小学校の保護者らが強く反対し、同盟休校等の実力行使に出たことから、児童は通学できなくなり、対処の術を失った教育委員会は解決を主導できず、混乱をきわめた事件である。保護者にも受け入れを認める賛成派はいて、ＰＴＡ内の通学反対派と通学賛成派、菊池恵楓園当局、菊池恵楓園自治会、行政、教育委員会、学校、さまざまな立場の一般市民等入り乱れての混乱は複雑さを増して、解決は日に日に遠のいていった。最後は、龍田寮の児童を各地の養護施設に分散させて、そこから学校に通うという、何とも後味の悪い結末で終わることになる。

今日から見ればこの事件は、戦後日本の最低最悪の人権侵害事件といって過言ではない。当該の児童のいる場所で児童を侮辱する発言がなされるなど、児童は幾重にも傷つけられた。しかも、結末も曖昧な形、というより児童が黒髪小に通学し続けられなかったということでは実質的に反対派のごり押しが通ったといえる。児童の人権が回復されたとはとうていいえない決着であった。

この事件は反対派の差別主義がまず問われなければならないし、教育委員会はじめ、関係当局の腰の引けた対応が混乱に輪をかけた。しかし、差別主義を糾弾すればすむ話ではない。なぜ、差別主義が生じたのかを考えた場合、単純に「悪の通学反対派」と「正義の通学賛成派」と区分すればいいわけではない。このあたりは、藤野豊が、ことに宮崎松記の言動などを例に出して議論している。九州ＭＴＬは通学賛成の立場で動くのであるが、その評価は難しい。

事件そのものについては、全国ハンセン病患者協議会（一九七七）に詳しいほか、すでに多数の研究や文献がある（九州日日新聞社編二〇〇四、藤野二〇〇一、金・清水一九九七など）。また、映画「あつい壁」でも描かれた。しかし、それらもキリスト者の動きはせいぜい断片的に出てくるだけである。ところが、あまりの偶然だが、九州ＭＴＬの主要メンバーの江藤安純と潮谷総一郎が、単なる支援者ではなく、渦中の当事者として、この事件に直接かかわらざるをえなくなるのである。ここでは、全体像は既存の文献にまかせ、九州ＭＴＬ関係者の動きや考えにしぼって、ふりかえっていく。なお、潮谷自身がまとめたものとして「龍田寮」という回顧録がある（内田守編一九七六）。

九州ＭＴＬの会員のうち、なかでも前面に出て活動したのは江藤である。江藤は当時九州女学院の教頭をつとめていたが、たまたま黒髪小学校区内に居住しており、しかも事件発生時、長男が五年、次男が二年に在学し、未就学の三男もいるという状況で、事件の当事者、すなわち保護者のなかの数少ない通学賛成派としてかかわることになった。江藤は、通学を実現させるために多様な活動を展開した。ときに賛成派から野次や罵倒を受けてしゃべったこともある。賛成派の集会には、反対派が暴力的に妨害を試みるなど、賛成派の活動は常に厳しい環境であった。自宅で不審者の動きがあるなど身辺は、極めて危険な状況であった。それでもなお、通学実現への運動を続けたのである。

江藤の考えを示したものとして、通学の正当性を主張する論考を教職員組合から依頼されて書き、『熊本教育』一九五四年五月号に掲載されている（『近現代日本ハンセン病問題資料集成〈戦後編〉第五巻』以下、『資料集成　第五巻』）。これは菊池恵楓園の発行する『恵楓』に再録されている。そこでは、反対派の無法を告発するとともに、科学的にみても、通学反対に根拠は無く、ただちに通学を認めるべきことを主張している。

そもそも江藤は、妥協的に一年生のみの入学が行われたことについても、何ら納得していなかった。一九五四年八月七日に熊本市教育委員会の主催で「黒髪小学校に関する懇談会」が行われた（『資料集成　第五巻』）。市教委、ＰＴＡの反対派、賛成派、厚生省、県教委、恵楓園長、龍田寮というさまざまな立場から出席したものであるが、江藤は「今年から一年入学の三人《ママ》の児童が竜田寮から黒髪本校へ入学したが、あれは妥協案というか目前の事だけしか解決することにはならぬ。ピリオドが打たれたというのは同盟休校だけであり、問題は解決していない。もし解決したとすれば本日の会合等は必要ないことだ。一年生に三人《ママ》は入学した事だし、もうわずらわしい心配もいらぬ。三人の子供も少しも学校に行くことを嫌がつてはいない。残りの児童全部も健康体であれば、もう入学さすべき時機になつていると思う」と述べて、全児童の黒髪小への通学以外に解決はありえないことを強調している。

江藤に呼応して花陵会も行動を起こす。第五高等学校は一九四九年に熊本大学に改組されるので、花陵会は事件当時はすでに熊本大学のＹＭＣＡへと移行している。医学生の会員を中心として、偏見と闘うことを決議して、車で市街地を回って訴える活動を行った（熊本大学ＹＭＣＡ花陵会一九九六：六七―六八）。

一方、決着に際して、児童らは親戚に預けられるかもしくは養護施設[9]に分散して入所したが、その際、潮谷総一郎の尽力があった。潮谷の事件への考えを示す史料が『資料集成　第五巻』に掲載されている。「癩患家の健康児に正常な社会的環境を与えよ」と題した、原稿用紙に手書きされたものである。「熊本県社会福祉協議会養護部会々長、九州養護施設連盟副会長の立場」と言いつつ、「私見」とされている。そこで潮谷は、反対派に対して「近代人のモラルと常識からあまりに程遠く、ヒューマニティの片鱗も身につけていない群衆行動」と厳しく批判している。そのほか、「ＰＴＡが学校対象者の入学を拒否すると云うこと自体が筋の通らぬアイデア」「人権を侵害するような通学拒否、或いは、通学賛成派に対する村八部的な差別をするＰＴＡは有害」（原文は略字で記載されている部分があるが、本来の字で記載）と徹底的に反対派を罵倒している。

ただ、解決策となると、やや筆の調子は持って回った言い方になり、龍田寮解散や養護施設への入所について検討している。結論としては「龍田寮は解散させるべきではない」とし、「児童の黒髪小学校通学は必須の要件である。この実現なくして養護施設への分散は考えられ」ないと強調している。

また、「熊本県教養護施設協議会会長　潮谷総一郎」の名による一九五三年一二月一五日付の「龍田寮児童の通学問題に関する陳情書」がやはり『資料集成　第五巻』に掲載されている。団体の長としての文書ではあるが、慈愛園を事例として用いるなど、内容的に、明らかに潮谷自身が自分の考えに沿って書いたものである。そこでは、「癩」が伝染病ではあるが龍田寮の子どもから感染することはありえないとし、「児童を特殊な施設に社会と遮断して生活させることはよくなく、出来る限り社会との関連に於て教育し、養護しなければならない」と説き、「龍田寮児童の真の福祉のため、黒髪小学校に通学出来るようお取計い下さるよう切にお願いいたします」で結んでいる。潮谷は、龍田寮が維持されたまま、黒髪小学校に通うことを最善と考えていた。しかし、潮谷の考え通りにはならなかったのである。潮谷は晩年にも事件について「後味の悪い結果」（日本基督教社会福祉学会一九九二：一六六）と述べており、最後まで、納得していなかった。

九州ＭＴＬとしても、組織としての活動を行った。「熊本市民の皆々様」と題した啓発のチラシを配布し、市民に訴えている（『資料集成　第五巻』）。そこでは、一問一答形式で「龍田寮の子供達とかりに同じ水道の水を飲んだら癩病になりますか」「龍田寮児童と学校給食で同じ食器を使つたら癩病になりますか」といった問いが設定され、決して感染しないことを強調している。龍田寮の児童の立場を擁護して作成したチラシではあるが、小学校で共に学ぶと接触の機会が多いことを印象付け、かえって危険性を感じさせるのではないかとも思われる。さらにチラシは結論で「社会が明るく美しくなるのは、科学の信頼と愛情の問題です」と述べている。ところが、ほんの十年ほど前に、同じ論理で、本妙寺事件を主導したのも、九州ＭＴＬの人たちであった。熊本の市民から見たとき、つい先日、同じ論理で隔離を言っていたのに、なぜ今度は一緒に学べと言っているのかと、疑問に感じても不思議ではない。

江藤や潮谷が事件の経過のなかで、基本的にはきわめて良心的に行動したことは確かである。九州ＭＴＬの活動がなければ、もっと卑劣な形で児童や患者の人権が徹底的に抑圧された可能性が高い。龍田寮事件の説明にあたって、これまで江藤や潮谷の功績について語られることは少なかったが、もっと評価すべきであろう。江藤は事件が一応の終結をみたあと、反対派の脅迫に屈せず終始献身的に活動したとして、恵楓園で感謝会が開かれ、同様に招待された四名とともに全患協議長と菊池支部長から感謝状が贈られた（全国ハンセン氏病患者協議会一九七七）。患者も江藤の行動を評価したのである。この事実をまず、見ておくべきである。

しかし、なぜ反対派がここまで、意固地に対応したのかを考えたとき、九州ＭＴＬの責任も、また指摘せざるをえない。反対派の盛り上がりには、さまざまな要因がある。従来の研究は反対派＝差別者、という図式で説いてきたので、まだ反対派の論理や心情に即した研究は乏しい。反対派から直接聞き取りをしようとしても拒否されるであろうし、困難な研究ではあるが、それをしないと、差別事件を防ぐための材料は得られない。

こういう状況であるので、推測でしかないが、戦後の人権意識の高まりが歪んだ形であらわれたこと、集団心理が働いたこと、ＰＴＡ会長が県議会議員だったことによる政治的思惑、戦時下に強められた日本的な相互監視システムが悪用され、無関心派やどうでもいいと思っている人まで反対派に組み込まれたこと等さまざまな要因があろう。同じ黒髪校区でも中学校では龍田寮から何の問題もなく通学していたことからすれば、ハンセン病への嫌悪感や感染への恐怖だけで、事件が起きたとは考えにくい。しかし、感染への恐怖が原因の一つとして作用していたことは確実であろう。

感染への恐怖心が生じたことにも、さまざまな要因が考えられる。やはり熊本の特性があったことは否定できない。他の地域と異なり、本妙寺の患者を目撃する機会が多く、その姿からハンセン病への嫌悪は観念ではなく切実であっただろう。菊池恵楓園は他の療養所と違って比較的市街地に近く、それだけ噂なども流れやすかったと思われる。したがって、九州MTLの宣伝のみが感染への恐怖をあおったわけではない。しかし、九州MTLが戦前、盛んに市民への啓発を行ったことによって、ハンセン病はうつる怖い病気との観念が植え付られた面も否定しがたい。九州MTLのチラシ、潮谷の名による声明、江藤の論考では、「うつらない」、「こわくない」と強調しているが、少し前まで、「うつる」「うつるから隔離せよ」と言って、しかもハンセン病集落撤去に手を貸した人たちが、突然「うつらない」といい始めても説得力には欠ける。九州MTLの主催で飯野十造による講演会が開催されているが（『資料集成　第五巻』）、感染の危険を強調してやまなかった飯野が、果たして説得力ある議論をしたのであろうか。

江藤にしても前述の論考の最後で「竜田寮児が入学拒否されるならば法も科学も権威を失い更に自宅にいる癩患者は入園しなくなり日本からの癩絶滅は困難となる」と結んでいる。つまり、通学ができなければ、隔離が徹底されなくなると憂いているのである。また、やはり前述の「黒髪小学校についての懇談会」では「患者の子供が普通の学校に通っても就職結婚等に尾を引く事は気の毒だから、全国の問題として国家が委託して保育なり教育するようにしてほしい」とも述べている。こうした言い方では、普通校に通うという当然の権利が確立されることにはならない。隔離政策のなかで活動してきた者の論理の限界であった。

藤野豊は宮崎松記について、龍田寮事件に際して良心的に行動しているようにみえつつ、宮崎が隔離主義を主張してきたことが事件の原因になっているとして批判している（藤野二〇〇一：五六八―五七〇）。藤野が批判しているのは宮崎だが、宮崎と連携しつつ活動した九州ＭＴＬについてもそっくりあてはまるといわざるをえない。また、潮谷は福田令寿について「竜田寮未感染児童問題でも、仲間同様の宮崎松記氏と必ずしも意見が一致せず、異った意見を持込んで私にも協力を要請され、もたもたすることが続きました」と回顧しており（日本談義社一九七三）、九州ＭＴＬ内でも、一つの方向で一致していたのではなかった。[10]

危険を顧みず、全力で子どもの側に立った九州ＭＴＬの活動は、患者以外による運動としては、非常に早い時期の人権擁護運動として評価すべきではあるが、隔離政策という土俵のなかでの運動であることを克服しきれなかったことで、実質的な敗北につながっていったのである。

六　潮谷総一郎と江藤安純

熊本のハンセン病問題のキーパーソンは、宮崎松記、潮谷総一郎、江藤安純の三人のキリスト者であることは、ここまでの論述からも明らかである。そのほか、内田守、あるいは本章が対象としている時点ではすでに死去しているが、ハンナ・リデルも、死後もなお影響し続けているともいえる。しかし、本妙寺事件と龍田寮事件ともに深く関与したのは、この三人をおいて他にはいない。このうち、宮崎については第一章で述べたので、潮谷と江藤について、やや詳しく述べておく。

潮谷は一九一三年に熊本県八代市に生まれた。[11]九州学院で学び、院長の遠山参良の教えを受けた。また熊本バンドへの関心を高めたという。二一歳で、愛を実践したいという潮谷の意志を知ったモード・パウラスは、男性職員を求めていたこともあって、潮谷を慈愛園に誘い、潮谷は創設間もない慈愛園の職員となる。慈愛園は福音ルーテル教会の方針により、モード・パウラスによって創設された施設であり、現在でいう児童養護施設、また養老院として高齢者の保護も行った。

潮谷のハンセン病の取り組みは片手間というようなものではなく、それが仕事になっているほどの状況であったようである。「九州MTL記録」の一九四〇年一月三〇日の理事会記録には「潮谷氏ガ慈愛園ノ仕事ヲ十分ニ行ヘヌ様ニナレバ慈愛園カラノ俸給ガ減ゼラレルノヲMTLハ何トカシテ保証シナケレバナラヌ」と書かれている。本職のはずの慈愛園の業務がおろそかにされ、もとはといえばパウラスのすすめもあってはじめたハンセン病救済活動なのに、賃金カットの話が具体的に心配されているほどである。よほど、ハンセン病の活動に力を入れていた様子がうかがえる。

潮谷は、本妙寺事件のすぐ後に召集された。召集にあたっては九州MTLで「潮谷氏応召壮行会」を開いている。といっても、福田令寿が壮行の辞を述べ、潮谷が謝辞を述べ、祈りを捧げたという簡素なものである。召集後はフィリピン戦線に参加する。一九四二年一月にはマニラに一番乗りした（神水教会一九八二：五四）。潮谷は本妙寺事件で入所した患者の名簿を持参して、戦場で祈り続けたという。

潮谷の活動は戦後、さらに広がっていく。一九五一年には日本社会事業学校研究科で一年間学んだ。慈愛園は空襲によって多大な被害を受けていたが再建され、多数の施設を擁する大規模なものとなっていく。園長になる潮谷にとって、経営困難の続いた慈愛園の維持自体も激務であったと思われるが、その活動は、慈愛園にとどまるものではなかった。社会福祉関係の団体の役員も多数つとめている。

潮谷の業績として社会福祉界で評価されているのは、老人福祉法制定への働きかけである。地方から法制定を訴え、潮谷だけの功績ではないが、ついに老人福祉法制定が実現する。また、角膜移植を推進するために、熊本での「眼の銀行」を推進した。さらに精力的に取り組んだのは、免田事件である。免田事件は、いったん死刑判決の確定した冤罪事件として著名であるが、熊本県内の事件である。死刑が確定したものの、再審によって最終的には無罪が確定した。潮谷が免田事件に取り組むようになったのは、事件がマスコミの注目を浴びたからではない。社会から忌み嫌われる死刑囚を、友とする活動をしていたのである。

潮谷は免田に限らず、一九五二年以降、死刑囚との文通などの交流をしていた。その過程で、冤罪を訴える免田と出会う。まだ社会の耳目を集めたり、弁護士会が支援に乗り出したりする前から支援を決意した。というより、潮谷の活動によって、社会の関心を集め、支援も広がるのである。単なる精神的支援ではなく、証言者を探すなど、無罪を勝ち取るための具体的な活動であった。一方で、世論への働きかけも行った。そうした結果、ついに、一九八三年に再審無罪が確定することになる。免田事件は有名だが、そこでの潮谷の真摯な支援はほとんど知られていない。潮谷は、免田事件の救援活動や死刑囚との交流を続けるなかで、かつて疑念をもつことのなかった死刑制度それ自体にも、疑問を感じるようになる（潮谷一九九四）。

また、熱心なルーテル教会員として、キリスト教史の研究を行い、『熊本バンド物語』『熊本洋学校とジェーンズ』といった、キリスト教史関係の著書もある。

一方、江藤安純だが、江藤は教育者としての生涯をおくった。一九一三年に福岡県久留米で生まれ、第五高等学校から、東京帝国大学文学部に進学するという、当時としてはかなりのエリートコースを進んでいる。一九三七年に九州女学院に赴任した。戦時下、九州女学院は形式上廃止され、清水高等女学校へと組織が移行するが、江藤は女学校の教頭となっている。戦後、九州女学院として復活し、戦後も教頭をつとめている。(12) 龍田寮事件後には、二年ほどアメリカに留学し、さらに一九六八年に五代目の院長になる。九州女学院に短期大学が設置されると、心理学などを担当する教員となった。公的には、一貫して九州女学院と人生をともにしたといってよい。ただ、九州女学院退職後一九八八年に、メソジスト教会系の長崎ウエスレヤン短期大学（現・長崎ウエスレヤン大学）の学長をつとめている。しかし、一九九三年には再び九州女学院に戻り、九州女学院短期大学（現・熊本ルーテル学院大学）の学長となっている。

教会生活にも熱心であり、牧師的信徒ともいうべき信仰生活をおくっていたという。『室園教会四〇年史』を見ると、江藤が長く教会役員や教会学校校長として、教会を支え続けたことが把握できる。そもそもこの記念誌自体、江藤がその主要な部分を執筆しており、おそらく江藤のリーダーシップがあって、こうした冊子が刊行できたものと思われる。

花陵会においても中心的な役割を果たし、理事長もつとめた。一〇〇年史の編纂では編集委員長となり、「序」を書いているのも江藤である。記念講演も行っているが、講演録を見ると、江藤と花陵会の密接な関係がうかがえる。(13) つまり、キリスト者としての活動は教会内にとどまるものではなく、熊本全体にまで及んでいた。

潮谷も江藤も、牧師ではないけれども牧師以上に教会に深く関わり、一貫した信仰を持ち続けた点で共通している。所属教会は異なっていても、たとえば九州ルーテル青年連盟にて、潮谷が幹事長、江藤が幹事となっているように（神水教会一九八二：一五二）、さまざまな場で、交流があったようである。また、両者とも人物としては非常に優れた存在である。潮谷は地方に活動の場をもちつつ、慈愛園を拠点に熊本の社会福祉全体にも影響を与え、戦後の社会福祉発展を支え続けた。潮谷の行動力とともにその人格への周囲の信頼があってこそできたことであろう。免田事件への取り組みは、社会福祉界を超えて、潮谷が人間の尊厳というものについて、洞察力をもっていることを示している。

潮谷は一九七六年の文章で「神水教会と慈愛園は常に一体となって開拓的役割を演じてきた。救癩運動にも永年にわたって手をそめ、本妙寺周辺の癩部落解決につとめ、戦後は竜田寮未感染児童の黒髪小学校入学拒否事件の真の解決に力をかし、その戦士ともいうべき人々が神水教会と慈愛園から沢山輩出している」と述べて、関係者の名を列挙したうえ、「救癩の戦士」と紹介している。そのうえで、「この輝かしい民間の開拓業績はキリストの信仰に根ざし神の御委託の事業として、過去・現在・未来を通じて一貫したものとしてとらえなければならない」と述べて、戦前か

ら龍田寮事件にかけての動きのすべてをきわめて肯定的にのみ記しており、これが潮谷の総括と考えてよいだろう。(14)

筆者は九〇歳をこえた江藤と二度面会の機会を得るとともに、史料の使用も許してもらった。江藤は、筆者による面会要請や史料の使用が、自分を顕彰するためのものではないことを理解していたはずである。それにもかかわらず、あえて研究者として無名な筆者に協力したのは、自分の行動について、後世の客観的な評価にまかせようとする、謙虚な姿勢をもっていたためであろう。また江藤は、事実についてありのままに語ったが、それについて弁解をしたり、正当性を訴えたりすることはなかった。また、「黒髪校の龍田寮問題」と題した講演録と、「熊本のハンセン病患者の友となって」という卆寿記念として関連する新聞記事などを整理した、いずれもパソコンによる手製の資料の提供も受けた。それも、事実は事実として評価を委ねる立場に感じられた。

自分の過ちについて、無かったことにしようとしたり、正当化したり、ひどいときは事実と逆のことを「証言」したりする人間の目立つなか、江藤の高潔な姿勢は、どんなに高く評価してもしすぎることはない。教育者として、あるいはキリスト者としてこれほど高潔な人と、筆者は出会ったことはない。

潮谷や江藤に比べ、信仰的にも人格的にもはるかに劣った筆者が、二人に対して批判めいたことを述べるのには躊躇をかなり感じる。しかし、そうであるからこそ、この二人を巻き込んだ隔離政策の闇の深さを感じずにはいられない。潮谷と江藤は、本書で取り上げる多数の医師、看護婦、宗教家が、苦労はあったにしてもそれで生活費を得ている本職という面があったのに対し、勤務と直接は関係ない、全くのボランティアである。患者救済への熱意は、それだけ本物であったことは確実である。潮谷の場合、死刑囚の支援と、ハンセン病救済は、いずれも社会から忌み嫌われている人にあえて近づき支援するという、同じ活動であったのであろう。

しかし、ハンセン病へのまなざしは、時代の限界をこえることはできず、一九三〇年代には強固に築かれた体制のなかに巻き込まれてしまった。龍田寮事件は、そこから離脱する機会でもあった。当時を生きた者のなかでは、最も龍田寮の子どもの立場で動いたのであるが、ついに体制の中に終始してしまった。江藤は最晩年にそうした自分の歴史的な位置をある程度自覚したようだが、そのことへの感想までは、筆者は聞き取ることができなかった。

七　九州ＭＴＬの評価

地方で取り組まれたＭＴＬの活動のなかでも、九州ＭＴＬは活動の開始は遅いものの、以後の活動は、非常に活発であった。なかでも潮谷総一郎と江藤安純は、良心的な立場でハンセン病救済にかかわった。それは信仰を基盤にした人権への実践でもあった。「民族浄化」といった動機や、ましてや国家に何かの奉仕をするような発想はなかった。純粋に、患者への同情から出発したものであった。

しかし、活動にあたって、内田守、宮崎松記といった療養所の関係者と連携していた。熊本ではすでに九州療養所が設置されてかなりの時間が経過していたこともあって、隔離政策の体制が浸透していた地域でもあった。そこでの活動は、隔離政策と無関係に推進することはできなかった。それゆえ、光田健輔との関係も生じることになり、潮谷は光田を高く評価している。自身の感染への恐怖心ともあわせ、隔離政策へ巻き込まれていくことになった。

また日本ＭＴＬの一組織として組織を結成したため、日本ＭＴＬの主張や動向にも影響されていた。九州ＭＴＬもまた、貞明皇后の短歌を掲げるなど、救癩の枠にとどまる活動になっていく。隔離政策の土俵での活動であり、それが不本意ではあっても、本妙寺事件で官憲に利用され、また龍田寮事件を防ぐことも、また児童や患者に有利な決着を勝ち取ることもできなかった原因であった。

主要な活動が、十五年戦争期に展開されたことも不運であった。信仰と国家とが対峙していくという発想があれば、また違った動きがありえたのかもしれないが、キリスト教自体が国策に従属していく時期では、そうしたスタンスで思考することは困難であっただろう。ハンセン病救済に限らず、少数派のキリスト教が、社会に向き合ったとき、結局妥協的方向に力が働いてしまう現実を、具体例として示してしまった。ただ、そうしたいくつもの限界や誤りは明確でありつつも、江藤や潮谷の行動は、キリスト教が教会内にとどまらずに、社会に踏み出した先駆的事例として、その当初の意図については汲み取っていくのが、真に歴史から教訓を得ることになるだろう。

注

（1）日本福音ルーテル教会とは、ルーテル派系の日本における代表的な教派である。ルーテル派とは、宗教改革者ルターの流れを引く派である。他の教派同様、戦時下には日本基督教団に統合していたが、戦後再び独立した。

（2）聖公会の熊本聖三一教会（一九七九）は、第三章が「日本救癩事業の開始」であるなど、ハンセン病関係の記述が多い。

（3）方面委員とは、現在の民生委員の前身である。地域の篤志家によって、地域の生活課題に対して対応しようとしたものである。一九一八年に大阪府で始まり、当初は府県ごとにばらばらな制度であったが、一九三六年に方面委員令が制定され、全国一律の制度となる。したがって、この時点では、熊本県独自の制度であり、本妙寺事件の時には全国的な制度となっている。一九三一年の熊本県方面委員規定と熊本県方面委員施行細則に基づいて運用されている。

（4）潮谷が法華経から説明しているなど、さまざまな分析があるが、本章の目的ではないので、これ以上立ち入らない。

（5）『熊本日日新聞』二〇〇三年二月九日に「群馬の施設からの無事解放故潮谷総一郎さん貢献?」という記事（筆者は泉潤）が載り、この記事は熊本日日新聞社編（二〇〇四）に「番外―解けた監禁解放の謎」との見出しで、ほぼそのまま掲載されている。

（6）復員の際の記念写真が、潮谷「私はボランティア」日本基督教社会福祉学会（一九九二：一六四）に掲載されている。潮谷と江藤のほか、宮崎松記や内田守らが写っている。

（7）潮谷愛一（二〇〇二）「ハンセン病の系譜」『きっず　Kids』（慈愛園の広報紙）。潮谷愛一や江藤から、直接にも聞いた。なお、愛一の妻が、熊本県知事となる潮谷義子である。国家賠償請求訴訟熊本地裁判決や、黒川温泉の宿泊拒否事件のときの県知事でもある。

（8）同事件については、事件当時から「龍」と「竜」の両方の表記がみられた。また、「黒髪校事件」といった表記もある。ここでは「龍田寮事件」で統一しておくが、特定の表記に特にこだわっているわけではなく、論述の都合上の統一である。当然、引用部分はそのまま引用している。なお、龍田寮事件と直接は関係ないが、藤本フサコ（一九九七）『忘れえぬ子どもたち―ハンセン病療養所のかたすみで』不知火書房は、合志小学校恵楓園分校の児童を描いていて、ハンセン病問題を子どもの視点から考察する参考になる。

（9）「養護施設」とは、児童福祉法による、親の養育の困難な児童の入所する施設。一九九七年の児童福祉法改正で、現在は「児童養護施設」と呼ばれている。

（10）福田の人生を語った『百年史の証言―福田令寿氏と語る』では、回春病院閉鎖や本妙寺事件などについては詳しく語っているが、龍田寮事件についてのまとまった発言はない。

（11）潮谷「私はボランティア」に、潮谷の簡略な経歴が記載されている。また、『熊本文化』第二八一号（一九九七年一二月）に潮谷愛一「人物論くまもと　潮谷総一郎」が掲載されている。

（12）九州女学院の歩みについては『九州女学院の五〇年』（一九七六）による。同書のp.199に、江藤の簡略な経歴が記載されている。

（13）熊本大学ＹＭＣＡ花陵会（一九九六）の別冊。

（14）潮谷総一郎（一九七六）「子羊会に思う」『十五周年記念特集　まきば』日本福音ルーテル神水教会子羊会（一九七六）。

第四章　沖縄の療養所の設立とキリスト者の役割

一　沖縄の特質

沖縄はハンセン病患者が多い地域とされていた。[1] しかも、本土のように遠方に浮浪することもできず、集落から少し離れた場所、すなわち海岸や洞窟など人の立ち寄らない場所を求めて生きるしかなく、患者の生活は厳しいものがあった。また、沖縄全体がハンセン病に限らず、日本の発展の恩恵を受けられず放置された地域でもあった。その最底辺に位置したハンセン病患者の苦難は、本土以上に大きかったといえよう。[2] しかし、対策が遅れたことから、むしろ救癩関係者の特別な注目を集めていく。

一九〇七年の「癩予防ニ関スル件」の制定によって療養所への入所がすすめられていく際、沖縄県は一応、熊本にある九州療養所の管轄であったが、実際には沖縄からの入所はごくわずかであった。やがて沖縄県は九州療養所の経費の負担をやめ、事実上、療養所の空白地帯となった。ようやく一九三一年に宮古島には宮古保養院（現・宮古南静園）が開設されるが、沖縄本島はなお、療養所をもたない地域であった。

沖縄に対して、民間サイドと光田健輔ら療養所サイドから盛んなアプローチが行われた。それらは、患者の本土の療養所への収容を経て、沖縄にも国立療養所が設立されるという形で実を結ぶことになる。民間サイドで活動したのは、ほぼすべてキリスト者である。療養所サイドも林文雄、塩沼英之助等キリスト者の動きが目立ち、立場は違ってもキリスト者による活動が沖縄の体制を確立していく。それを隔離政策を沖縄に貫徹させたと見るか、沖縄の患者の悲惨な境遇から救った行為と見るかは別として、キリスト者の尽力がなければ、沖縄での対策はほとんどなされないまま、戦時下から米国統治時代をむかえることになった可能性もある。沖縄のハンセン病対策を、本土からの抑圧という観点からだけ見ては、キリスト者たちについて功罪ともに見落とすことになろう。

戦後、沖縄は米国統治下に入ることから、本土と異なる展開を見せ、在宅診療もなされる。それをもって、沖縄について一定の評価をする見解もみられるが、そうした理解に対して藤野豊は否定的である。いずれにせよ、沖縄のハンセン病対策の評価は、米国統治下だけでなく、戦前からの状況の連続のなかで把握する必要があろう。

沖縄のハンセン病救済運動については、一九六四年に発行された上原信雄編『沖縄救癩史』という文献がある。同書は沖縄の救癩に関する資料を徹底的に収集するだけでなく、近代ハンセン病史全体の流れも視野に入れつつ、沖縄のハンセン病救済にかかわった人物についても述べている。沖縄のハンセン病史研究のみならず、日本のハンセン病史の文献としても先駆的な著作物といえよう。『沖縄救癩史』が、かつては、沖縄ハンセン病史の決定版とみられてきた。ただ、史料の引用が目立つが、どこが引用でどこがそうでないのかわかりにくく、また引用している場合、出典が必ずしも明確でない。明記している場合も、正確さには疑念があり、全体として使うのに危うさを感じるものであり、今日では、研究文献としての使用においては、慎重に対応せざるをえない。

さらに、石川政秀『沖縄キリスト教史』、沖縄キリスト教協議会『沖縄キリスト教史料』、服部団次郎『沖縄キリスト教史話』など、沖縄キリスト教史の文献でも、ハンセン病をめぐる動きが繰り返し語られてきた。(3) しかし、それらは、ほぼ同じ史料を根拠として、沖縄救癩を肯定的に描いたもので、キリスト教史からのアプローチとはいえ、視点は救癩史と変わりはない。また、社会事業史として、末吉重人『近世・近代沖縄の社会事業史』では、「沖縄愛楽園の設立」

という節で論述している。

なんといっても古典的ともいってよい著作は、運動の当事者であり患者でもあった青木恵哉による『選ばれた島』である。沖縄救癩史を、草創期に尽力した側から生々しく描いたものである。青木が自らの体験を赤裸々に語っているのだが、青木の沖縄救癩に果たした役割からいって、単なる青木の体験記ではなく、そのまま沖縄ハンセン病史となっている。また、同書が新教出版社より復刊された際に、日本基督教会牧師の渡辺信夫により、詳細に整理された解題がつけられている。(4) これは単なる解題ではなく、沖縄ハンセン病史全体の考察となっている。

このように、以前から、沖縄での運動の概要については、明らかにされてきた。さらに近年ハンセン病に関心が高まるなか、沖縄も研究対象として注目が集まってきた。あるいは、沖縄史の一環としても注目されるようになった。そうしたなかでも特に、森川恭剛による『ハンセン病差別被害の法的研究』の第二章「無癩県沖縄への救癩運動」は、沖縄のハンセン病をめぐる動きを詳細に分析したものである。森川の研究は、救癩讃美を基調とした従来の文献と異なり、実証的な史料収集と詳細な分析によって、愛楽園設置までを論じたもので、これによって、戦前沖縄のハンセン病史研究の水準が飛躍的に高まった。

さらに、資料集として『沖縄県ハンセン病証言集　資料編』が二〇〇六年に発刊された。(5) 一九世紀から、一九八〇年頃にいたるまでの実に膨大な資料が収録されている。しかも、入手困難な資料が無数に含まれており、筆者もこれまでその存在も知らなかったような資料が大量にある。青木の手紙など、本章にも密接に関係する資料が多数掲載され、原史料によって動きを把握することが容易になった。研究水準と研究条件の著しい向上に同書が果たしている役割は計り知れないものがあり、同書の刊行の前と後とでは、沖縄ハンセン病史研究をめぐる状況は全く異なるといってよい。

こうした一連の文献や研究に対し、今さら私が付け加えるような新事実は何もないといってよい。とりわけ『沖縄県ハンセン病証言集　資料編』を見ると、圧倒されるばかりで、同書があればそれで十分だという気持ちになる。

しかし、森川以前の多くの文献は、沖縄の活動に限定してまとめられていて、それが全国の動きとどう関連するかは明確ではなかった。森川の研究が出るまでは、長く『沖縄救癩史』と、渡辺による『選ばれた島』での解題を頂点としていた。渡辺は「ライ者自身の療養権獲得闘争としてかちとられた療養所と、皇室の御仁慈が矛盾しないであろうか」との本質的問いを発しているが（青木一九七二：一四）、他の論者はその問いに答える作業をしないまま、無批判に救癩への肯定的論述を繰り返してきた。森川の著作は、これまでの議論の課題をすべて乗り越えるものであった。ただ、森川は逆に、書名からも明確なように、隔離政策批判が基調であり、キリスト教の問題も克服すべき問題点として認識されている。

森川以外では、藤野豊による一連の研究において、沖縄についても詳細な分析を深めている。太平洋戦争下や米国統治下での患者の苦難を強調しているが、療養所の設置の経緯や沖縄ＭＴＬの記述は少ない。

結局、沖縄については、そのキリスト教ハンセン病救済運動の研究を、隔離政策批判も踏まえつつ研究したものとして、ようやく森川によってかなり明確になったが、なお議論の余地はあると思われる。

本章では、沖縄のハンセン病救済運動をキリスト者を軸に辿り、隔離推進とは異なった活動の経緯を把握するとともに、しかしなおそこに伴った限界について検討する。

二　愛楽園設立まで

（一）療養所側の動き

沖縄のハンセン病史をキリスト教との関係で考える場合、一九三〇年代、特に星塚敬愛園への患者収容への動きからみていくのが適切であろう。まず、沖縄のハンセン病の状況への本土のキリスト者による「憂慮」、敬愛園への収容、そして沖縄ＭＴＬを中心に国頭愛楽園が設置されていく経緯についてみていきたい。

療養所の空白地帯となっていた沖縄・奄美は、隔離の貫徹しない地域ということでもあった。本土の隔離体制が強化されていくと、相対的に沖縄・奄美の実態が、隔離からかけ離れたものとして、憂慮の対象となるのは、当然の動きであった。一九三二年末から三三年始にかけて、長島愛生園の事務員である宮川量は、年末年始の休暇を利用して沖縄を訪問、ハンセン病の状況を視察したのも、その憂慮を事実として確認する行為であった。(6)

こうした憂慮は、政策判断というより、ヒューマニズム的な発想を前面に出しつつ、強固になっていく。長島愛生園に勤務していた林文雄は「この暴虐を座視せんや」とまで述べて、沖縄への憂慮を表明している。(7) 林は沖縄の患者の多さを指摘し、それにもかかわらず、宮古島にしか療養所のないことを指摘した。また、「県民の無理解による苛酷極まる迫害」を糾弾した。沖縄の患者は「奴隷以下」だとし、後述の一連の患者迫害の事件を指摘して「この暴虐を座視せんや」と叫んだのである。

宮川量も「沖縄の者の悲惨なる状態は内地に於ては到底想像し得られぬ極に達してゐる」との問題意識から、「沖縄の癩者を救へ」と主張した。宮川は沖縄のハンセン病についての分析も行っている。沖縄の特徴として「救癩の処女地であると云ふ事」「生々しい悲惨の過去がある事」「離島であると云ふこと」を挙げている。一点目について、ハンセン病の多さを指摘したうえ、多い理由として、生活程度が低い事、衛生思想に乏しい事、救癩方針の不確立なりし事を挙げている[8]。

沖縄の患者のなかには、差別のために、家を追われて、野宿をしたり浮浪している人も少なくなく、そうした患者の生活は、外見上も悲惨であったことは疑いない。そこへ、後述の嵐山事件のような理不尽な迫害が発生していくのであるから、救癩に携わる者の「良心」として許せないという義憤がわいてきたのである。ここでは民族浄化とか、感染防止といったことは退いて、もっぱら悲惨な患者を救済するという側面で語られるので、それが「情熱」や「信念」になっていくのは自然であろう。

光田健輔もまた、沖縄の救済を訴えた[9]。やはり悲惨さを強調し、救済が急務であると訴えている。園長の光田までもが訴える以上、もはや個人的な信念にとどまらず、また長島愛生園関係者にとどまらず療養所関係者の共通認識として育っていたといえよう。そして、林と宮川はキリスト者である。林と青木恵哉は連絡をとりあう関係になっており、沖縄救癩への準備は徐々にできあがっていた。

一九三五年九月一三日には「沖縄の癩事業座談会」が東京ＹＭＣＡで行われた（『日本ＭＴＬ』第五六号、一九三五年一〇月）。安達謙蔵、下村宏、内務省高野予防課長、遊佐敏彦、横田忠郎、光田、林、宮川、賀川豊彦、小林正金と、まさに日本の救癩関係者が勢ぞろいした感がある。参加者は八〇名というから、「座談会」というより集会のようなものである。そこでは、林文雄が沖縄を視察した報告を行い、患者が迫害されている実態について訴えた。次いで宮川が統計に基づいて沖縄のハンセン病の実態を報告した。内容は前述の林や宮川の論考と同様のものであろう。さらに長島愛生園沖縄出身者一同から出されたという「嘆願書」が朗読された。自分たちは「入園を許されたことは不幸中の幸い」であり、一刻も早く、故郷の病友が療養所に入院できるよう配慮してほしいというものである。光田は、鹿児島に療養所が開所するので（星塚敬愛園）、鹿児島に一〇〇人くらいを送ったらどうかと述べている。沖縄から参加しているのは服部団次郎であるが、「簡易な相談所又はステーションを各所に設置」することを提案している。終了後は三〇〇余円が集められるとともに、一六ミリ映画が放映されたという。この座談会により、「沖縄救癩」への関係者の意識が明確になり、光田のいうように、鹿児島に患者を送り出すことになるのである。

（二）星塚敬愛園への大収容

林は、一九三五年に鹿児島県の星塚敬愛園に園長として転任した。沖縄・奄美に最も近い療養所に勤務したことから、林はさっそく沖縄・奄美の患者を星塚敬愛園に収容することを考える。しかも、開園間もない時期に、ただちに実施する。それは、冬季になると鹿児島・沖縄間の海が荒れて船の安全な航行が困難になることが理由とされている。しかし、それだけなら、半年待って、最も安全な時期を選べばいい話である。事実、後述のように、遭難一歩手前の危険きわまりない航海になったのである。

むしろ、敬愛園に入所者がまだ少ないことから、入所実績を早急につくる必要もあったことが動機として強かったのではないだろうか。入所者を迎え入れるための寝具等もそろっておらず、生活必需品の準備を平行して行いつつ、収容作業を同時に行うという、かなり無理なスケジュールですすめられた。この大収容は、敬愛園側は林文雄、塩沼英之助、井上謙といったキリスト者が軸であり、沖縄側も沖縄ＭＴＬ関係者の全面的な協力で行われたものであり、実態はキリスト者による事業であった。

一九三五年一一月に塩沼をリーダーとするチームを派遣して、収容活動を行った。その際、船の確保が困難であった。患者収容のための船を提供する船会社がなく、ようやく借りることのできた船は一三〇トンの小さなものでしかなかった。しかも、本来は貨物船であり、荷物、それも重油などを載せる場所に患者を乗せるのであり、油の臭いもしていたので、防臭剤をふりまいて対処したという。適切な船がそろえられなかったという現実がもたらしたとはいえ、本土でみられた貨物列車での移送に近いことが、ここでもなされたのである。それでも、患者は差別と排斥を受けつづける今とは違う安住の生活があると聞かされて、耐えたのである。収容を行うことは沖縄側にも伝えられていて、沖縄ＭＴＬのメンバーたちが準備をすすめていた。

一一月二八日に塩沼英之助らのメンバーが鹿児島を出発し、二八日に名瀬に立ち寄って、名瀬に来ていた林らと打ち合わせた。三〇日に那覇に到着し、さっそく、沖縄ＭＴＬの主要メンバーである救世軍の花城武男や、警察関係者と打ち合わせた。すでに船が用意されていて、那覇から乗船予定の患者も来ていた。その日の午後三時半に那覇を出発し、名護にまず向った。名護で沖縄ＭＴＬの中心人物というべき服部団次郎らと会う。名護から乗船する患者を乗せて、一二月一日未明に出発した。全体で約一三〇名である。

ところが、そこからが苦行となる。名護から奄美大島に向かう際に、悪天候に見舞われた。一二月一日出港後、午前中は好天であったが、午後から時化に見舞われ、波が甲板を洗い流し、荷物はひっくりかえるというほどの荒れ様であった。甲板にも患者がいて、ずぶぬれになり、ほとんどの者は船酔いを起こした。船は激しく揺れて、遭難一歩手前までになった。二日未明かろうじて奄美の古仁屋に避難することになる。三日夜に古仁屋を出発し、五日に錦江湾の山川港に到着した。

奄美では、林自らが訪問して講演などを行っていた。特に大熊では、林によって住民全員が受診する、一斉検診が行われた。受診したうえ、もし患者が出たときは必ず療養所に入所することを約束した署名を戸主が提出するという、徹底したものだった。一九三五年七月九・一〇日に実施され、一二〇〇名のうち二〇名の患者が発見された。大熊の青年会や部落会は患者の救済を林に懇願して、林が了解したとの記述が『大熊誌』にあるが、林がむしろ積極的だったと考えるべきであろう。収容も林自らが指揮をとって行うことになる。

奄美の場合、一一月二九日に名瀬を出発した。三〇日に三方村（現在は奄美市の一部）の大熊に寄ってさらに収容した。一一二名である。収容に立ち会った、大熊に住んでいた久野義次によると、大熊に停泊中、大熊青年団と大熊処女会が炊き出しをして乗船中の患者に奉仕し、患者は涙を流して感謝したのだという。そして、出航時に、全員で「有難う」を三唱した。(10)

四日に出発し五日に屋久島に立ち寄って出発するが、ここで天候不順に見舞われ、屋久島に戻ることになる。六日に出発して、到着する。さらに、一九三八年五月、一九三九年四月にも奄美からの収容が行われる。なお、第五章で述べるように奄美はカトリック信徒の多い地域であるが、この時期はカトリックへの排撃運動が盛んな時期とほぼ同じである。一九三〇年代に、奄美では軍、行政、地元マスコミ、住民らが一体化したカトリック排撃が激化した。大熊にも軍人が乗り込んでカトリックをやめるよう圧迫を加えるという状況であった。したがって、カトリックの人々がこの収容活動に、積極的に加わるということはなかったと考えてよいだろう。こうした活動のなか、奄美救癩協会が設立されるが、これは官製組織であり、ＭＴＬの組織とは異なる。

待ち受ける敬愛園側も、漫然と林や塩沼を待っていたわけではない。大量の寝具類を短期間で準備しなければならず、中心となった井上謙は、そうした実務に走り回ることになる。連絡手段の乏しい当時の状況では、船の運航状況がどうなっているのか、把握するだけでも大変であった。

これら収容は、敬愛園、沖縄、奄美それぞれの対応、また実際に船に乗りこんだ職員たちの連携による大プロジェクトであった。船の調達ひとつとってみても容易には進まず、あげく沖縄、奄美とも悪天候に遭遇するなど、困難を乗り越えて達成することになる。敬愛園、沖縄班、奄美班、沖縄ＭＴＬ、その他警察、衛生などの行政関係者すべての連携があって、ようやく可能になったことである。海を越えてそれだけの連携ができたのは、林や井上の統率力もさることながら、それぞれに収容への信念があって可能になったことであり、無癩県運動がそうした信念をここまで深めていたことを示している。

こうした困難を乗り越えたことは、この収容作業を「劇的」にして神話化させることになる。敬愛園から出版される『星座　第一輯』は、収容にかかわった手記が集大成されたものであり、神話を記録化しているといえよう。[11] そのときの苦労した体験が掲載されているし、送り出した側の沖縄ＭＴＬの花城武男や服部団次郎の回顧も載っている。まさに当事者であった塩沼も体験を語っている。このプロジェクトを成功させた満足感が、敬愛園や沖縄関係者らに、使命感を高めさせ、さらなる活動へと推し進めていくことになった。敬愛園の入園者自治会によって五〇年史としてまとめられた『名もなき星たちよ』さえ、林、井上、塩沼らが協力し合いながら困難を克服して達成していく感動物語のような筆致で描いている。

林は「年頭所感―大熊の新年」なる論考を一九三六年一月の『鹿児島県社会事業』（第二〇号）に載せている。「大島郡三方村大熊の字民が一番美しい新年を迎へて居ると断言する」等と述べているが、大仕事をやり終えた満足感が伝わってくる。もっとも林はそれで満足したわけではなく、一九三七年一月に「鹿児島を無癩県に」（『鹿児島県社会事業』第九巻第一〇号）、一九四〇年九月に「皇紀二千六百年記念事業に癩を浄化せよ」（『鹿児島県社会事業』第一四巻第七号）と叫んで、奄美にとどまらず鹿児島県全体の「無癩県」化を強調することになる。もっとも、林自身はその後結核によって一線を退くことになるので、自分で「無癩県」を実現することはできなくなった。

これらの患者の収容は、設立間もない星塚敬愛園の入所者を一気に確保し、敬愛園の一つのまとまりをつくることとなる。沖縄・奄美も隔離政策に明確に組み込むことでもあった。だが、やはり海が荒れる時期に、こうした収容を強行したことに疑問を感じざるを得ない。沖縄―奄美―鹿児島間の海は荒れやすい。天候はあらかじめ、ある程度予測できるものである。どこまで安全性が検討されたのであろうか。船長が嵐のなか、患者を「乗せ過ぎ」だと非難したという。だとすれば、そういう点からも安全性への配慮が疑われる。なぜ、せめて春まで待てなかったのだろうか。

塩沼（一九九四：九四）によると、一一月二七日の夜に、官舎に井上謙からの電話があって、明日沖縄に行ってくれと頼まれたというのだから、入念な準備のもとで行われたのではない。

しかも、このときに収容された患者にとって、星塚敬愛園は安住の地であったのだろうか。まず直面したのは、収容時期が冬季の直前であったことから、さっそく本土の冬を体験しなければならなかった。入園後すぐに感冒が多発し、ひと月足らずで九人もが死亡したという。また沖縄・奄美では特有の方言が用いられているため、入所者相互、あるいは入所者と職員とのコミュニケーションが困難だった。夫婦で収容された者もいたが、さっそく断種手術が強要された。

こうしてみると、収容患者にとって、沖縄での暮らしにくらべ有利な面が無いわけではないが、苛酷な側面もあった。療養所側にとって、断種手術の強要などは当然の常識であったのかもしれないが、海を越え、希望を抱いて収容に応じた患者からすれば、想像と実際とはかなり異なるものであっただろう。結果論ではあるが、あと数年で沖縄にも療養所は開設されるのである。ここで無理なことをする必要はない。患者の命より、敬愛園の実績づくりが優先されている感がある。もっとも、結果論をさらに付け加えれば、収容された患者は沖縄戦に遭遇せずにすんだという事実はある。その点では幸いだったことにはなる。しかし、沖縄戦を理由に、この収容が正当化できるものではないであろう。

協力した後述の沖縄ＭＴＬの者たちは、こうした療養所の実態は知らなかったかもしれないし、善良なキリスト者としての林や井上を知っていても、苛酷な管理者としての林や井上の姿は知らなかったであろう。しかし、風土や文化の違いによる生活困難はある程度予想されたことであり、十分な情報収集のもとでの判断ではなかった。林らに煽られて急ぎ過ぎることをした。その時点では療養所設置の実現の見通しがなく、患者の実態のなかで一刻も早く救済をというあせりがあった、とはいえるだろう。半年待てば、その半年の間にさらに感染が広がるという意識が、沖縄ＭＴＬの者たちにはあったのかもしれない。

しかし、林は、前述のように、沖縄・奄美に目途がついてくると、鹿児島県全体の「無癩県」化を叫ぶようになる。林にとって、沖縄・奄美の収容は、沖縄・奄美の患者の緊急避難の措置ではなく、あくまで「無癩県運動」の一里塚であったのである。

（三）青木恵哉の動き

沖縄のハンセン病問題を考えるとき、青木恵哉の名をはずすことはできない。青木については、自身による『選ばれた島』によってその活動が記されている。そのため、同書に依拠して、青木の活動や、ひいては沖縄のハンセン病救済運動全体を把握するのが基本であった。聖公会関係者の人物史『あかしびと』のような、青木について書かれたものがいくつかあるものの(12)、新事実が発掘されているようなものではなかった。

しかし、『沖縄県ハンセン病証言集　資料編』に、青木が宮川量にあてた書翰が多数掲載された。一九三二年から三五年にかけての愛楽園設置前の時期であり、愛楽園設置へ向けて苦闘している時期の青木の活動内容や心情を把握できる貴重な史料である。私信という性格上、当時の状況が正確に、また正直に書かれているといえよう。

孤軍奮闘して、療養所の設置を実現したのは青木であった。ただし、青木がいきなり沖縄に行ったわけではなく、前史ともいうべき沖縄への患者伝道の働きが、熊本の回春病院を運営するハンナ・リデルのもとですすめられていた。

リデルは沖縄の救癩に特別な関心を寄せるようになる。一九一五年に回春病院から米原馨児司祭を調査に派遣、米原は沖縄の患者の状況を調査し、リデルに報告した。さらに一九一九年に入所患者の岸名信若を派遣し、一年ほど滞在した。しかし、患者であることに加え、沖縄出身者でないことで疎んじられ、行く先々で長期の滞在を禁じられるなどの迫害にあう。大きな成果をあげることなく、戻ることとなる。

再度派遣されたのが青木であった。青木はリデルの物心両面の支援のもとで、患者への伝道さらには療養所の設置の実現にいたる。青木は一八九四年に徳島県に生まれた。一九〇八年頃発病し一九一一年から四国を遍路として旅するが、その過程で病気が悪化し、一九一六年に大島療養所に入所することになる。大島療養所で、三宅官之治、長田穂波の影響を受け、エリクソン宣教師より受洗する。一九二三年に回春病院に移る。エリクソンは長老派であるので、青木も聖公会の信仰ではなかったと思われるが、回春病院で聖公会に転じる。

一九二七年に青木は沖縄にわたるが、そこでの患者の生活は、家を追われて小屋を建ててかろうじて生きているなど、厳しい実態があった。青木は伊江島で伝道を開始するなど、主に沖縄北部での患者への伝道を試みる。しかし、患者に安住の地はなく、沖縄に療養所を設置することが自己の使命だと認識して、そのために奮闘することになる。しかし、その活動は容易ではなかった。住民からの激しい憎悪や排斥にさらされ、日常の生活にも困難をきわめていた。そのため、療養所の必要性をますます認識し、自身で土地を購入するなどの活動をする。

しかし、活発な動きが、住民からのさらなる厳しい圧迫をまねくことにもなった。その大きな事件の一つは一九三二年の嵐山事件である[13]。沖縄県が、名護の近くに位置する嵐山という地域を療養所の建設場所として選定し、薬草園と称して工事を始めた。しかし、ハンセン病療養所であることが明らかになると、村ぐるみの猛烈な反対運動が起きる。そこが周辺地域の水源地であることが、反対の理由ともされた。県は警察を動員するなど強い姿勢でのぞんだものの、住民の反対姿勢はきわめて強硬であり、対立・混乱は長期化し、住民から検挙者も出る有様であった。ついに療養所建設は断念されることになる。直接には県による療養所建設計画への反対活動であるが、住民のハンセン病への拒否感が強固に示された。ここまでもつれたのは、単にハンセン病への嫌悪というだけでなく、地元の政治的思惑なども絡んでいたともいわれるが、療養所が無いことで患者が抑圧されているという印象を、本土の救癩関係者に与えることにもなる。

さらに、一九三五年には屋部の焼き討ち事件が発生する。屋部にはもともと生活している患者がおり、青木もしばらく活動の根拠とした場所である。それまで特にトラブルも無く暮らしていた。青木をはじめとした患者のグループが、ここに集っていた。嵐山事件と違って、まさに青木が当事者の中心であった。新聞に沖縄ＭＴＬによる屋部へのハンセン病救護所の設置計画があるとの報道がなされた。この記事に煽られた住民が反発し、青木らを襲い放火までしたのである。

命からがら逃れた青木らは、ジャルマ島という小さな孤島に逃げて共同生活をするが、そこは水さえない、生活には全く適さない場所であった。

度重なる迫害で、療養所の設置は困難かと思われたが、こうした苦境が逆にその必要性をますます認識させることにもなった。青木はあえて、屋我地島大堂原への上陸を強行する。沖縄ＭＴＬの支援によってまず沖縄ＭＴＬ相談所が設置され、一九三八年に沖縄県立国頭愛楽園（その後、一九四一年に国立に移管。戦後も何度か移管があった。一九五二年に沖縄愛楽園に改称。一九七二年の日本復帰により、国立療養所沖縄愛楽園になる）が設立されることになる。その土地は、青木の買収分と沖縄ＭＴＬの買収分が含まれていた。

青木は、いわば愛楽園の創設者のような存在であり、愛楽園創設後、入園者総代になるなど園内で一定の影響力を持つことになるが、それゆえに入所者とのトラブルに巻き込まれることもあった。愛楽園自治会による『命ひたすら』(pp.99-103) は、「一心会」という患者の自主的組織が結成されるなか、一心会幹部から、青木や青木に近い人たちが「裏切り者、職員の犬」となじられた動きを記している。

さらに青木は二代目の早田皓園長時代に、キリスト教を嫌う早田の迫害を受けて、園外で生活する状況になったことさえあり、愛楽園は必ずしも安住の場というわけでもなかった。それでも終生愛楽園にとどまり、祈りの家教会の設置を実現した。愛楽園では、青木の影響による聖公会の信仰と、服部団次郎による日本基督教会の流れ、また戦後本土の療養所からの転園があって、それ以外の信仰をもつ者など、さまざまな信仰的流れがあった。後述のように、最終的に聖公会でまとまっていくのは、青木の努力による面が大きいであろう。『選ばれた島』を書き、一九六九年に七六歳で死去した。死後、一九七一年に頌徳碑が、二〇〇五年には銅像が建立された。現在、愛楽園内にあるそれらを訪ねることで、在りし日の青木をしのぶことができる。

ただし、青木一人の孤軍奮闘だけではなく、協力者が得られたことも大きい。青木の活動は常に患者やキリスト者の協力ですすめられていく。組織があったわけではないが、青木をリーダーとする集団が形成されて、それが全体として、度重なる事件を乗り越える力となった。しかし、それが可能になったのは、青木の信仰や信頼を得る誠実さがあったためであろう。

また、徳田祐弼は青木の後継者といってよい人物である。[14]徳田も一九二〇年に回春病院に入所し、聖公会に入る。いったん軽快して、医師から無菌だといわれ、一九二八年に大阪に就職するが、リデルに要請されて、伝道活動を始める。最初は種子島での伝道を行うが、以後、沖縄や八重山での伝道を行う。沖縄で活動するときは、むろん青木と協力していた。しかし、リデルが死去したこともあり、回春病院にとどまって生活するようになった。しかし、リデルの後継者であるエダ・ライトの経営方針と折り合わず、星塚敬愛園に入所した。一九四七年に沖縄出身者の患者が沖縄に戻ることになって、徳田も愛楽園に入所する。以後、一九八三年に死去するまで、自治会長として活動し、また司祭として祈りの家教会を支えていく。

ちなみに『花に逢はん』で自己の半生を描いた伊波敏男は一九五七年五月二日に愛楽園に入所するが、最初の日にさっそく訪問してきたのが青木であった（伊波一九九七：四六―五二）。青木は伊波に、「門の正面に教会堂があったでしょう。祈りの家です。つらくなったら、いつでも訪ねていらっしゃい。一緒に祈りましょう。私はいつも、そこにいると思いますから」と語った。そして伊波に沖縄の菓子であるサーターアンダギーを渡すのだが、伊波はそれを食べることができずに捨ててしまう。捨てたことを悔いた伊波は、ただちに青木のいる教会堂に走り、許しを請うて泣くが、青木は責めることなく共に祈るのであった。青木の誠実さと包容さを示すエピソードである。

あるいは、戦後、一九六六年に突然、「謝らなければならないことがある」といって、福岡県宮田町で牧師をしていた服部団次郎のもとを訪れたという（服部一九七九：六九―七〇）。服部からすれば、謝罪してほしいことがあったわけではないが、自己に厳しい青木からすれば、些細なことも放置できなかったのであろう。

青木のあまりに苦難の連続であった人生、あるいは人格的な高潔さ、敬虔な信仰などを前提とすれば、青木の活動について、それを批判的に述べることは、はばかられるのが率直なところである。しかし、だからといって、青木の業績を無批判に是認するだけでは沖縄のハンセン病の課題は明らかにならない。一方、隔離政策批判の観点で、青木による療養所の設置のための活動を断罪するのも誤った見方であろう。

青木の行動は、迫害の繰り返される当時の患者の立場として、逃げ場として療養所を求めたものであり、切実な生活要求であった。もしそれが、回春病院の分院のような形であれば、隔離施設とは異なる生活の場が実現したのかもしれない。しかし、すでに一九三〇年代は無癩県運動が推進されている時期であった。青木は活動のなかで、林文雄や宮川量と連携するようになる。二人とも隔離の熱心な推進者である。時代状況に加えて、こうした人物と提携してしまったことで、隔離政策に組み込まれていくことが避けられなくなった。青木という人物をもってしても、国策の波は簡単にそれを飲み込んでいたのである。

（四）沖縄ＭＴＬの働き

青木に呼応して活発に展開したのは沖縄ＭＴＬである。[15]すでに述べたように、日本ＭＴＬが民間サイドの救癩団体として一九二五年に結成され、東京だけでなく、大阪や静岡などで活動がすすめられた。全国の他のＭＴＬは、療養所の働きを外部から支援する活動が中心であって、自らが患者への直接の救済をするものではなかった。ＭＴＬのメンバー個人が、具体的な援助をするケースは、飯野十造や潮谷総一郎のようにあったが、その地域の患者全体をトータルに救済するまでの広がりは持ち得なかった。それに対し、沖縄ＭＴＬの場合は、自ら患者の収容活動にまで乗り出し、青木らと連携しつつ、ついに国立療養所の実現にまで行き着くことになる。

一九三五年五月一三日に、沖縄基督教教役者会が開かれ、救世軍那覇小隊長の花城武男はハンセン病救済を訴え、その場で沖縄ＭＴＬの結成が決議された。[16]創立委員として、花城のほか愛泉バプテスト教会牧師玉城朝賢、日本基督教会那覇教会牧師野町良夫、[17]日本メソジスト沖縄中央教会牧師北村健司を指名した。ただし、中心人物は後述の服部団次郎であったと思われる。

このように、沖縄ＭＴＬは教派をこえた動きであり、沖縄の主要教派を広く含んだ活動であった。発起人はすべてキリスト者であり、他のＭＴＬと比べてもキリスト色は鮮明である。ただし、賛助会員には、行政関係者や仏教関係者がむしろ多く、キリスト者だけで運動することを目指しているわけではない。このことは、沖縄ＭＴＬも当初から、政策と異なる可能性をもともと持ち合わせていないことを示している。メンバーは、警察など行政との打合せ、青木との打合せ、また運動資金を確保するため募金活動も行った。患者個々人への実質的な救済活動も開始していく。

事務所は日本基督教会那覇教会に置かれ、したがって同教会の野町が会計などの実務を担当している。『日本ＭＴＬ』第五四号（一九三五年八月）掲載の「申合」では、県当局が計画している国立療養所の建設について円満な協調を保って促進を図ること、緊急の事業として救護方法を講じること、衛生思想を普及させハンセン病が「隔離ニヨリ根絶シ得ルモノナルコトノ宣伝」をすることとしていた。民間としての独自な活動をするというより、行政の動きを支援するものであり、隔離主義の実行を目的としていた。

救世軍の花城武男も中心の一人であった。花城は救世軍の方針としてではなく、個人として参加している。救世軍は組織として、療養所設置などのハンセン病救済を企図しつつも、実現できなかった。花城の活動は、救世軍の組織としての救癩と考えるべきではなく、あくまで個人的な活動として評価すべきであろう。組織的にのみ活動する救世軍で、こうした個人レベルの活動がなぜできたのか不思議ではあるが、沖縄という東京の日本本営から遠い場所であることで、可能になったのであろう。

沖縄MTLはこれらの人物の献身的な活動により、活発に展開する。また、本土のMTL関係者も沖縄を訪問する。遊佐敏彦や飯野十造である。特に遊佐は当時三井報恩会におり、三井報恩会からの支援につながっていく。遊佐は『沖縄紀行』なる紀行文を書き、沖縄のハンセン病事情について報告している。[18]遊佐は沖縄について「斯る病毒が伝播されて居ると云ふことなれば、それは大きな脅威」として「先ず沖縄を救へ」と叫ぶ。沖縄MTLの活動を紹介し、「我国の癩問題の解決たるべき牙城は沖縄の癩問題である。今日まで此処を放置したことは癩絶滅の一路を逆顚せしめて居つた。今やその救の曙光は見えたのである。沖縄県民が此際奮起して我国の社会政策的徹底の第一線を突破すべきである」と締めくくっている。

沖縄MTLの活動はまず、林による一九三五年の敬愛園への収容への協力であった。敬愛園への収容の成功は沖縄MTLの存在をぬきにしてはありえないといっても過言ではない。一九三五年七月に林文雄は沖縄を訪問したが、その際沖縄MTL関係者と接触をもち、また講演会の講師をするなど、世論づくりを行った。九月に敬愛園への収容の計画が明らかとなるが、患者を集めて準備したのが沖縄MTLである。沖縄MTLは青木とも連携しつつ、一三〇名の患者を確保した。患者も、本土への渡来は不安に満ちたものであり、簡単に同意したのではない。自宅で生活している場合、家族も別れることを好まなかった。それを訪問して不安を解消して、同意へもっていったのである。敬愛園収容は、青木の協力も大きいが、青木一人では一三〇名も集めることはできなかったであろう。沖縄ＭＴＬの組織的尽力で可能になったのである。また船の確保がままならずに、出発の目途がたたないなかで、患者の世話を行った。

この収容に成功したことで、沖縄ＭＴＬは使命感を高め、さらに活動を積極化していく。次の主要な活動は一九三七年に沖縄ＭＴＬ相談所を設置したことである。沖縄にとどまっている患者の一部は大堂原に居住していたが劣悪な住環境であった。青木とも連携しつつ、建設の方策をさぐっていく。建設にあたって三井報恩会より支援をうけたが、これには遊佐の影響があると考えられる。服部団次郎は資金調達のために本土にわたり、日本ＭＴＬ、東京ＹＭＣＡ、光田健輔、林文雄らと接触した。

三井報恩会からの支援が新聞報道されたことから、地元の反対運動も起き、沖縄ＭＴＬへの反対の申し入れ、また県への反対陳情などもなされた。もっとも、反対側も、嵐山事件のような過激な運動に走ることはなく、合法的な枠内での反対にとどまり、沖縄ＭＴＬ側は、反対者が他の療養所を訪問するのであれば旅費を支給する、パンフレットをつくって村内に配布する、必要があれば専門家を招聘して講演会や座談会を開催するとの方針で対応した。その結果、工事開始後は警察による警戒もあって、特に混乱もなく、開所にいたった。

なお、三井報恩会の『昭和十一年度事業報告』によると、「沖縄ＭＴＬ癩相談所建設並に設備費全額」を助成するということで、九五〇〇円助成している。他の社会事業施設への助成は、経常費への助成とはいえ、二〇〇円から五〇〇円程度である。同年回春病院の院舎増改築にも助成しているが五四〇〇円であり、沖縄ＭＴＬが突出して多額の助成を受けている。遊佐敏彦の影響などもあろうが、本土の救癩関係者の沖縄への関心の高さがここからもうかがえる。

『日本ＭＴＬ』第七三号（一九三七年二月）に「沖縄ＭＴＬ相談所の設立に際して」という記事が載っている。相談所への理解を求めて地元に配布された、パンフレットの内容である。そこでは、「救癩設備は本島内に至急建設の必要に迫られて居ります」「地元に危険の心配は決して有りません」「衛生設備は完全に出来て居ります」「島の耕地が狭くなる様な心配はありません」「島内の農産物が売れなくなる様な心配はありません」「相談所を宮古療養所に移すことは不可能であります」と、相談所の必要性を強調するとともに、相談所が地元に何らかの不利益をもたらすものではないことを強調している。開設までの経緯のなかで、何としても相談所の理解を深めて、トラブルを防ごうとする意図がうかがえる。

一九三七年五月一一日に開所式を挙行することになる。式では、賛美歌や聖歌が歌われるなど、キリスト教色のきわめて強いものではあるが、沖縄県知事や沖縄県町村会長からの祝辞も寄せられている。「ＭＴＬ各位ノ熱烈ナル奮闘ハ蓋シ本県ノ救癩問題ニ対シ一道ノ光明ヲ与ヘタルモノニシテ本官ノ衷心ヨリ感激ニ堪ヘザル所ナリ」等と述べて、明確な祝意を示している。一般的にはこうした祝辞は、儀礼的に賞賛するものであって深い意味はないのであるが、開所にいたる経緯を考えた場合、この相談所が単なる宗教団体の私的な活動拠点にとどまるものではなく、沖縄救癩の突破口になることを、公的に明確にしたと考えてよいであろう。

しかしながら、こうした施設の運営を弱小な組織が担うのは困難がつきまとっていた。費用が各段にかかることとなり「血の滲み出るやうな波瀾に充ちた苦闘の経過をたどつて来たのでありましたが、遂に私たちの祈りは聴かれて、沖縄救癩の前途に強固な基礎を据わることの出来ました事は筆舌に尽す事の出来ない感謝であります。併し私達は一峯を越えて又一峯を征服しなければならない嶮岨な前途を目前に控えてゐるのであります」と訴えた。[19]「日々の糧リーグ」と称して、入所者四〇名の一日の生活費が八円であったことから、八円を一口として寄付を集めた。寄付者は全国にわたっているが、特にハワイなど国外に住む沖縄出身者が人数としては目立っている。沖縄では貧困の広がりのなかで、多くの移民を生み出すが、そうした移民のなかの成功者に、特に寄付金を求めたものと思われる。「相談所」といっても患者を入所させる施設であり、収容定員は四〇名である。ただし、あくまで緊急の措置であって、民間施設の設置を目指したものでは全くない。それでも、国立療養所設置までの過渡的対策とはいえ、施設そのものを設置したのは救癩運動としても、きわだっている。

沖縄ＭＴＬは相談所開設前後とも、頻繁に会合を開くなど、きわめて活発に活動していた。寄付金の受け入れ、沖縄を訪問した関係者の受け入れ、本土への訪問、報告書の発行等、相談所の維持と救癩活動の活発化への熱意はあきらかであろう。

一九三八年に国頭愛楽園が設置され、相談所入所の四〇名と建物はそのまま愛楽園に引き継がれた。ただし、それで沖縄ＭＴＬの役割が終わったわけではない。島袋源次郎は「躍進沖縄ＭＴＬ」と題し、『日本ＭＴＬ』第八八号（一九三八年七月）にて、沖縄ＭＴＬの役割として、国頭、宮古の療養所への一〇坪住宅献納、療養所への献本や献樹、精神運動、隔離病舎建設などをあげている。さらに第九六号（一九三九年三月）には宮川量による「沖縄救癩戦線における沖縄ＭＴＬの活動」という記事が掲載されている。

まだまだ、活発な活動をすすめていく意欲をもっていたのである。実際、療養所ができたことによって、賀川豊彦など本土からの訪問者がおり、対応しなければならなかったし、松田ナミなどのキリスト者職員との交流もあった。ただ、戦時下になるにつれて、服部ら中心人物が沖縄を離れざるをえなくなり、さらに沖縄戦、敗戦後の米軍占領と続くなか、活動は絶えることになってしまう。

当時の交通事情を考えると、那覇から北部に位置する相談所まで出向くことはかなりの労力をともなったはずである。彼らには、沖縄でのキリスト教徒の獲得という使命がそれぞれが属する教派から期待されていたはずである。教勢拡大という点では何の効果も無く、むしろマイナスかもしれないＭＴＬの活動が可能であったのは、一人ひとりの使命感が真剣なものであったことを示している。交通・通信事情の悪さのため、彼らの状況が必ずしも本土の教会関係者に伝わらなかったことが幸いした可能性もある。

服部らが中心とはいえ、特定個人の活躍というより、会員一人ひとりの主体的積極さを感じとることができる。そうした熱心さが、相談所の維持と、国頭愛楽園の設置へとむかっていくことになる。青木恵哉だけでは、そこまでの成果をあげることは困難であり、青木と沖縄MTLとの共同作業による成功であった。また、教派をこえたつながりをもてたのは、プロテスタントが各派ともわずかな数の教会しか存在しないこと、沖縄の独特な宗教風土に対処して宣教を行うには他派との連携が欠かせないなどの背景があった。こうした、教派をこえた活動は、沖縄のキリスト教の特質として戦後まで引き継がれた面もある。

反面で、主要メンバーの多くは本土出身者である。沖縄に使命感をもって宣教に来たという積極面がある一方、この運動が沖縄出身者自身による取り組みではないという弱点をかかえた。沖縄のハンセン病患者の状況も、本土出身者から見た場合と、沖縄出身者から見た場合は、同じではなかっただろう。「遅れた沖縄を救済する」という温情的発想にもつながった可能性がある。

（五）服部団次郎の行動と思想

沖縄MTLの中心は服部団次郎である。[20] 服部はきわめて献身的にMTLの活動に取り組み、沖縄のハンセン病救済を導いた。服部なしでは沖縄MTLはこれほどの実績を残すことはできなかったであろう。キリスト教ハンセン病救済の典型となっていることから、沖縄MTL関係者のなかで、特に服部のみ取り上げて、詳しくふれておきたい。

服部については、自伝の『沖縄から筑豊へ』でハンセン病との取り組みをみずから語っている。『沖縄キリスト教史話』

に「戦前沖縄の社会活動」と題して寄稿し、ハンセン病の動きを述べている。『この後の者にも／連帯と尊厳を―ある炭鉱伝道者の半生』は、ハンセン病についてはほとんどふれておらず、戦後の炭鉱伝道が中心ではあるが、服部の思想や神学を把握するうえで有益である。また、服部がのちに牧師となる福岡県の日本基督教団宮田教会に保管されていた手書きの原稿にて、ハンセン病について論述している。こうして、著述を多く残したことから、思想や行動をさぐることは可能である。

しかし、先行研究としては、沖縄キリスト教史、沖縄保育史（神里・神村一九九七）、筑豊炭鉱史（中原二〇〇四）という個々の業績として触れられることはあったが、ハンセン病での取り組みについて正面から論じられたことは少ない[21]。

服部は一九〇三年に島根県で生まれた。一九二一年に横須賀海軍軍楽隊に入隊し、一時軍人であったが、牧師への方向転換を目指して東京神学社に学んだ。一九三二年に卒業して日本基督教会の牧師となり、大分県森町の教会に赴任した。しかし、那覇教会で牧師がおらず困っていることを知って、一九三三年に那覇教会に赴任した。那覇教会は地域の名士といってよい人たちを会員にもつ教会であった。しかし、服部はハンセン病患者に出会い、関心を高める。また広大な国頭郡方面に教会がないことを憂い、その地域がハンセン病問題で注目されつつあったこともあって、一九三四年に名護に移って教会を設立する。現在の日本基督教団名護教会である。牧師に給与を支給できる教会ではなく、生活を自分で支えながらの宣教であった。

そこでハンセン病患者と出会い、救癩活動にかかわっていくことになる。沖縄ＭＴＬが結成されると主事として、中心的な役割を果たす。地理的にもやがて愛楽園が建設される場所近くにいることから、日常的な雑事も含めて、そのかかわりは本業に近いものがあったであろう。募金や三井報恩会からの資金協力でも尽力した。募金を集めるにあたっては、前述にように単身本土に出かけ、関係者を回っての旅をする。

しかし、本来の名護に来た目的のはずの伝道は、信者の獲得という点では、かならずしも大きな効果をあげられなかった。ただし、愛楽園の看護婦として長く勤め、戦後は婦長にもなる知念芳子は服部によって信仰に導かれて、一九四〇年に服部より受洗し、以後も長く、愛楽園に勤務した。知念は日本基督教団沖縄教区の編集による『二七度線の南から』に「ライを病む人々とともに」という手記を書いている。知念によると、服部は一九三八年から一九四三年まで、愛楽園に毎週、雨の日も風の日も欠かさず通い続けた。「雨の日はいなか道のこととてぬかるみ、タイヤにあんこのようにくっついた赤土で、乗るよりも引っぱることであえぎあえぎの悪戦苦闘でした。それに当時は、愛楽園のある屋我地島は本島（羽地村）と渡し船で連絡しておりましたので、干潮のときなどは、カバン・靴・自転車をいっしょにかついで渡し船まで歩かなければなりませんし、それに少し風が強いと、波しぶきにぬれて曇るめがねをふきふきというご苦労でございました」（p.94）と描写している。なお、知念は「愛楽園の戦時体験」と題する戦時下の愛楽園についての詳細な記録を、『沖縄県史　第一〇巻』（一九七四年）に書いている人物でもある。[22]

服部のハンセン病以外の社会活動として、保育所の設置がある。[23]日本の保育所としては、古くは長崎県外海のド・ロ神父による託児所などがあり、一九〇〇年設立の二葉幼稚園（後に二葉保育園）が先駆として著名である。沖縄では保育所の設置は見られず、服部による名護保育所は沖縄で最初の保育所とされており、続いて県下に設置された保育所を指導する役割もになった。[24]

戦時下になり、服部は軍からスパイ視されて嫌がらせをうける。また、伝道に通っていた愛楽園では、園長がキリスト者の塩沼から、国家主義的な早田皓に変わった。早田から呼び出され、「今後一切園に来ないよう申し渡す」と一方的に命令口調で申し渡され、事実上追放される（服部一九七九：五九）。保育所は戦時色の強い保育内容を強いられ、ついに軍に使用されるまでになる。服部は一九四四年に、軍の命令によって九州疎開の沖縄県民引率者として本土にもどった。服部にとって沖縄を離れることは決して本意ではなかった。しかし沖縄にとどまっていれば、沖縄戦に巻き込まれたことは確実であり、困窮する者を見過ごさない服部の行動パターンからして、死亡した可能性が非常に高い。

服部は戦後、さらに社会的関心や実践を深めていく。福岡県宮田町（現・宮若市の一部）で炭鉱労働に従事しつつ、伝道も行い日本基督教団大之浦教会（後に宮田教会）を設立した。宮田でも炭鉱労働者の子弟らを対象とした保育所を設置した。炭鉱閉山後も宮田町にとどまって牧師を続け、保育所も教会近くに移転して続けた。晩年の業績は、炭鉱労働者の人権回復へ向けての「復権の塔」の設立である。

炭鉱労働者は、日本の発展において、エネルギー源を確保する根幹を支えるべく奮闘した。しかし、そこでは過酷な労働条件におかれ、事故で命を落とす労働者も多かった。それらの事故の多くは不可抗力による不幸な出来事ではなく、効率を求めた末の人災だったといえよう。さらに、朝鮮人も労働に参加していく。ところが、石油へのエネルギー変換のなかで、労働者は無残に見捨てられ、地域は荒廃する。

服部はこの現実に向き合おうとした。そこで、「復権の塔」の設置を考えるのである。「復権の塔」を設置するための資金を集めるため、「筑豊一代」なる紙芝居をつくってまわるなどのユニークな活動をした。資金は思うようには集まらず、台座だけできで、上部に予定した像ができないといったこともあったが、ついには、宮田町の協力を得ることにも成功し、「復権の塔」の建設を実現する。塔は、炭鉱労働者の憩いの場でもあった千石峡に現在も建っている。服部は過去の罪を暴いたり、誰かを非難するために塔をつくったのではない。地域住民が助け合って地域を復興させ、また労働者が人間としても誇りを取り戻すことを目指し、「連帯と尊厳」をテーマとした。また服部は、被差別部落への関心ももち、部落への取り組みを行った。

服部には一貫して、自分の目前にある社会的に見棄てられた人を看過できず、しかも片手間に救済するのではなく、全力でそれに取り組んだ。炭鉱や被差別部落の取り組みは、沖縄でのハンセン病への取り組みを反省したためではなく、むしろ延長線上にあるものである。服部の戦後における、沖縄での救癩運動の回顧をみると、一九六八年に『沖縄キリスト教史話』を出版し、そこで「戦前沖縄の社会活動」の表題のもと、沖縄MTLの活動を書き記している。その内容は服部が沖縄MTLの活動に従事していたときとほぼ同じ認識であり、「信仰に基づいて、上よりの使命と信じて遂行されたとき、人の思いにまさる結果がもたらされる」等、神から与えられた使命であることを強調している。むしろ「社会活動」と銘打って、沖縄在住時代よりも、高い評価をしているともいえる。また「日本のキリスト教　その理念形成についての試論」という原稿用紙に清書されている未刊の作品がある。[25]そこでも、同様の趣旨を語っている。

服部は当然、戦後の患者運動の動向なども知っていたはずである。運動のなかで、戦前の療養所の体制が批判的に語られていることもわかっていたと思われる。そうした患者運動の主張を踏まえてなお、肯定的な評価を繰り返しているのである。つまり、服部は、沖縄での救癩運動を反省して、誤りを克服するために炭鉱や被差別部落に取り組んだのではなく、同じ地平の上で、取り組んでいる。この点、ハンセン病救済を経て、戦後免田事件に取り組んだ熊本の潮谷総一郎とも類似した面がある。

服部はもともとは、植村正久、高倉徳太郎に連なる、旧日本基督教会の伝統的カルヴィニズムの立場であった。日本基督教会は、神学や教会形成を重視し、社会問題への取り組みは弱かったと評価されている。服部のように、伝道よりも病者の救済に従事したのは、日本基督教会のなかでは稀有のケースといってよい。日本基督教会の類似した人物としては賀川豊彦がいるが、キリスト教全体ではスターといってもよい賀川も、日本基督教会では傍流的存在であった。

しかし、戦後の活動のなかで、伝統的神学の立場を清算し、現場から考察する信仰を明確にしていく。共産党入党問題で知られる牧師、赤岩栄に共感を示しているのは、その一例である。こうした立場は、戦後の炭鉱や被差別部落とのかかわりから生じたものであり、沖縄ＭＴＬ時代には感じることはできない。沖縄時代にはまだ素朴な福音主義信仰であったといえよう。しかし、戦後になっても自己のハンセン病への取り組みを、自己批判する発想はみられない。むしろ高倉について、「教会中心主義は、その後、私が沖縄に遣わされて、ハンセン病者の救済運動を始め、募金の訴えのために上京して彼を訪れた際、それを私の変節と激しく責めたてた」（服部一九八八：一二三）と述べ、伝統的カルヴィニズムに立つ高倉と、救癩運動に従事する自分とを対比させ、高倉の姿勢を暗に批判し、自己について肯定している。

また、筑豊について「沖縄でし残した使命の延長」（服部一九八八：七二）とも述べている。服部にとって、心ならずも中途半端で終ってしまった沖縄での救癩を完成させる活動が炭鉱であり被差別部落であった。このことからも、少なくとも服部にとって沖縄ＭＴＬの活動は、民族浄化の隔離運動などとは正反対の、患者の解放運動だったのである。そして服部は戦後、沖縄を再訪したり、『キリスト新聞』紙上で沖縄を論じたり、沖縄キリスト教史の本を書くなど、沖縄への関心を捨てることはなかった。戦時下に本土出身の牧師たちが沖縄を離れたことについて沖縄の側から、「信徒たちを激しい戦火の中に残して沖縄を去った牧師たち」「沖縄が戦場となることがはっきりしていただけでなく、キリスト者であるということがそのまま疑惑の対象となるような時に、牧師たる者が、その信徒が直面することの明白な、苦しみと悩み・試練を共に負うことをさけ、自らの身の安全を求めて信徒たちを見捨てることが、どうしてこの沖縄の教会で起りえたのだろうか」という厳しい問いかけがなされている。[26] 服部も沖縄から離れた牧師として、その一人であることは明らかである。

しかし、一方、原誠（二〇〇六：二五六）は「沖縄側から言えば、見捨てて逃げたという厳しい評価があり、本土に移ってからも生涯を通してその意味を本土における辺境の地である九州の炭鉱で担い続けた牧師もいる」と述べ、服部と明記していないが、明らかに服部を指して、その行為が卑劣な逃避などではなく、生涯の重荷として担っていたことを示している。服部も、沖縄からの脱出が半強制的であったとはいえ、弁明できない背信であったことは自覚していたのではないだろうか。後半生はその自覚を具体化する実践であった。

服部はMTLの活動として「沖縄の一般の癩についての正しい知識を与へる事と、療養所設立の速進運動に努力すること」を掲げている。特に浮浪患者の救済を重視し、看過できないとしている。しかし、服部も「本病は愈々蔓延するの兆があり」とのべたり、浮浪患者について「その浮浪は県内到る処に病菌を捲き散らす」と述べるように、感染への危機は悲惨な患者の救済と同等ないしそれ以上の重みを持つものであった。[27] しかも、収容に際して、林と連携し、信頼を深めている。「温情溢るゝ先生の下に彼らを送る事は悲惨な状況に比べてどんなに幸福であるか知れない」「無事敬愛園に到着した病者たちは今大聖母の慈愛の下に奴隷の桎梏より解放されて平和と幸福な日を送りつゝあります」というように林ないし敬愛園、ひいては療養所の体制への信頼はゆるぎないものであった。[28] 服部の意図にかかわりなく、光田―林ラインでの隔離強化の片棒を担がされた面も否めない。

浮浪患者の収容がすすむと次は「一般民家に閉ぢこめられてゐる多数の憐れな癩者の解放と救済」に乗り出そうとする。[29] それが沖縄MTL相談所として結実する。

服部のこの時期の立場は、隔離政策に親和的だったといわざるをえないし、その立場は終生変わらなかったように見える。そこには理解不能な矛盾があるように感じる。

なぜ服部は戦後、自己を総括することなく、炭鉱や部落の取り組みを可能としたのであろうか。服部は行動の人であり、実践のなかから考えるタイプであった。服部は思索によって炭鉱や部落を知ったのではなく、かかわるなかで深められた。神学の考察に終始するような思弁的な立場を乗り越えていた。もし服部が、戦後、ハンセン病療養所に出入りし、患者とたえず交流していれば、また別の知見に立ったと思われる。

当時の沖縄の患者の実態は救済することこそ求められていたのである。服部はその救済を、光田や林が推し進めていた沖縄救癩に見てしまった。そこに青木恵哉という信仰者に触れることで、ますます救癩こそが自己の使命であると実感してしまった。救癩がもっていた慈愛的性格は、服部においては社会的解放と映ってしまったのである。

三　愛楽園設立後

国頭愛楽園ができたからといって、キリスト者の活動に終止符が打たれたわけではない。初代園長はかつて収容の陣頭指揮をとった塩沼英之助であり、医務課長は松田ナミ、事務長は長島愛生園などに勤務した宮川量、看護婦長は鈴蘭園の運営や全生園などでの勤務経験も豊富な三上千代であった。長島愛生園や星塚敬愛園同様、主要幹部はキリスト者であった。当時の沖縄が、本土から見たとき、遥か遠い地であり、愛楽園の場所は那覇からも遠い。冷房もない時代、本土出身者にとって苛酷な風土であった。そういうなか、すでにそれぞれ勤務する場をもっているのにあえて沖縄行きを決意したなかに、相当に強い使命感があったのは確かであろう。

反面、塩沼、宮川は光田健輔直系の人物でもある。隔離政策の論理とは異なる動きのなかで生まれた愛楽園であるが、現実の運営では、隔離関係者勢揃いの様相を呈したのである。沖縄の運動が、患者の生活権擁護の性格を強くもちつつも林文雄との連帯していた矛盾が、国立という設置形態のなかで、露呈した。

また、塩沼は大家族主義をとり、毎月一〇日を記念日として職員、入所者を礼拝堂に集めて、園の方針や注意事項を説明し、「入園者の園での良き生活態度は、園の規則に従うこと」と説いていたという（沖縄愛楽園自治会一九八九）。そこでは「男女の風紀」へも特に注意が行われた。既存の療養所のやり方、つまり表向きの美名のもとでの厳しい管理という運営が愛楽園でも行われたのである。

主観的には、良心的な活動もみられた。三上は、かつて光田が西表島を訪問した際に島民から迫害されて、命からがら逃げた話を聞いて、いつか自分が沖縄に渡って救癩を成し遂げることを心に誓ったのだという。直接には塩沼の意を受けて、沖縄に来た。三上による事跡についてはすでに第一章で触れたが、愛楽園でも患者の信望が厚く、名婦長と評価されていた。若い看護婦からも慕われたという。もっとも、そもそも光田が西表島を視察したのは、そこに患者を永久隔離することを目指していたからであって、内務省すら採用しなかったそういう手法を疑っておらず、どこまでも光田への厚い信頼のうえにたっての活動ではある。

患者側も青木を筆頭にキリスト者が多く、国立でありながら、キリスト教の雰囲気の強い療養所であった。特に青木との関係で、聖公会との関係が深かった。戦後のデータだが、聖公会二九二名、カトリック三七名、生長の家六五名、創価学会三二名となっていて、青木の属した聖公会が圧倒的である。(30)

もっとも、キリスト教的な雰囲気が常にあったわけではない。開園時にさっそく強制収容が行われ、青木と行動を共にしてきた患者など、愛楽園を設置を支持してきた入所者と、そうではない入所者が混在して園が出発した。強制収容によって入所した者は不満をもち、入所者同士の関係も必ずしも良好ではなく、前述のように青木が批判にさらされることもあった。戦時体制が深まるなかで、医薬品や生活物資も不足するようになっていくと、生活の水準も低下し、それへの不満もあらわれる。園名の「愛」とか「楽園」とは、およそかけ離れた状況になっていく。

一九四四年三月に塩沼は星塚敬愛園に転じ、新たに就任した早田皓園長は、国家主義的人物で、敗戦後もしばらく宮城遥拝をしていたといわれるほどであった。早田は自治会を組織するが、これは戦後の自治会とは異なり、戦時体制下で園の困難を乗り切るための翼賛組織に過ぎなかった。青木はスパイの疑いをかけられ、園の外で生活するまでになる。

こうしたことになったのも、一つには戦争による面が大きい。戦時下の愛楽園については、藤野豊や森川恭剛のほか、林博史（二〇〇一）などの研究、愛楽園の自治会史、また『沖縄県史』などがある。沖縄戦が必至の状況になるなか、日本軍はハンセン病に関心を寄せ、一九四四年には、まだ在宅に残っていた患者を強制収容していくことになる。その結果入所者が定員の二倍以上に激増し、生活水準が著しく低下した。

国頭愛楽園は一九四四年一〇月一〇日にアメリカ軍の激しい攻撃にさらされるが、『開園三〇周年記念誌』(p.42)は「松田ナミ医務課長を始め、三上婦長、西崎、増田、川平、知念の四看護婦は、入園者の壕の隣りに陣取り、烈しい爆撃下にも、入園者と生死を共にし、病棟壕を最後まで守り、治療看護の責務を果した」と記している。園側の文献なので、すべてを鵜呑みにできないが、キリスト者医師・看護婦が入所者と苦難を共にしたことも事実であろう。[31]

しかし、戦時下の患者はアメリカのせいで命の危機にさらされたわけではない。アメリカの攻撃による死者は一名といわれており、むしろ栄養失調や病気など、園の体制の不備から戦時下に多数の死者が出てくることになる。アメリカの攻撃などなくても、愛楽園は、青木恵哉が夢想していたような、患者にとっての安息の場では全くなかったのである。全土が戦場になった沖縄の場合、在宅にいても戦火は避けられなかったであろうし、入所していたから助かったという患者もいないわけではないだろう。しかし、軍事国家下のなかで、ハンセン病政策が遂行され、その帰結が沖縄戦であったことを思うと、助かった個々の事例によって、隔離が正当化されるものではない。

敗戦によって早田は罷免され、家坂幸三郎が園長になる。家坂は、後述のように、宮古療養所の所長として、過剰なまでにキリスト教主義を実行していた人物である。沖縄がアメリカの支配下になったことともあわせ、再びキリスト教に有利な状況となり、松田ナミや三上千代らによって礼拝が再開される。松田や三上は本土に戻るが、井藤道子[32]や婦長に就任する知念芳子ら、キリスト者職員がなお要職にあって、しばらくはキリスト教的な雰囲気は続く。

教会は、戦前、日本基督教会の服部団次郎が足繁く通って伝道していたことから、日本基督教会系の信徒も少なくなかった。一方で、回春病院から派遣される聖公会司祭が、聖公会信徒にとって貴重な存在であり、ことに一九三七年まで定期的に訪問した乙部勘治の存在は大きかった。しかし、回春病院は解散するので支援はできなくなり、さらに聖公会自体が、日本基督教団の結成の動きの中で解体していくことになり[33]、聖公会として維持することは不可能であった。石川（一九九四：四三七）が知念芳子の証言として述べていることによると、戦時下、五〇～六〇名ほどの参加による集会が開かれ、松田ナミ、三上千代を中心に、礼拝、祈祷会、聖書研究会が開かれていた。この時点では、服部の影響も大きく、聖公会一色にはほど遠い状況である。しかし、服部が一九四四年に沖縄を去ったことによって、牧師の支援がなくなり、さらに空襲等で、園そのものが危機に瀕することになる。

戦後、松田や三上によって教会が復興するが、石川（一九九四）によるとそこには、米軍の好意があったのだという。さらに、アメリカ人宣教師による伝道も行われて、また本土の療養所教会で洗礼を受けた患者が、愛楽園に移ってきたこともあり、教派的には、さまざまな人たちが混在する状況が生まれた。戦後まもなく沖縄で組織された沖縄基督教連盟に属するか、聖公会を選ぶかで深刻な悩みを抱えることになる。それぞれに支援を受けてきた経緯があるし、信徒たちにも多様な考えがあった。分裂さえしかねない危機であったが、結局は聖公会を選ぶことになる。やはり、青木や徳田祐弼の存在が大きかったのである。

沖縄の聖公会にとって、愛楽園の教会は無視できない主要な教会であった。というより、沖縄の聖公会の中心的存在といっても過言ではない[34]。したがって、沖縄の聖公会の歴史を語るときには、多くの分量をとって語られている。その点も、教会もまた隔離されていた本土の療養所とは違う面をもっていた。とくに入所者でもある徳田の働きには極めて大きいものがある。

カトリック教会の設置は戦後になる。一九五一年に布教許可の申し出があったが、入園者大会で否決されるように、そもそもカトリックの布教を行うこと自体が困難であった。その後もカトリック側からの働きかけが続き、一九五五年に最初の受洗者が出るにいたった。愛楽園聖心の使徒会の名で発足し、一九七〇年に会堂ができて聖フランシスコ・

ザベリオ教会となった。[35] 特に一九六四年以来長期間にわたって信徒会長をつとめてきた天久佐信が中心となって運営された。

その後も、キリスト者のかかわりは続く。一九六二年から六九年まで沖縄に滞在し、ハンセン病の在宅医療にもかかわり、沖縄愛楽園園長もつとめる湊治郎は、キリスト者である。湊は「沖縄のハンセン病の治療は、従来の施設内隔離方式ではなく、市中で他の皮膚病と同じように、外来に通って治療すべきこと、そして、これが国際的にも最も受け入れられた方式であることを申し上げた」という（日本キリスト教団沖縄教区二〇〇四：一六―一七）。沖縄でハンセン病患者の在宅診療を推進した犀川もまたキリスト者であった。犀川は一時光田のもとで勤務したこともあるが、光田と異なり、在宅医療を推進する立場であった。一時台湾に勤務するなどしたが、沖縄愛楽園園長になるとともに、在宅診療を推進した。藤野豊（二〇〇一：六二五―六二六）は隔離を否定しつつ光田を評価する犀川を矛盾であると批判する。あるいは、森川恭剛（二〇〇五：一〇二）も犀川の議論に自省的な姿勢と救癩的発想が混在していることを指摘している。筆者も、犀川と会って直接話を聞いたとき、国家賠償請求訴訟に対しては支持しつつ、貞明皇后を礼讃するなど矛盾を感じる点はあった。しかし、全体として犀川が隔離ではない方法を示した功績があることは確かであろう。犀川の存在は偶然ではなく、キリスト教による沖縄での活動の到達であったのではないだろうか。

沖縄のハンセン病救済は、青木らと沖縄ＭＴＬ、そして本土側での林文雄らの合作で実現した。しかし、やはりそこで青木の存在がかなりの比重を占めている。青木の活躍がなければ、国頭愛楽園の設置は大きく遅れ、あるいは戦後に持ち越されたかもしれない。患者自身は設立に尽力したという面を重視すれば、国頭愛楽園について、長島愛生園と同じ意味での隔離施設とはいえない面がある。[36]

しかし、それが国立として設置された以上、政策と無関係でありうるはずがなかった。園長の塩沼以下、集った幹部職員は長島愛生園で隔離に邁進した人たちであった。早田の園長就任により、さらにその本性が示されることになる。戦後も隔離施設としての姿をさらに明瞭に示すことになっていく。

森川は、日本での隔離政策の成立—救癩運動—戦後の隔離政策という流れのなかに、救癩運動を位置づけている。森川はキリスト教への関心は強いとはいえず、したがって信仰者としての働きについての評価は少なく、もっぱら隔離政策とのつながりのなかで議論がすすんでいく。

沖縄の救癩運動が本土と異なるのは、良くも悪くもきわめて実践的であったことである。患者でありながら、果敢に事態の打開を目指していく青木の行動力にしろ、本来の業務をどうしていたのか心配になるような牧師たちの活動にしろ、驚異的といってよい。彼らが、差別の無い社会を目指すという社会変革的発想で動いていたことは疑いないところである。そして、困難に立ち向かうことができた背後には信仰があった。

しかし、そもそも青木にしろ、服部にしろ、沖縄出身者ではない。そのほかの沖縄ＭＴＬに集った牧師も、沖縄出身者もいるが、野町良夫など沖縄出身でない者がいる。塩沼ら愛楽園の職員ももちろん本土から来た。本章で登場する主な人物で沖縄出身者は看護婦の知念などわずかである。観光地として喧伝される現在と違って、当時の沖縄は本土から見ると辺境の地であり、そこに移り住むということ自体、ある種の使命感なしにはできないことである。その使命感が狭義の伝道にとどまることなく、何らかの社会との接点を求めた。

そのとき、彼らが発見したのがハンセン病であった。本来なら、近代社会での沖縄のおかれた厳しい状況を感じとり、なぜ沖縄が他県よりも厳しい状況にあるのかという原因を考えるべきであったであろう。だが、具体的に見えたのは、ハンセン病患者の悲惨に見える状況であった。これが、取り組むべき格好の材料となっていく。沖縄に住む患者を差別しているのは、直接的には沖縄県民である。本土に住む者や国家の、加害者としての性格が見えてこない。それゆえ、自分が抑圧している側であるという痛みを感じなくてもよい。だから、正義の側に立っているという意識を強くもつことができたし、国家の政策に協力することに矛盾を感じることもなかった。

四　宮古療養所での動き

宮古島は、日本の最南端の地域であることから、存在していること自体が忘れられやすい。歴史全般において「中央」―「地方」という関係で見ることになりがちで、その場合、「中央」に近いほど重視され、離れるほど軽視されることになる。「沖縄」は政治とか民俗とかの関心で注目されることがあるが、その場合でも石垣島や宮古島まで注目が及ぶことはない。

そうした事情はハンセン病について議論するときも例外ではない。宮古島の療養所はまさに最南端の療養所であり、沖縄のハンセン病問題を語るときでさえ、欠落したり、少し触れるだけになりがちである。本書もまた、そうした傾向を免れていない。しかし、ハンセン病が、いわば社会の周縁として患者が排斥されてきたことが問題であったとすれば、地理的な周縁（「周縁」とみなすことの正当性も問われるべきかもしれないが）である宮古島を軽視することは、過ちを二重に犯すことになろう。また、光田健輔はそもそも、宮古島に近い、西表島を永久隔離の地として構想していたことを忘れてはならない。幸い、宮古島についても『沖縄県ハンセン病証言集　資料編』に関係資料が多数収録され、研究条件が著しく改善されている。宮古島を十分に研究しきれていない弱さが筆者自身にもあるけれども、とりあえず把握できる範囲で述べておきたい。

宮古島では、一九三一年に宮古保養院が設置された。宮古島も簡単に設置できたわけではなく、地元の反対は強かったのであるが、宮古群島内の患者に限り収容することで、設置が実現したという。それでも、沖縄本島で、療養所の設置がすすまない状況のなかで、沖縄でのハンセン病の動きを飛躍的にすすめることではあった。

一九三三年に、臨時国立宮古療養所となり、一九四一年に宮古南静園となる。初代の所長は家坂幸三郎であった。家坂は沖縄県衛生課の技師として赴任していたが、宮古に単身赴任して園長となる。家坂は、療養所に鉄条網を張ったり監禁室をつくることに抵抗し、そうした管理的なものを設置しなかった。

家坂は熱心なキリスト者であったことから、自身が伝道に乗り出すことになる。『開園五〇周年記念誌』では「家坂所長とキリスト教」との見出しで紹介されているほどである。同書や『三十周年記念誌』には、家坂による聖書講義の写真が掲載されている。一九三五年頃のもののようだが、多くの入所者がかしこまって座っており、家坂が所長の権威のもとでキリスト教の伝道を試みていた様子がみてとれる。家坂園長当時入所していた南幸男は「先生が、就任早々に考えられたことは、入所者にキリストの福音を伝えることでありました。そのためには、凡ての入所者が聖書を読むことが出来るように、教育程度を高めることが先決問題でありました。先生は早速、全入所者を教育程度別に分類し、所長自らが校長となり、医師や職員を先生として、学校を開いたのです。そのために無学文盲であつた者が、聖書が読めるようになり、家族との通信も出来るようになつたのです」と回顧している。[37] あくまで南の解釈ではあるが、家坂は、キリスト教伝道を最優先にしてものごとを考えているように見えたのである。

日本日曜学校協会による一九三五年一二月三日発行の『日曜学校会報』（『近現代日本ハンセン病問題資料集成〈戦前編〉第四巻』）では、「今年のクリスマス献金は沖縄県宮古の国立宮古癩療養所に贈りませう」と呼びかけている。キリスト教団体が、国立の施設に献金を贈るというのは、奇異な感もあるが、キリスト者の家坂が園長であり、キリスト教色の強い運営を行っていることで、キリスト教系施設に準じるものに受け止められたのであろう。

家坂自身は何を考えていたのであろうか。家坂は宮古療養所の状況を『日本ＭＴＬ』（第八六号、一九三八年五月）で報告しているが、精神的修養を重視する姿勢を示している。精神的修養といっても、それは一般的な精神性の向上を指しているのではなく、キリスト教信仰を指しているといっても過言ではないであろう。家坂は、人間らしい生活を確保するためには精神的修養が不可欠と考え、それをキリスト教に求めたのである。家坂にしてみれば、キリスト教の押し付けではなく、療養所の生活保持の手段であったのかもしれない。しかし、キリスト教になじみのない入所者からすれば、余計なお世話となってしまう可能性が高かった。

宮古南静園のプロテスタント系教会の歩みは、『沖縄キリスト教史料』の「南静園教会に於ける教会概況」に詳しい。それによると、一九三四年に聖公会の一信徒により始まったという。家坂の影響もあってキリスト教が広まり、一九三五年には回春病院牧師の乙部勘治の派遣伝道によって七名の受洗者があり、甦生会というキリスト教団体が結成された。その後、聖公会とメソジストによる宣教によって一二〇名をこす規模になった。家坂の影響が大きく、石川（一九九四：四三七）が、「ほとんどの入所者は信者になったと言われ」と述べているように、キリスト教が園内で一大勢力になるのである。そして、教会は聖公会に属しつつも、実態は特定の教派にとらわれない自由な教会として運営されていたという。

しかし、一九三八年、家坂の後任に小鹿島園更生園の医務課長多田景義が赴任するや、園の雰囲気は日常生活の管理面でも宗教面でも一変する。ただちに厳重な、患者への監視体制がつくられた。多田は前任地のやり方を踏襲したのであり、朝鮮での管理の厳しさがこうしたところからもわかる。宗教も、園長自身が僧侶を園内に招きいれ、「キリスト教は、日本国体に合わない邪宗である」と公言するほど、抑圧的な状況に陥る。園長の考え次第で、キリスト教が増えも減りもするという、戦前の療養所の実態がかなり露骨に展開したのである。ただし、圧迫を耐えて教会は維持されていく。しかし、園自体が一九四四年一〇月に空襲によって壊滅状態となった。教会の活動も当然休止の状態になる。

戦後は、軍政府通訳官を兼ねていた国仲寛一牧師によって伝道が行われ、教勢が回復し、「南静園キリストの教会」が設置される。(38) この教会は特定の教派に立つことのない教会であった。ところが、国仲の死もあり、一時信徒の減少がみられた。その後宣教師リカースンの赴任があって回復したかにみえた。ところが、聖公会司祭の訪問があったことから、もともと聖公会系だった人たちの聖公会への信仰が呼び覚まされることになる。聖公会系の人々は一九五九年に分離し、聖公会ミカエル教会が設置された。「キリストの教会」と聖公会が並び立つ形になった。

カトリックは、一九五八年から宣教が始まり、一九五九年にカトリック研究会が結成され、一九六〇年以降、受洗者があらわれ、一六名の集団受洗により教会が発足した。[39] 初代主任司祭のマルテンの熱意や、また医務課長の医師にカトリック信徒の森山昌樹が就任したことが教会の創立を可能にした。一九六二年に会堂が設置された。こうして、南静園にもカトリック教会が設置されることになるが、プロテスタントと比べ、布教開始がかなり遅く、教会の規模が小さいことは否めない。

『宮古南静園三十周年記念誌』では、「宗教」について叙述しており、「キリストの教会」、聖公会、カトリック研究会の三つのみが記載されている。記念誌発刊の時点でもなお、園内の宗教といえば、キリスト教のことだったのである。

南静園のプロテスタント教会は、家坂の影響が発端であることが否定できない。政教分離原則の存在しない戦前とはいえ、宗教という個々人のプライベートな領域について、国立施設の責任者がある方向を強く示唆するというのは尋常ではない。家坂は善意であったのだろうが、こういう主観的使命感が、強固な隔離にもつながっていったのである。家坂は、療養所の運営では管理的ではなかったようだが、結局家坂の発想は、他の園長と変わるものではなく、したがって園長が代わるとすぐに様子が激変してしまうことになるのである。家坂も多田も、園を個人商店のように自己の「信念」で操作するという点で同じである。

しかし、単に所長である家坂への迎合だけでキリスト者があらわれたのであれば、多田園長時代に壊滅するはずである。しかし、あえて教会が維持されたのは、そこには信仰を主体的にとらえ実践しようとした入所者の存在がうかがわれる。だからこそ、空襲による被害と米国統治下の困難のなかで、復興も可能になった。教会が分離したことの評価は困難だが、聖公会の勢力が愛楽園ほど強くないので聖公会での統一はできず、さりとて、一定の規模で存在しているので抑えることもできないとなると、それが最も平穏な方法だったかもしれない。聖公会と他の教会が並立しているのは松丘保養園や多磨全生園でもみられることで、南静園だけの特殊な現象ではない。信仰者の群れが着実に維持された事実について評価すべきであろう。

五　沖縄のハンセン病救済の特徴

沖縄のキリスト教とハンセン病との関係は、他の地域と比べた場合、類似性と相違とを見いだすことができる。類似性は、個々の活動に良心的な面があったにせよ、隔離政策という枠のなかでの活動にすぎなかった現実である。大きく動くきっかけは林文雄や井上謙の指揮する患者収容であり、塩沼もふくめ、光田人脈揃い踏みの感がある。その後も、宮川量、三上千代など光田に近い人物があらわれる。隔離政策が完成していく最後の証が、沖縄だったのである。その点では隔離政策が何だったのかが、明瞭に表現されている。

さらに、空襲をはじめとした沖縄戦、その後のアメリカによる統治という特有の展開をたどっていく。アメリカ支配というのは特殊な事情だが、権力の意向に左右されるという点では、むしろ典型的な経過をたどったといえる。そうしたなかで、キリスト者が深いかかわりをしたことは、隔離政策とキリスト教との関係を問ううえで、正面から向き合うべき課題を多く有していることでもある。

しかし、異なる点もみられる。結果はともかく、療養所設置の過程において、青木恵哉ら患者自身による活動という側面をもっていた。青木は、本土から使命感を帯びてやってくるという、やや特異な動機があるが青木を支持してついていった沖縄の患者に、安住の場を求めるという切実なニーズがあったことも事実であり、国頭愛楽園を長島愛生園と同一にみることはできないであろう。

さらに、牧師が教派をこえて協力関係を形成する。ハンセン病救済が、教派にかかわりなくみられることはすでに述べたが、沖縄ほど教派の垣根を越えて深い協力体制をつくった地域はないであろう。しかも、片手間というわけではなく、最大の宣教の課題となっていた。

それは決して国策に寄与しようとする意図によるものではなかった。むしろ、嵐山事件に代表されるような、ハンセン病患者を抑圧する地域社会への抗議、闘いという性格をもっていたのである。特に、服部団次郎は後に筑豊の炭鉱問題に取り組む。ハンセン病も炭鉱問題も、地域や社会から見捨てられた人たちの側に立つという点で服部にとっては共通の課題であった。つまり、沖縄でのハンセン病の取り組みは国への無邪気な信頼からきたものではなく、むしろ国があてにならないから自分たちが真剣に取り組むしかないという危機感から行われたことであった。

しかし、こうしたことがあったからといって、沖縄の取り組みに、隔離政策と異なる道を選び取る可能性があったかといえば、客観的にはなかったといわざるをえない。キリスト教が優位な療養所であったかにみえたが、愛楽園では園長が変わっただけで、たちまち青木は居づらくなり、服部は追放された。同様のことは宮古療養所でもみられた。療養所が国家の意図のもとで動いているにすぎない存在であることを露呈したのである。

沖縄でも取り組みは、壮大ともいえる熱意と善意が結集されていた。それがいともたやすく隔離政策の一部分に転化してしまう悲劇が沖縄であり、その「集大成」が沖縄戦での苦難だったのである。

注

（1）沖縄のハンセン病の医療面からの解説として犀川一夫（一九九八）。

（2）「本土」という表現について「沖縄の人に対したときに本州などの自分の側を『本土』といえば、そのときには、それらの言葉に差別的意味がこめられてしまいます」（曹洞宗宗務局編『差別語を考えるガイドブック』解放出版社、一九九四年、p.106）という指摘があることは承知しているが、対比させる用語が他にないので、使用している。

（3）石川政秀『沖縄キリスト教史』では、「愛楽園創設運動」について述べているほか、聖公会の動きに触れるなかで、愛楽園と宮古南静園でのキリスト教の動きについても触れている。国吉守『沖縄から平和を祈る』にも「沖縄のハンセン病対策問題と教会」という節がある。

（4）渡辺の解題によると、『選ばれた島』は最初は一九五八年に沖縄聖公会から非売品として刊行された。しかし、新教出版社という、プロテスタント関係で最も影響力が大きいといってよい出版社より一九七二年に刊行されたことで、広く知られるようになった。新教出版社版では、表現に一部手直しが行われている。もともとの原稿自体、口述筆記が一部行われたうえ、リライトされており、青木の人物研究のために用いる際には、史料批判が求められる。なお、渡辺には『沖縄ライ園留学記』という著書もあり、沖縄のハンセン病問題に早くから関心を寄せていた。

（5）『沖縄県ハンセン病証言集　資料編』については、森川恭剛が『ハンセン病市民学会年報　二〇〇六』で「『資料編』の覚悟」と題して、編集上の課題などを語っている。

（6）宮川量（一九七七）『飛騨に生まれて（宮川量遺稿集）』に収録されている「わが半生」。

（7）林文雄（一九三五）「沖縄の癩―この暴虐を座視せんや」『沖縄の癩者を救へ』沖縄ＭＴＬ。ほぼ同じ文章が『見よこの悲惨事　救を待つ沖縄の癩者』にも掲載されている。

（8）宮川量（一九三五）「沖縄の癩者を救へ」『見よこの悲惨事　救を待つ沖縄の癩者』日本ＭＴＬ長島支部。宮川は国頭愛楽園設立後であるが、『社会事業』第二二巻第一二号（一九三九年三月）に「沖縄の癩に就て」を掲載している。

（9）光田健輔（一九三五）「沖縄県の癩患者救済の急務」『見よこの悲惨事　救を待つ沖縄の癩者』。

（10）久野義次（一九八四）「和光園創立の頃の想い出」『創立四〇周年記念誌』奄美和光園。

(11)『星座　第一輯』のほか、星塚敬愛園関係の出版物、林文雄、塩沼英之助、井上謙、服部団次郎らに関する文献、沖縄や奄美のハンセン病関係の文献など、この収容を描いた文献は数多い。しかし、内容は類似したもので、神話化を広げる効果をあげてきたのが実態であろう。なお、簡略ながら金城（二〇〇七）は、患者の側からこの収容を記している。妊娠していた両親が敬愛園から逃げて、回春病院に移ったのだという。

(12)青木については、高見澤潤子（一九九〇）『真実の愛を求めて』教文館で「落葉の路」と題して紹介されている。二〇〇五年に愛楽園自治会より発行された『青木恵哉銅像除幕記念』には、青木の文章や青木を知る入所者の発言などが掲載されている。

(13)嵐山事件の分析として、中村文哉（二〇〇七）。

(14)徳田も、多くの文章を書いているが、まとまったものとして『主の用なり　故司祭バルナバ徳田祐弼遺稿・追悼文集』がある。徳田の生涯については、徳田祐弼（一九七六）「恩寵記」日本ハンセン氏病者福音宣教協会編『地の果ての証人たち』新教出版社。

(15)沖縄ＭＴＬの動きについては、服部団次郎の一連の著作、藤野豊編『近現代日本ハンセン病問題資料集成〈戦前編〉』や『沖縄県ハンセン病証言集　資料編』掲載の史料、『日本ＭＴＬ』の沖縄関係の記事などをもとにして述べている。

(16)『沖縄ＭＴＬ報告』第一号、一九三五年五月―一九三六年一月、p.1。

(17)野町は名護に移った服部の後任として沖縄に赴任した。沖縄を去った後は、インドネシアに赴き、ジャカルタの住民課長になったという（原誠二〇〇五：二七三）。

(18)遊佐敏彦（一九三七）『沖縄紀行　癩問題をたづねて』使命社。遊佐は『社会事業研究』第二四巻第二号～第二五巻第二号（一九三六年一一月～一九三七年二月）に同じ題名の連載をしている。

(19)『沖縄ＭＴＬ報告』第二号、一九三六年二月―一九三七年二月。

(20)服部には、服部が編集し、復権の塔を設立する運動の機関誌として発行していた『復権の塔』という冊子、あるいは筑豊協力伝道奉仕会が発行していた『筑豊』でのエッセイ、教会内の印刷物など、書いたものは数多い。服部に関連する一連の発行物について、日本基督教団宮田教会にて提供していただいた。

(21)簡略だが、伝記として、中原信治（二〇〇四）「この谷に塔を建てよ（復権の塔）～ハンセン病患者と炭鉱労働者との連帯に生きた男　服部団次郎」。部落解放運動の一環として発行されている冊子（部落解放鞍手郡共闘会議：二〇〇四）に収録された論文だが、服部のハンセン病とのかかわりにはきわめて肯定的である。
(22) 知念芳子（一九七四）「愛楽園の戦時体験」『沖縄県史　第一〇巻』。なお、筆者が日本基督教団名護教会を二〇〇四年一二月二六日に訪問したとき、知念氏はご存命であったが、入院中で健康状態が非常に悪く、聞き取りは不可能であった。
(23) 名護保育園については、神山・神里（一九九七）に詳しい。名護保育園設置の経過、また一九四二年天皇の名代として小倉侍従が訪問したことなどが論じられている。標準語を子どもに教えることを重視したことなど、興味深い論点がみられるが、本書の目的と異なるのでこれ以上触れない。神山は日本キリスト教団沖縄教区（二〇〇四）でも、「沖縄の保育事情―戦前・戦中を中心に―」を書いて、服部を紹介している。琉球新報社社会部編（一九八六）のなかでも「沖縄初の保育園」との題で紹介されている。『沖縄県史料　近代二』（一九七八）に当時の沖縄の保育の状況を示す史料が掲載されている。ただ、幸地努（一九七五）『沖縄の児童福祉の歩み』では、「戦前の保育事業」という節があるが、名護保育園のことは書かれていない。
(24) 一九四〇年の紀元二千六百年記念全国社会事業大会に、名護保育園長の肩書きで服部が出席したことが記録されている（『紀元二千六百年記念全国社会事業大会報告書』同大会事務局、p.150）。
(25) 日本基督教団宮田教会に保管されていたものを、教会のご好意で関係部分を閲覧・複写させていただいた。
(26) 大城実「廃墟のなかから」（日本基督教団沖縄教区編一九七一）、pp114-115。
(27) 服部団次郎（一九三五）「沖縄の癩者救済に就て―広く一般の御同情後援助を仰ぐ―」『沖縄の癩者を救へ！』沖縄ＮＴＬ。
(28) 服部団次郎「県外募金並に患者輸送に就て」『沖縄ＭＴＬ報告』第一号。
(29) 服部団次郎「県外募金並に患者輸送に就て」『沖縄ＭＴＬ報告』第一号。
(30) 上原信雄編（一九六四）『沖縄救癩史』沖縄らい予防協会、p.183。何年の統計か同書では明記されていないが、一九六〇年代の初頭の状況と考えてよいであろう。
(31) 国頭愛楽園における沖縄戦の問題については、吉川由紀（二〇〇三）に詳しい。
(32) 井藤は著作をいくつか発行しており（井藤一九五三、一九八七、一九九七）、沖縄での体験にも触れている。
(33) 一九四一年にプロテスタント各派を統合して、日本基督教団が結成される。他派は、教派ごと日本基督教団に加わるが、聖公会は、各個別の教会が、日本基督教団に加わるか、あるいはどの教派にも属さない単立教会として歩むかの選択を強いられる。聖公会が他のプロテスタント教会に比べて、厳しい道を強いられたのは明らかである。そのことが、沖縄の聖公会にもマイナスの影響をもたらしたのである。

(34) 日本聖公会沖縄教区(一九七六)、新城喬編(一九八九)など。

(35) カトリック愛楽園教会記念誌編集委員会(二〇〇五)『創立五〇周年記念誌』。

(36) 琉球新報社会部編(一九八六)で「愛楽園の誕生　患者自ら基礎を築く」として紹介されているのも、患者の主体性を重視した見方である。

(37) 南幸男「あの頃の思い出」『宮古南静園三十周年記念誌』。

(38) 国仲の活動をはじめとした、戦後間もない時期の宮古島のプロテスタントの状況は、日本キリスト教団沖縄教区(二〇〇四)所収の平良新亮「宮古島伝道所の歩み」に記されている。

(39) 愛楽園と南静園の両教会の歩みは、カトリック那覇教区(一九七四)に、写真とともに経緯が簡略に述べられている。

第五章

奄美大島におけるカトリックの影響 ── 入所者の出産を中心に ──

一　奄美大島を取り上げる意味

奄美大島は、鹿児島と沖縄の間に挟まれていることや、人口規模が小さいことなどがあって、あまり注目を集めない地域といってよい。沖縄が米国統治下にあったことを知らない国民はいないであろうが、奄美大島も、沖縄より短期間であったとはいえ、日本から切り離されてアメリカに統治されていたことを知る者は、そう多くないのではないだろうか。

ハンセン病問題でも同様である。奄美大島には奄美和光園が設置されているが、国立療養所としては最小の規模であり、それほど関心を持たれてこなかったといってよい。

強いていえば、隔離政策に反対したことで知られる小笠原登が奄美和光園に医師として勤務したことや、死後に注目を集めた画家、田中一村が和光園に出入りしていたことなどが話題になる程度であった。森幹郎の『足跡は消えても』は、ハンセン病にかかわったキリスト者について網羅的に紹介しているが、和光園関係のまとまった記述はなく、和光園で長く園長をつとめた大西基四夫さえ、他のこととの関係でわずかに記述されているだけである。

それでも、藤野豊による一連の研究では奄美大島も視野に入っており、奄美大島のハンセン病の動きについて、かなり詳細に明らかにされている。しかし、藤野の研究関心は、奄美大島においても過酷な隔離政策が貫徹されたことの論証にあり、本章で述べるような、キリスト教をめぐる動きにはほとんど触れていない。「ハンセン病問題に関する検証会議　最終報告書」では「アメリカ統治下の奄美の強制隔離政策」を述べているが、同様である。

奄美和光園の設立五〇周年を記念してまとめられた『光仰ぐ日あるべし』は、一般の読者も意識して執筆されたわかりやすい本であり、和光園の設立前から出版時点までの動きが容易に把握できるが、カトリック関係の記述は断片的である。あとは、田代菊雄（二〇〇八）による簡単な言及があるくらいである。

奄美大島は、平地が少なく、農業に適しているとはいえない。主要な集落の間は山で隔てられていて、トンネルや道路が整備される前は、近距離を移動するのも過酷であった。毒蛇のハブが多く生息し、台風が襲来しやすいなど、生活条件に恵まれていない。そのうえ、前近代には、薩摩からの収奪を受けた。近代になって、収奪される状況はむしろ悪化した。鹿児島県の一部のはずなのに、「独立経済」と称する、奄美大島のみの低劣な財政を強いられ、数少ない産業である砂糖の生産でも、鹿児島の商人による不利な取引を強いられていた。

戦後は、一九五三年一二月二五日に日本に返還されるまで米国統治下におかれ、不安定な立場に立たされた。高度成長期以降には、奄美振興開発事業が行われて、道路や港湾などの整備は著しく進んだが、基幹産業であったさとうきびの栽培や大島紬などはむしろ衰退していく。住民の所得水準の低位性も解消されることはなかった。しかも、自然破壊がすすみ、アマミノクロウサギやルリカケスなどの希少動物の減少が心配されている。確かに、振興事業によって島民の生活が、外見上向上した面もある。大型機が発着できる空港ができて、本土との往来も楽になった。しかし、真に豊かになったとはいえず、人口減少に歯止めはかからない。

奄美大島は、日本社会から排斥された地域であったといってよい。排斥された地域である奄美大島のハンセン病患者は、二重に排斥された存在であるといっても過言ではない。ハンセン病問題の本質を考える場合、奄美大島こそ、その本質を明瞭に示す地域である。

奄美大島のハンセン病問題の中心となるのは、やはり奄美和光園である。和光園を軸にさまざまな特異な動きが展開されることになる。和光園の特異さをもたらしたのは、カトリックの勢力が大きいことに一因がある。この特異な動きをつかむことは、わが国ハンセン病史全体においても、キリスト教とハンセン病との関係を把握することにおいても、不可欠の課題である。和光園の特異さは、単に特殊事例を示すのではない。むしろ逆に本土の療養所を照射することで、ハンセン病問題の総体の性格を明らかにしていくのである。「キリスト教ハンセン病救済運動」という本書のテーマのなかでは、やや趣を異にしているかもしれないが、キリスト教とハンセン病との関係を問うううえで、重要な意味をもっている。また、静岡、熊本、沖縄のケースはプロテスタントであるのに対し、カトリックが中心であり、カトリックが意図的な運動の形態はもたなかったものの、ハンセン病の動きに影響を与えたことを示すことにもなる。

二　奄美大島のカトリックの状況

奄美大島の問題を考える前提として、カトリックの特異な状況を把握しておく必要がある。日本では、長崎県ではキリシタン以来の伝統から、カトリック信徒がやや目立つものの、全体としていえば、カトリックはごく小さな勢力である。しかし、奄美大島には多数の信徒がおり、島を代表する宗教といっても過言はないほどである。奄美大島では、一八九一年にフェリエ神父が来島することで、カトリックによる宣教が開始される。それは大きな成果をあげて、一八九二年に名瀬教会で一六二人が洗礼を受けるなど、一〇〇人をこえる規模での洗礼も珍しくなかった。神父の来島が相次ぎ各地に教会がたてられることになる。

日本ではキリスト教の宣教が概して困難で、しかも地方でその傾向が顕著なのに、奄美大島で大きな成果をあげたのはなぜであろうか。安斎伸（一九八四：二九―三〇）は、島民の新しい理念の模索、伝統的神事や俗信からの解放への願い、経済的窮乏、宣教師の熱心さを理由としてあげている。安斎はさらに、「経済的負担を信徒に求めなかった」「貧窮者に救済の手を伸ばした」という指摘もしている。教勢拡大だけに関心を向けるのではなく、困窮する島民への配慮する姿勢があり、それが信徒を増やす効果があったというのである。こうした奄美大島のカトリックの性格は、その後のハンセン病への関心へとつながってくる側面があるといえよう。

しかし、急激な教勢の拡大は、一方でカトリックでない島民からの反感や警戒をまねいた。そうした島民の感情と、奄美大島に駐在する軍人の策動とが結びついたのが、一九三〇年代にみられたカトリックへの激しい迫害である。(1) カトリック系の学校として設立された奄美高等女学校の廃校を求める運動にはじまり、同校は廃校に追い込まれた。さらにカトリック自体への激しい迫害が展開され、個々の信徒に対しても信仰を捨てるように暴力的な手段も含めて強要された。こうした無法が、軍部、行政、住民が結びついて、強力に展開されたことが特徴である。神父は奄美大島を訪問することもできないほどの状況になり、教会を離れる者も少なくなかった。

いくら基本的人権への認識が乏しい戦前とはいえ、あまりに理不尽で不当な迫害といわざるを得ない。この時期、宗教弾圧は、大本教への弾圧などいくつかみられるが、一応は治安維持法などの法律を根拠としてなされたことである。島民のカトリックへの警戒心、前近代より圧迫を受けていたがゆえに余計に愛国心を実証したい感情、ファシズムが台頭する時代における軍人の無謀な行動などが結びついての事件であろう。本土のカトリック教会側の対応も生ぬるく、毅然さを欠くように感じるが、一九三二年に発生した上智大学生による靖国神社参拝拒否事件などもあって、カトリック全体が危機的であり、奄美大島の問題に強い行動が取れなかったのであろうか。また、当時の情報伝達の体制では、奄美大島で進行する無法状態が本土に正確に伝えられたとはいえない。ただ、たとえ伝えられたとしても、奄美大島への無関心や排斥の姿勢が本土側にある以上、積極的に介入して是正するということにはならなかったようにも思われる。

こうして、カトリックが広がりつつも、迫害によって停滞を余儀なくされたのであるが、戦後米国統治下のもと、フランシスコ・カプチン会によって宣教が再開され、復興を果たす。日本復帰にともなって、行政区域が沖縄と異なるようになったこともあって、カプチン会は沖縄に専念することとなり、奄美は一九五五年からコンベンツアル聖フランシスコ修道会によって宣教が担われる。奄美市街地の二つの教会をはじめ、島の北部を中心に、現在でも多数の教会が存在し、奄美大島の一つの勢力となっている。奄美大島出身の神父、修道女も多く、釜ヶ崎での活動で知られる本田哲郎も奄美大島の出身である（一九四二年に台湾で出生しているが、敗戦で両親の故郷の奄美大島に移る）。また、社会福祉研究などで知られ、東北大学教授であった田代不二男も奄美大島出身であるように、カトリックの人材供給源ともなっている。

三　ハンセン病の状況

一方、奄美大島におけるハンセン病の状況であるが、患者の発生の多い地といわれてきた。戦前の患者の様子を描いたのは、奄美に長く在住したカトリック作家、島尾敏雄の『名瀬だより』である。同書では「災厄―台風とハブと癩と」という章を設け、ハンセン病を、台風、ハブと並ぶ奄美大島特有の災厄として位置付けている。島尾によると、軽症者は集落のなかに混じって普通の生活をし、重症者は集落をはずれた場所で孤立の生活を送った。各集落が孤立的に存在することから、患者を完全に締め出すことはできなかった。ただ、一九三二、三年頃までは、集落から離れた場所で、患者だけの集団をつくって集団生活をしているようなことはあった。

あるいは、原田禹雄は『天刑病考』のなかで、「奄美のコジキ」と題して、ハンセン病が島民にどう受け止められたのか、論じている。また、前田道明ら（一九六六）は、奄美のハンセン病の実態を学術的に報告している。

いずれにせよ、隔離収容は積極的には行われず、患者はそれなりに生活の場を確保して何とか生きていた。その状況が一変するのが、前章でみた沖縄・奄美大島から星塚敬愛園への患者収容である。(2) しかし、この収容ですべての患者が収容されたわけではなく、なお多くの患者が存在していた。その対応として、一九三七年に奄美救癩協会が設立され、患者の発見、収容が推進されていく。(3) 奄美救癩協会は、大島警察署内におかれていることからみて、官製組織に近いものである。したがって、日本ＭＴＬ系の団体ではない。しかし、日本ＭＴＬの機関紙『日本ＭＴＬ』に関係記事が何度か載っており、一定の連携や連絡の関係はあったようである。第七三号（一九三七年三月）には「奄美大島の運動」という記事が載り「救癩音楽会」が開かれ、収益が星塚敬愛園に寄贈されたことを報じている。

特に『日本ＭＴＬ』第七六号（一九三七年六月）には、「奄美大島に於ける救癩運動の進展」という一ページをこえる記事が掲載され、国立療養所を要望していることなどが書かれている。さらに翌第七七号（一九三七年八月）にも「我が大島の癩」「大島に療養所設立の必要」「奄美救癩協会に加入せられん事を」という三本の記事が掲載されている。一時的とはいえ、本土側でもこの時期に、奄美大島への関心が高まったようである。

本土の療養所に入所することは、言葉や風土の違いなどの問題もあること、本土の療養所が定員超過の傾向にあることなどから、容易に推進できる状況ではなかった。したがって、救癩運動の関心も、単なる検診の推進や患者の発見ではなく、療養所の設置に収斂されていく。結果、一九四三年に、奄美和光園が、当時の三方村（一九五五年に名瀬市と合併し、現在は奄美市の一部）有屋に設置される。その際、大熊など周辺地域からの反対運動もみられ、一時は住民が鎌や斧を持って抗議するという緊迫した事態にまでなるが、戦時下ということもあって、交渉の末、予定地への設置にいたる。設置後は、無医地区にとっての唯一の医療機関であることや、和光園が生活物資を地元から購入することによる経済効果もあって、和光園と地元との関係は良好になったとされている。

しかし、設立後の運営は決して安定したものではなかった。そもそも設立時は戦時下であり、物資の不足する時期であった。空襲などもあって、事実上解散状態になる。まもなく、敗戦になるが、奄美大島は沖縄とともに米国統治下に入ってしまう。以後の経過は藤野豊による研究などに詳しいので、詳細は述べないが、一九五三年に日本に復帰するまで、管理体制が何度も変わって不安定な状況であった。設置以来、園長は他の職務との兼任であり、医師の確保もままならない有様で、医療体制は不十分なものであった。

厳しい実態については、『全患協運動史』(p.31)でも、特記しているほどである。安定するのは後述する松原若安が事務長に就任して以降であろう。それでもなお、『全患協ニュース』第三五号(一九五四年二月)には「奄美和光園一同」の名で「本土友園の水準まで」という訴えが載っている。一九五七年になっても、『全患協ニュース』第九四号(一九五七年九月)に「施設改善を迫られる奄美　官舎もひどいオンボロ」「被害数十名に達す　ハブにおののく奄美の療友」という大きな記事が掲載されている。本土の療養所と比しても、きわめて劣悪な状態であり、ことにハブが園内に入り込んで危険であることが報じられている。記事に「都市偏重の予算配分に不満」とあるように、奄美大島という存在自体が軽視、もっといえば遺棄されていることから、こういうことになってしまった。

四　奄美和光園でのカトリックの広がり

奄美和光園の特徴はカトリックの勢力が大きいことである。たいていの国立療養所では、プロテスタントのほうが信徒も多く、影響力が強いが、奄美和光園では、プロテスタントよりはるかに教勢が大きいだけでなく、他のどの宗教よりも大きい。奄美和光園の設置直後は、戦時下であるうえ、前述の迫害の影響の残る時期であるので、カトリックによる宣教が本格的になされたとは考えにくいが戦後、カトリックの勢力が増し、園内の最大勢力といってよい状況になる。和光園の歴史を語るとき、カトリックを抜きにして語れないはずであるが、何度か発行されている和光園の記念誌では、単純な事実が少し出てくるくらいで、カトリックの動きにはほとんど触れていない。国立療養所の記念誌である以上、それはやむをえないことではあるが、カトリックを視野に入れた和光園史をまとめることは、和光園の特徴の把握のうえで、本来は不可欠であろう。

なぜ、奄美和光園に限って、カトリックが大きな力を持つことになったのであろうか。その理由として、第一に、迫害で雌伏していたとはいえ、もともと信者が島内に多かったので信仰を持つ者が入所したと思われる。奄美大島全体にカトリック信者が多い以上、それが入所者に反映するのは当然である。

第二に、戦後になって奄美出身で本土の療養所に入所していた患者が奄美和光園に移る動きがみられた。そのなかには、星塚敬愛園でカトリックの活動に参加していた者、待労院から移った者など、カトリック信者が含まれていたようである。星塚敬愛園は、林文雄園長らプロテスタントの影響が強いものの、カトリックの活動も始まっていた。この人たちが、引き続き和光園でもカトリックの活動を継続した。

第三に、奄美和光園のある地域は、徒歩で移動可能な近隣に、大熊教会、浦上教会という規模の大きな教会が設置されていることである。近隣の教会から容易に働きかけられる状況にあった。他の療養所は、離島や人里離れた場所に設置されているので、当然に教会もはるか離れた場所にある。したがって、簡単には往来できない。和光園の場合、最も近い浦上教会の場合、徒歩でも一五分程度である。

第四に、物資が不足するなか、カトリックに入信するとカトリック教会から物資の融通が受けられるという観測が入所者内にみられたようである。確かにカトリックから、プロミンや食糧の寄贈が和光園になされるなど、物資が乏しい時代にカトリックが和光園を支える役割を果たしている。

こうした状況があったうえで、さらにカトリックからの積極的な働きかけがなされることになる。まず、戦後まもなく、松原若安ら浦上教会からの動きがみられる。「物資不足の終戦後人々は物心両面で不安な生活を送っていた。なかでも、療養生活を送っている人々はことにそうであった。こうした人々の不安を少しでも和らげてあげるべく愛の手を差しのべられたのが浦上教会の松原若安氏であった」「園の好意で医局の内科室を使わせていただき、氏が浦上から週に一度通うことになった。昭和二四年のことである。物静かで柔和な氏であるが、神さまのことを語る口調は熱っぽく、冷えた人々の心を次第に暖めていくのだった」（『鹿児島カトリック教区報』第一〇五号、一九七三年五月）とされている。これは後年の記述ではあるが、和光園でのカトリックの活発さを考えると、戦後の初期にこうした動きがあったのは確かであろう。

特にパトリック神父は、和光園に出入りするうちに職員同様にみられるほどになり、しかも和光園に隣接した場所に居を構えた。カトリックの積極姿勢は入所者の信頼を得て、入信する者が相次ぐことになる。他の国立療養所では、カトリックが積極的な宣教をしたというより、信徒の患者が入所している現実の中でミサなどの儀式が必要となり、神父が出入りして、教会がたてられていくのに対し、奄美和光園はかなり積極的な宣教の対象となっていた。

こうして、園内の信者は増加していく。一九五二年頃の統計として、一五八名中、七〇名がカトリックであり、(4)この時点ですでに最大の宗教である。そこからさらに増加があって、圧倒的な勢力をもつことになる。

カトリックの様子を描いた文章として、自治会長であった秋山徳重による紹介は比較的公平と思われる。秋山は、「園の敷地と橋で結んでいる河向うの多様な形の花園につゝまれている一八坪のトタン葺のカトリック教会から園内に流れる祈りの声や聖歌は平和的である。園内カトリック信者八〇余名に求道者が約三〇名で全入園者の三七％強が朝夕粗末な橋を往復している。全入園者から慈父と慕われたパトリック神父さんが去る六月上旬帰米したのは打撃的であったが、しかし同神父さんが育てた信仰生活は益々成長するであろう」（奄美和光園一九八四：一四一）と述べている。

その後、一九五二年にカトリックの松原若安が事務長に就任、さらにやはりカトリックの大西基四夫が一九五六年に園長になるに及んで、カトリックの力が盤石といっていいほどになっていく。

五　入所者の出産と児童福祉施設の設置

こうしてカトリックの勢力が大きくなるなかで起きた問題が、入所者の出産問題である。(5)周知のように、国立療養所では、入所者同士の結婚が認められる引き換えとして、断種手術が強要されていた。また、入所者が妊娠した場合、中絶が強要されていた。戦前は非合法であったものが公然と行われ、戦後は優生保護法のもとで、合法化された。

これが現在、療養所での一連の人権侵害の一つとして、厳しく批判されている。実際、筆者の聞き取りでも、「他のことは時代の制約として仕方なかったとしても、これだけは許せない」という声を聞いている。そのうえ、中絶の際の胎児の標本を作成していた事実も明らかにされて、療養所の医師たちの倫理感が厳しく問われている。

ところが、奄美和光園の場合、状況が異なっている。奄美和光園では医師や医療設備の乏しさから、断種手術が困難という現実に加え、カトリックの影響で入所者の出産が相次ぐという実態が生まれてくるのである。

入所者が断種手術をしたり、中絶したりすることをパトリック神父やゼローム神父ら、カトリック指導者たちは許さなかった。(6) カトリックの教義からすれば、当然の対応であったであろう。また、医師の不足など医療体制の貧しさのために、断種手術が難しいという事情も、戦後まもなくはあったようである。そのため、入所者の出産が続くことになった。なかには何人も産む人がいたり、他の療養所から出産目的で移る者もいたという。

しかし、産まれた子どもを母親自身が養育することは感染の危険があるとされて、認められなかった。はじめは園内の保育施設で対応していたが、数が増えると困難になってくる。こうしたなか、松原若安が事務長として就任する。松原は、自分が引き取って養育するようになる。といっても、松原は昼間は仕事があるので、実際には妻や娘が育てていた。

こういう状況は厚生省も把握するようになって、やめるように指示してきたが、やめることはなかった。厚生省の指示が貫徹されなかった理由はいくつか考えられる。交通不便な奄美大島の当時の状況では厚生省の指示も、間接的にならざるをえなかった。言うことをきかない場合は予算などで締め上げるというのが官僚の手口であろうが、もともと低劣な奄美和光園の実態からすれば、そういう恫喝も効き目がなかった。和光園は小規模で、他園への影響はさほどではないと思われたこともあったであろう。これがたとえば、多磨全生園であれば、厚生省としても絶対に放置しなかったにちがいない。

それに加え、事務長の松原が厚生省の指示を聞く気が全くなかったことがある。松原は厚生省で直接やめるように言われたこともあるようだが、無視していた。厚生省も手をこまねいていたわけではなく、断種貫徹の使命を帯びた人物を園長として送り込んでくる。しかし、他の療養所と異なり、園長と事務長との力関係は逆転していた。一般論では医療系の施設では医師が責任者を勤め、医師の権限は絶対である。しかし、奄美和光園ではそうではなかった。

奄美和光園は、医師にとって勤務したくない療養所であった。当時は沖縄が米国統治下であるから、日本のハンセン病療養所のなかで、最も僻地で交通不便なのが奄美和光園である。飛行機が一般化した現在と異なり、島に行くには船に長時間揺られなければならず、それも現在のような近代的な客船ではない。さらに、名瀬市街地から和光園に行くためには、現在ではトンネルで短時間で往来できるが、当時は山一つ隔てられていて、時間をかけて海沿いの道を行くしかなかった。島独特の言語や文化、生活習慣があるため、本土から来るとそれに馴染むのも大変であるし、死亡率の高い毒蛇のハブと接触することも稀ではない。また、暑い地域である反面、日照時間が短く雨天が多い。普通の感覚の者であれば、忌避したくなるのが当然であった。

したがって、園長として赴任してきたのは若い医師であったり、短期間の勤務を約束された者であったりした。そのため、職員や入所者に対して権力的に対応することが難しい。さらに生活習慣の違い、方言、本土への排他的意識などのなか、松原の支えなしでは業務は成り立たず、主導権は松原のもとにあった。

こうした中、一九五二年に二七歳で赴任した園長の大平馨は、政府の方針との相違や、子を親から引き離すことの問題などもあって、割り切れなさを感じつつも、出産を是認していく。大平園長時代に、カトリック信者の中絶を行ったことがあったが、これがパトリック神父らの強い抗議を受けて大騒ぎになったといい[7]、そのことも中絶の実施を困難にしたのかもしれない。

次の馬場省二園長は、厚生省から出産中止の指示を受けて赴任した[8]。しかし、初めから一年間という短期間の勤務を約束して来ており（実際は二年五か月勤務）、これでは影響力には限界があった。

ようやく、長期勤務を厭わない大物園長として登場したのが大西基四夫であるが、大西はカトリックである。大西は、光田健輔の娘婿であり、隔離政策側に立つ者ではあるのだが、出産に関しては是認する方向であった。

これでは、出産を止める方法はなかったといえるであろう。しかし、出産が続くと問題になってきたのは、子どもの養育である。一人二人なら個人的な対応もできるかもしれないが数が増え、恒常的に出産が見られるとなると、善意だけで対処することは不可能になる。

そこで、ゼローム神父の尽力もあって、ベビーホームが設置される。設置の経緯について、大西が著書『まなざしその二』で詳述している。大西の叙述にみの依拠するのは危険ではあるが、経緯をまとまって述べているのはこれと、大平による「官舎哺育の頃」と題する回顧が、一九九七年に機関紙の『和光』に連載されたものくらいなので、とりあえず依拠してのべてみる。

星塚敬愛園の園長であった大西は、厚生省や馬場の話も聞きつつ、条件させ整えば、出産を認めてもいいのではないかと進言した。その場合、産まれた子どもをどう養育するかという問題があったので、大西はカトリック教会に相談を持ちかけた。その結果ベビーホームを設置することになったのだという。大西の説明だと、すべてが大西の奔走によって実現したことになって、大西の手柄のようになってしまう。大西が事態を憂慮して奔走したのは事実であろうが、施設の実現は、大西だけでなく、松原やゼロームらカトリック関係者が問題意識を共有していたためと見るのが公平であろう。

実際、やや違った経緯を述べている者もいる。ある入所者の証言として『和光』に掲載されたものでは[9]、子どもが生まれると教会の物置小屋を使って、松原の娘らが養育していた。しかし、水害で物置小屋が使えなくなり、松原の自宅に引き取った。子どもの養育を委託している入所者からすれば、松原を経済的に支援することもできず、心を痛めていた。しかし、パトリック神父がアメリカでテレビやラジオを用いて募金を集め、後を継いだゼロームが土地を購入して天使園を創設したというのである。

このベビーホームは一九五五年に幼きイエズス修道会が引き継ぎ、一九五九年に乳児院・名瀬天使園としての正式な認可を得ることになる。一九六五年には、長崎聖嬰会に移管された。

ところが、乳児院だけでは問題は解決しない。乳児院は二歳未満が対象であるため、二歳になった後が課題となる。そこで、さらに一九五九年に養護施設（現・児童養護施設）白百合の寮が設置される。白百合の寮は宮崎カリタス修道女会によって運営される。

こうして、養育された子どもは、大西基四夫によれば、四四人にのぼるという（大西一九九一：七九には三七名という記述もある）。人数については、松原は「五〇名近い」（奄美和光園一九七四：八四）と述べ、乳児院を運営した聖嬰会の整理では五二名になるという。「現在七十名に及ぶ園内誕生者がいる」（『和光』第一号、一九九〇年五月）という記述もある。大平は自分の退任後の数として「ベビーホームで世話になった和光園の新生児の数は一説によれば三十七人」（『和光』第二九号、一九九七年八月）と述べている。何人だったのか諸説あってはっきりしないし、幅もある。どの時期の、どの子どもを指すのかという範囲の問題があるのかもしれない。あるいは、こうしてはっきりしないのは、一人ひとりの子どもをきちんと把握しなかったためで、ハンセン病問題の本質が表れているともいえる。いずれにせよ、おおむね四〇〜五〇名前後であることは共通しているので、その程度の人数であったのは確かであろう。

やがてハンセン病関係の子どもの入所はなくなっていくので、この二つの施設は一般の児童福祉施設と同じ役割を島内で果たすことになる。奄美大島では、このほか知的障害児施設など、他の分野でもカトリック系の施設が設置されていく。ちなみにプロテスタント系では、特別養護老人ホーム奄美佳南園が設置されている。

なお、名瀬天使園は、一九九二年に廃止された。名瀬天使園のあった場所では高齢者施設が運営されていくので、形を変えて継承されたといえるかもしれない。残った子どもを引きとって、白百合の寮に隣接してつぼみの寮が設置されたが、つぼみの寮も二〇〇五年三月に廃止された。この一連の廃止は、狭い島のなかで、入所児童そのものが、きわめて少なくなったためである。

このようにして、入所者の子どもを養育するルートが整い、それは奄美大島の児童福祉全体を引き上げることになる。全体としていえば、児童福祉施設は、入所者の出産を支えて、出産にともなう問題を解決しただけでなく、遅れ勝ちであった奄美大島の社会福祉を先導することにもなる。

しかし、問題がなかったわけではない。名瀬天使園も白百合の寮も、奄美和光園から遠く離れた場所である。現在は、白百合の寮は和光園とそれほど離れていないが、それは一九八二年に現在地へ移転したからで、当時は市街地にあり、和光園とは隔たっていた。天使園にいたっては、当時の道路事情では、相当な遠方であったといってよい。また、親との面会は容易ではなく、和光園を訪ねた子どもは、実親とは、和光園に流れる川を隔てて会うことしかできなかった。

また、入所者である山本栄良（二〇〇五）は、不快な経験として出産と、子どもの養育について回顧している。山本はカトリックの洗礼を受け、和光園から待労院、さらに神山復生病院に転院した経験をもっているが、結局和光園にもどってきた。一九六九年に結婚して、七〇年に妻が出産することになるが、歓迎されることなく、自室での出産をすることになってしまった。産まれた子どもは、名瀬天使園、白百合の寮のルートで育てられることとなるのだが、施設の指導力や、山本への対応に問題が少なくなかったことを指摘し、施設側にハンセン病患者の子どもを預かっていることへの傲慢な心があったのではないかとの指摘をしている。山本の述べることを絶対視することもできないが、一連の動きを美談のようにして語るのではなく、隔離政策の展開・遂行のなかでの一つの現象として、冷静に分析することが必要であろう。

六　カトリックの人物

(一) パトリック

ここまでみてきたカトリックに関連する動きには、キーパーソンというべき何人かの人物がそれぞれに影響を与えている。そこで、主要な役割を果たしたカトリック関係者を、個別にみていきたい。

まず、カトリック教会側として、パトリック神父とゼローム神父がいる。パトリックは、アイルランド系のアメリカ人であるが、一九五一年に沖縄から赴任した。奄美和光園への宣教に関心を示し、和光園の教会の横に掘立小屋のような住居をかまえて生活した。ハブの危険を指摘する声もあったが、気にしなかったようである。常時園内に出入りし、職員同然といっていいほどの状況であった。大平馨は「アメリカ国籍でしたので米国民政府でも木戸御免でツウカアでしたので、民政府との根回し交渉も神父さんを通じてしておいた方がよかったのでした」と述べている（『和光』第二八号、一九九七年五月）。公立施設の運営の交渉を、一民間人が担うなどというのはノーマルなあり方ではないが、園当局までが、パトリックを人材としてあてにしていたわけである。

患者と真剣にかかわる姿勢から、入所者の信頼を得るようになる。しかし、交通事故の加害者となってしまったこともあって、一九五四年に奄美大島を去ることになる。

パトリックはもちろん、入所者の中絶を認めない立場であった。入所者からの信頼が厚かっただけに、影響も大きかった。パトリックが和光園とかかわった期間は決して長くない。にもかかわらず、入所者の記憶には強烈に残っているように思われる。『光仰ぐ日あるべし』の九五ページでも、簡潔ながら、紹介され、フィリピンにて肺炎で死去したと述べている。短期間とはいえ、生活全体が和光園とともにあった姿が、時間を超えて、入所者の気持ちをとらえたのであろう。

パトリックの思想や考えを示す史料は乏しい。一九五四年一月発行の奄美和光園の機関誌『和光』（第一巻第一号）に、「復帰雑感」というテーマで何人かの関係者が執筆しているが、その一つがパトリックによるものであり、数少ない史料である。ただ、パトリックが自分で日本語で執筆したかどうか疑問もあり、口述筆記もしくは翻訳の可能性もある。いずれの場合でも、微妙なニュアンスの点では限界がある。またあくまで「復帰雑感」なので、ハンセン病を論じているわけではない。

それでも、数少ないものなので、見ておくと、「民主々義の国、神の御旨を誤らず、しつかりと胸に奉持する人々の国、アメリカ」とあり、アメリカにきわめて肯定的である。一方では「もしも不幸にして奄美の島々が目的の為には手段を選ばずとか働かざるものは食うべからず等と物質万能を唱え、人権の尊重はおろか霊魂の有無さえも弁えぬ共産主義の国ソレンに委託されていたとすれば、壮者はともかくとしてあなた達病人や不具者等世のすたれ者となって肉的に弱い人達は今日のこの喜びの日を迎えて互に喜び合う事が出来たでしょうか」と反共的意識をむき出しにしている。祝辞的な性格のものなので、それほど突出したことは書かれていないが、患者に対して温情的なとらえ方をしているようにも感じられる。ただ、当時の神父と療養所入所者との関係性からすれば、この程度の温情さは、むしろパトリックにすれば最大限、入所者の立場に配慮した姿勢だったのかもしれない。

いずれにせよ、園外の他の宗教者は、いかに良心的な人物であれ、あくまで園外から通ってくるだけであり、園にとどまっているパトリックの姿勢が突出していたのは間違いない。その働きだけでパトリックが入所者の心をとらえ、カトリック勢力の増大に大きく貢献した。

（二）ゼローム

ゼロームは、長く奄美大島に住み、カトリック信徒はじめ、島民から広く信頼をあつめていた神父である。死後『奄美の使徒ゼローム神父記念誌　歩く宣教師ファザーゼローム』という大部な記念誌が発行されていて、奄美での活動の全貌をつかむことができる。ただ、記念誌の性格上、同書はゼロームの肯定的側面にのみ触れており、限界や問題点の指摘はほとんどみられないので、同書でのみゼロームを語ることは避けなければならない。ほかにカトリックの鹿児島教区が発行する『鹿児島カトリック教区報』に関連記事がみられるが、これも当然、好意的な内容に限られる。

ゼロームは一九二二年にアメリカで生まれ、一九四一年にコンベンツアル聖フランシスコ修道会に入会する。奄美には一九五二年に来島し、以後島内各地の教会の主任司祭を歴任した。島民の困窮する生活の実態に関心を寄せ、カトリック関係の社会福祉施設の設置にあたっては、それぞれ尽力している。奄美大島ではたびたび大火が発生しているが、その救援活動でも活躍している。地元紙の南日本新聞の南日本文化賞、南海日日新聞社による南海文化賞、毎日新聞社会事業団による毎日社会福祉顕彰を受賞し、名瀬市の名誉市民に選ばれている。告別式には、名瀬市長や市議会議長らも出席している。これらのことから、カトリック外での評価も高かったことがわかる。二〇〇三年に八〇歳で死去した。

パトリック神父のように、和光園を主たる活動の場にしていたわけではないが、高い関心を有しており、間接的に支援する役割を果たしている。和光園を最初に訪問した時には恐怖心に襲われつつも、和光園に通い続け、やがて入所者の信頼を得ていくことになったという。ハンセン病それ自体に関心があったというより、病者や生活に困窮した人など、苦しみをかかえた人たちすべてに関心があった。

ただ、外国人であることや、患者運動などに接する機会があったとも思えないのでやむをえないことではあるが、ハンセン病患者への抑圧状況への問題意識があったようには感じられない。あくまで聖職者としての温情や義務感からの行動であったと思われる。ゼロームは、ハンセン病にとどまらず、福祉活動全般にわたって高い関心を有していたが、その背景に、島内で一定の勢力を広げた日本共産党への危機感、対抗意識も強く有していた。

いずれにせよ、ゼロームの役割として、第一は和光園入所者の中絶や断種を止める影響をもったことである。ただ、「院内出産をめぐって、堕胎を絶対的に認めないパトリック神父様と激しく対立したと聞いている」という記述が記念誌にある（ゼローム神父記念誌編集委員会二〇〇六：一八八）。この記述からすれば、必ずしもはじめから中絶に絶対反対していたのではないということになる。一方では同じ記念誌にゼロームの発言として「療養所の中では子供が産まれないように妊娠したら下ろすようになっていた。それを聞いてとてもつらい立場になった。そして私はハンセン氏病者のために働いた」との紹介がある（ゼローム神父記念誌編集委員会二〇〇六：一七九）。少なくともある時期から、中絶を否定する立場であったことは明らかであろう。

前述のように、施設設置へ向けて尽力したことはゼロームの業績として強調されている。アメリカでの資金募集など、施設設置への努力を惜しまなかった。

出産の問題を考えた場合、まずカトリックの勢力が大きくなければありえなかった話である。また、出産後の対応策が整備されていなければ、継続できたかどうか不明である。ゼロームの一連の働きが、出産を可能とした側面があることは明らかであろう。しかし、神父の職務に忠実であったということであって、運動としての発展性があったわけではない。

（三）　松原若安

こうした園の外の動きの一方で、和光園側の人物として、何といっても、松原若安をあげなければならない(10)。松原は、教員をしていたが、一九五二年に奄美和光園に事務長として就任する。松原が事務長に就任したのは、奄美和光園の混迷した状況があった。開設が戦時下であったうえ、米国統治、日本復帰と行政機構が変遷し、その都度管理体制に変化がみられた。特に、一九五二年四月には奄美群島政府が廃庁になり、琉球政府の管轄になったことで、職員三三名中一八名が退職した。園長は常勤ではなく他の職務との兼任であり、しかもたびたび入れ替わった。園内の医療、生活レベルは低劣であった。敗戦後の日本を保持するために奄美大島が犠牲になり、奄美大島を保持するために、奄美和光園が犠牲になるという二重の圧迫が和光園に加わっていたといってよい。

ようやく常勤の園長として大平馨が赴任することになったものの、二七歳という若手であり、とうてい混迷する園を統括するには力不足であった。しかし、大平を支えて園を軌道にのせる人材は内部には見いだせなかった。「奄美群島政府が解消し、琉球政府に包含されたとき大巾な人員整理が行われ、和光園もその例に洩れず業務の停滞はいちじるしいものがあったが、松原若安が事務長に任命され、再び職員を増やすことに成功し、ようやく平常に運営することができた」（奄美和光園一九六五：六）とされる。この記述は、復帰後一〇数年後の記述であり、松原在職中でもあるので、信用性は高い。

松原は園の体制を確立することに力を注ぎ、職員を鼓舞して土木工事を行い、「松原組」と称されたという。(11)松原の在職中に建物の建設など、設備の改善もすすんでいく。その様子を大西は『創立三〇周年誌』の「愛と輪の園に幸あれかし」という回顧で、「職員達は松原組と称していたが、和光園から浦上に至る二粁の道はいつも彼等の奉仕作業によって整備されていた。これは大平園長、馬場園長、そして私と代々受継がれ園長も松原組の労務者として看護婦さんともどもモッコを担がされた。北風の吹く寒い午後、炎熱の夏の午後、黙々として働く職員達は医療人ではなく土方そのものであった」と描いている。もっとも、大西は「こうしたやり方に疑問を抱いたり耐えられなくて和光園を去った職員も中にはあったかもしれない」とも書いており、水面下では職員内での批判がなかったわけではない。

しかし、前述のような奄美和光園の劣悪な実態の改善は、正式な予算を待っていたのでは、永久にできなかったであろう。松原は、『全患協ニュース』第四四号（一九五五年一月）にて年頭所感を寄稿し、「和光園を友園十療養所の水準まで努めていく事にはなお前途遼遠なるものがあると思います。日本領土の南の果であるこの孤島に住む私達が懸命になって遅れをとらないとも限りません。これには全国の各療養所のご指導を仰ぎ、全患協の皆様のご教示をいただかなければならない問題も多々あると思います」と述べ、入所者とも協力しながら、園の改善を図る決意を語っている。

松原は髭を伸ばした異様な容貌で、独特の雰囲気をかもしだしていた。この容貌で厚生省にも出向いていたので、厚生省内でもすっかり有名になっていたという。温かい人格で、職員、入所者、訪問者のいずれも評価している。たとえば、プロテスタントの牧師として奄美和光園を訪問した渡辺信夫は、和光園が他の療養所と違って「やわらかい空気が流れている」と記したうえで、「事務部長の松原さんに会って、敬服もしたし、うれしくもなった。ごましおのひげが胸まで垂れた村夫子で、船旅をねぎらって、さっそく船酔の話を愉快に語り出す。建物だけでなく、人間も、厚生省の規格にはまっていない」と好意的に紹介している（渡辺一九六八：三二）。

松原の大らかな性格を示すエピソードは、画家、田中一村との出会いである。一村は死後、NHK教育テレビ「日曜美術館」で紹介されたことで注目を集めるようになって、現在では伝記がいくつか出版され、映画まで作成されるほど著名になっているが、当時は無名であった。奄美大島を訪れた一村は、松原に面会を求める。初対面の者に合うには異様な姿であったようだが、松原は一村を受けいれ、一村は、一時は和光園の官舎で小笠原登と住むなど、和光園と密着した生活をするようになる。

松原は、大量の著作を書いたわけではないが、『和光』では「年頭所感」を執筆するなど、たびたび原稿を書いている。また、和光園の記念誌に執筆している。こうしたものから、いくらかその思想を把握することはできる。ただし、その多くは事務長勤務時のものなので、いくら個人の立場で書いたとはいっても、職責を無視して自由に書くことには限界があった。また、そうした論考には、ハンセン病とは直接関係しないテーマもある。

こうした論考によって、松原が広い教養をもっていたこと、本土の動きはもちろん、国際情勢にも広い関心をもっていたこと、哲学的な思考に傾く傾向のあることなどを把握できる。ただ、言及する領域が幅広い分、松原が、隔離政策をどう認識していたかは鮮明ではない。「彼は世にあり」（『和光』一九六三年一二月）というエッセイでは、らい予防法について、民主的手続きを経て制定されたものとして、是認する姿勢を示している。ただ、このエッセイは直接には、ハンセン病について論じたものではなく、真理とは何かという課題について語り、その一例として出しているにすぎず、これだけで、松原が隔離政策に賛意を示し、患者運動に批判的であったととるのは公平ではない。

一九六五年の「沖縄らい予防協会々長上原信雄先生にお話しを聴く」（『和光』一九六五年五月）という座談会に出席し、わずかながら発言している。「患者さん自身にしても、救うというのでは肩身の狭い思いがすると思う。救うという時代は過ぎたと思う」と述べており、時代の変化のなかで、管理主義による隔離一辺倒ではない対応が必要であることは認識していた。

松原が、出産の問題について詳述しているのは「パトリック神父と和光園」というエッセイである。『創立三〇周年誌』に掲載されている。この記念誌が発行されたときに松原はすでに退職しており、現職時代の論考に比べて、自由な立場で書かれているので、「公式見解」ではなく、個人的な考えが強くにじみ出ている可能性が高い。

そこで松原は「ハ氏病患者は結婚は認める然しそれには断種手術を受けることが前提とされる。若し妊娠しても本人の意志の如何にかかわらず胎児は陽の目を見ることなく消さなければならない。優生保護法によりこのことは何の抵抗もなく行われていた。現在もなお和光園以外の療養所ではその通り実施されている。パ神父は和光園でこの事を知るや敢然としてこれの廃止を訴えた。人間が結婚すればそこに子供が出来ることは当然のことである。それこそ神の摂理である。結婚を許しながら出産を認めないということは神の摂理に反する。日本は憲法に基本的人権の尊重を明らかにしている。然しながらハ氏病の妊娠出産を認めないとは明らかな人権無視であり差別である。彼は鋭くこの矛盾を衝いた。そして患者達に神の摂理を説いて廻った」と述べている。パトリック神父の紹介という形をとっているが、ここに書かれていることは、松原自身の主張といってよいであろう。つまり、結婚を認めつつ出産を許さないことが不当であり、基本的人権の侵害であるということは、松原自身の主張でもある。

さらに松原は「『子供を産むなら養育の義務がある。育てることの出来ない者は産む資格がない』『産まれた子が発病したらどうなるんだ。それこそ子供の不幸を親がつくってやっているんじゃないか』厚生省の某課長でさえもことで鋭く私に追及した。然し、義務とか資格とか責任とかは一体誰が言い得ることだろう。真実の人間の存在の尊厳性から考えるなら、もっとも深いところに考えを致すべきではないだろうか」と述べており、厚生省からの圧力はかなり高圧的なものであったことを明らかにするとともに、出産問題が、養育できるかどうかといった技術的な問題ではなく、人間存在にかかわる根源的な問題であることを主張している。

この問題で松原について言及しているのは古川和子（一九九八）である。古川は、和光園で出産が行われた事実を紹介し、松原が厚生省の圧力に抵抗していたことについても認めている。ただ、だからといって、松原を評価するのではなく、「子どもを産み育てることを許さない政策」を批判し、政策のもとで入所者に義務と自己責任だけが追及されたことを指摘している。古川の視点は隔離政策批判であって、松原の評価ではないこともあって、松原について深く追求するにはいたっていない。

松原は、出産をめぐる厚生省の硬直した姿勢に対しては、強く憤り抗議の姿勢を示している。末端とはいえ厚生省の職員である松原が、そうした姿勢をもったことは、ある種の抵抗としての側面をもつものであろう。しかし、隔離政策や優生手術にあれこれの批判的見解を示した邑久光明園の事務職員森幹郎とは異なり、隔離政策それ自体に抗議したものではなく、あくまで、隔離政策を前提としてその運用のかたくなさに異議を申し立てたにすぎない。松原は、自分のもつカトリック信仰や、そこからくる正義感と、出産を厳禁する厚生省の姿勢が一致しないので、憤っている。これでは、隔離政策を打ち破る力になるはずもなかった。

しかし、だからといって、松原について、「しょせんは隔離施設の管理職」として切り捨てることはできない。松原が単なる体制派ではなく、反骨の精神をもっていたことは、退職後に枝手久闘争の先頭に立つことで明らかとなる。松原は退職後、名瀬市議会議員に当選する。もっとも、選挙に強かったわけではない。退職直後の一九六八年の選挙では、七四四票を獲得して六位で当選しているが、一九七二年には四六三票にとどまり、最下位当選者の四七五票に一二票届かず、落選した。一九七六年には一一一二票でトップ当選するが、これは枝手久闘争の先頭に立っていたことの影響であろう。ところが、一九八〇年には半減の五七三票にとどまり、最下位当選者の六一三票に四〇票足りず、惨敗といわざるをえない。結局、市議として二期つとめただけである。

枝手久闘争とは、一九七三年一月、東亜燃料株式会社が大島郡宇検村の枝手久島に石油精製工場の建設計画を発表したことに対する、工場建設反対運動である。[12] 反対運動の組織として「公害から奄美の自然を守る郡民会議」が結成され、島内だけでなく、鹿児島、関西、関東にも「奄美の自然を守る会」が結成された。運動の結果、一九八四年一〇月に進出断念が正式に発表された。一一年余の反対運動は、工場の建設を阻止するという点では、勝利して終わることになる。全国的には著名とはいえない闘争かもしれないが、反対運動を幅広く組織できたこと、工場計画が高度成長の果実の乏しい地域につけ込む、いわば社会の歪みを利用した策動であったこと、さまざまな圧力をはね返したことなど、社会運動としてもっと注目されてよい。

計画発表時は高度経済成長末期であり、運動が盛り上がったのは低成長に移行した時期である。奄美大島は振興事業が行われていたとはいえ、道路は市街地や集落の中以外はほとんど舗装されておらず、名瀬市から北部の空港に行くには、未舗装の狭い道を峠越えしなければならない状況であった。テレビはＮＨＫしか映らないなど、生活水準は本土と比べて、歴然と低位にあった。成長への希求が島民にあったことは否定しがたい。とりわけ、宇検村は名瀬市内から遠く離れ、それなりに社会資源が整っている名瀬市との格差もまた激しいものがあった。それゆえ、全島的に反対運動が盛り上がった反面で、地元の宇検村では賛成、反対両派に分かれて激しく対立するようになってしまう。

この闘争の中心となる郡民会議の議長となるのが松原である。みずから立ち上がったというより、闘争のシンボルとなりうる人物を反対派が探すなかで、松原が浮かび上がってきたようであるが、松原は単なる名誉職的な、あるいは象徴的な議長ではなく、実質的にも、会合に出席するなど動いていた。闘争に集っているのは、労働組合、社会党、共産党、過激なグループ、保守系の住民などさまざまな人たちである。穏健な運動を志向する者もいれば、警察や海上保安部との対立を引き起こすグループもあり、分裂してもおかしくない状況であった。社会運動の多くが分裂し、闘争目標よりも、分裂した他派への非難に精力を注ぐという倒錯した姿がいくつもみられたが、枝手久闘争ではそういうことにはならなかった。それには松原の包容力によるところが大きい。松原が社会運動に奔走することに対して、カトリック内にも批判的な声はあったが、松原は終始運動を引っ張り、ついに、東亜燃料は進出を断念するにいたる。

松原の闘争への参加は、反体制運動を志向するものではなく、反資本主義とか、ましてや反天皇制といったことではなく、あくまで自然保護や島に本土企業が進出することへの本能的な危機感によるものであったと思われる。松原は、運動の後、一九八一年の秋の叙勲で勲五等双光旭日章を受けていることからも、反体制的な発想があったとは考えにくい。とはいえ、こうした運動に参加するのは、松原が上からの動きを無批判に追認する人物ではなく、理不尽な動きには反発する姿勢をもつ人物ということである。松原の反骨の姿勢が、退職後に急に湧き上がってきたとも思えない。和光園勤務の時代から、体制側に身をおきつつも、安易に体制に与しない発想をもっていたと考えるべきであろう。

（四）大西基四夫

奄美和光園側の人物として、大西基四夫についても触れておくべきであろう。[13] 大西は、光田健輔の娘婿である。また、林文雄の妻である林富美子の弟でもある。光田はじめ、隔離推進の人脈に最もどっぷり浸かった人物である。カトリック信徒であり、妻も同様である。妻も医師で、奄美大島在住時には、カトリックの経営する診療所の医師をつとめるなどしている。

本来なら、療養所のなかでの出世コースを歩んでもおかしくないはずであるし、事実奄美和光園園長となる前は星塚敬愛園の園長をつとめていた。大西の赴任は二つの点で異例であった。第一は、それまでの園長は短期間の勤務にとどまっていた。中には初めから短期間の在任を約束されて赴任するなど、腰掛け園長にすぎない者ばかりであった。しかし、大西は長期間勤務することとなる。第二は、それまでの園長は若手であり、すでに他園の園長を経ている大西は、かつてない「大物」であった。しかも、その人脈からすれば、およそ考えられない人事であった。それゆえ、大西が和光園に行くことについて、菊池恵楓園の園長、宮崎松記は「この人事は絶対許せない。私は職を賭してでも君の和光園転出には反対する」と述べ、反対するのである（大西一九九一：六六）。それでも実現したのは、大西による記述によれば、星塚敬愛園の園長として、和光園の現実を熟知していたが、馬場園長の後任の見通しがないなか、松原若安や自治会長の秋山徳重に惹かれたこともあって、みずからが和光園に赴任することにしたというのである。

大西は、この研究をすすめている時点で健在であるのだが、取材、聞き取りなどに応じない対応をしているため、大西の立場は、大西による奄美和光園時代の回顧を含んだ著書『まなざし』『まなざし　その二』や、和光園の記念誌に執筆したエッセイなどを中心に把握せざるをえない。一方で光田健輔以下のハンセン病医師への厳しい批判の対象として、大西が含まれているのは明らかである。大西には不利な状況で、本書を執筆していることは、大西の名誉のために述べておかなければならない。

大西は、一九一五年に生まれ、東北大学医学部を卒業し、星塚敬愛園に勤務する。一時応召されたり、大阪微生物研究所に勤務するが、一九四九年から再び星塚敬愛園に勤務した。一九五七年八月三一日から一九六九年四月一日まで、奄美和光園の七代目の園長となる。その後、大島青松園と多磨全生園に勤務し、一九八五年に引退した。四つの療養所に勤務しているが、和光園が最も長く、また『まなざし』『まなざし　その二』でも和光園の記述が目立ち、大西にとって、和光園が生涯のなかで最も重みのあった療養所といってよいであろう。また、和光園にとっても、その歴史のなかで一人だけ園長をあげるとすれば、大西になるといえる。

入所者や大西と交際した者からの聞き取りによれば、大西は隔離にこだわりがあって、入所者が市街地にでかけることを快く思っていなかった。それは単に管理主義によるものではなく、感染の可能性をなお疑っていたという、信頼性の高い証言がある。人間関係で人を評価することは必ずしも公平ではないので、光田の娘婿であることを根拠に否定的にみるべきではない。しかし、大西が自らの判断として、隔離主義に立っていたとすれば、批判的に判断せざるをえない。

ただ、大西は単純に隔離を推進したわけではない。前述のように、入所者の出産については是認していた。また、大西園長時代に奄美和光園に赴任してきたもう一人の「大物」医師が小笠原登である。小笠原は、戦前から隔離政策を批判していたことで、今日高く評価されている人物である。その特異な病因論や在宅診療の推進などで、らい学会から非難されたとはいえ、京都大学に勤務していた小笠原が奄美大島という離島に赴任することも、異例であろう。小笠原が隔離批判を展開していたことは当然知っていたはずであるが、小笠原を迎え入れ、部下として付き合ったのである。しかも、小笠原は田中一村と同居するなど自由奔放に生活している。そもそも得体の知れない画家を、出入りさせることを大西が許容していることでもある。

大西は光田について、参議院での証言について「これはひどい証言である。患者に手錠をはめてでも強制的に連れてきて、逃走したら刑務所に入れるというのだから、皆あっけにとられたのも無理はない。そのとき光田先生七十七歳という年齢のことを考えて弁護しようとしても、少しひどすぎる言葉である」と述べて、一定の批判的見解を示してはいる（大西一九九一：一八五）。しかし、全体としては、光田がいかに患者の立場にたって苦労したかを強調し、その功績をたたえている。もっとも、光田の娘婿の大西に、光田を厳しく批判しろといっても無理な話であろう。

大西園長時代に起きたことの一つは、光田健輔の死去である。一九六四年五月二五日に奄美和光園では追悼ミサが行われている。里脇浅次郎司教のもとで、全島から神父と修道女が集まり、奄美和光園の職員と入所者も加わって、三〇〇人もの規模であった。光田が晩年にカトリックの洗礼を受けたとはいえ、里脇司教を島外からまねいてのミサはいかにも過大な扱いに感じる。大西園長の存在と無関係ではないだろう。

また、カトリック教会の聖堂も大西園長の時代に建設されている。奄美和光園のカトリック教会は、他の療養所の教会が園の敷地内に設置されているのに対し、隣接したカトリックの所有地に設置されている。聖堂の内部は、正面に向って右側に出っ張った部分があって、長らくそこを「無害地帯」入所者の座る場所を「有害地帯」と呼んで区別していた。こうした聖堂の構造には大西の影響があるという。

大西園長は初めての長期間の園長として、また松原事務長とのコンビによって、園の安定的な運営と設備の改善が大きくすすんだ時期である。大西は、退職後の回顧のなかで、松原の役割を強調しているほか（奄美和光園一九七四：八九）、自著でも松原について詳述している。

大西でなくとも、ちょうど全国どこでも療養所の雰囲気が開放的な方向に変化していく時期であったといえば、そうかもしれないが、やはり大西の存在がプラスに作用したことも否めないように思われる。出産問題も、大西でなく、厚生省に迎合した権力志向の人物が園長であれば、もっとこじれたであろう。大西の功績は一応評価すべき面があることを認めることが、公平な評価であろう。しかし、あくまで隔離政策の枠内での動きにすぎず、奄美和光園から何がしかの新たな発信があったわけではない。

こうして、園の内外の人物を取り上げたが、忘れてならないのは、実際に信仰を受け入れ、教会の形成に苦労した信徒の入所者たちである。いくら外から熱心に働きかけても、主体的に教会を立ち上げようとする者がいなければ教会は動かない。本来なら、教会運営に尽力した信徒を紹介すべきなのである。

さらに、信仰を実践すべく出産を決意し、出産に踏む切った入所者の存在である。出産にかかわるすべての動きは、そのひとたちの行動があって成り立つ話である。それともう一つは、実際に生まれた子どもたちの存在である。こうした議論をする際、出産時の動きにのみ関心が向かい、以後の展開は無視されやすい。子どもたちの大半は、現在もどこかで生活しているはずである。子どもたちの動向を追うことは実際には難しいし、またわかったとしても公表するべきではないだろう。大西は「子供達は皆扶け合い励まし合って立派に成長した。司法試験を受ける者もいたし、看護婦や保母になった者もあった。奄美のベビーホームの出身者三七名は、それぞれ立派な社会人として健康に働いている」（大西一九九一：七九）と述べている。全体の傾向としてはその通りなのであろうが、やや楽天的な記述で、そのまますべて受け入れるのは難しい。自ら出生の経過を公的に明らかにした者もいるが、全体からみれば一部である。この命の重さに向き合うことは、ハンセン病問題全体の課題であろう。

七　プロテスタントの動向

カトリックにのみ的を当てて見てきたが、プロテスタント教会が存在することを軽視してはならない。カトリックが優勢ななかでもプロテスタントの信仰をもつ入所者もあらわれる。というのも、星塚敬愛園に入所していた奄美大島出身者が、奄美和光園に移ってくるが、すでに敬愛園でプロテスタントに入信していた信者がいたのである。一九四八年、一〇七名が集団で和光園に引き揚げてきて、さっそく九月にはプロテスタントの信仰を持つ者が集まって集会を開いている。敬愛園の教会が特定の教派に立たない教会であったため、その伝統が引き継がれ、特定の教派に属さない「谷川集会」として開かれていた。また、会堂はなく、個人の部屋を使って礼拝が行われた。一九五五年には日本基督教団の牧師福井二郎による訪問も何度かみられた(14)。福井は戦前の中国での熱河宣教でも知られる人物である。一九五六年から六三年にかけて、奄美・喜界島での開拓伝道を行っている。

伝道が本格化したのは、日本基督教団名瀬教会牧師として、一九五八年に雨宮恵が赴任してからであろう。雨宮は、戦後、神学校を卒業後、浜松での社会福祉の仕事を経て、牧師となり、離島伝道に強い使命感をもって奄美大島にやってくる。赴任早々から、奄美和光園の訪問を始め、回数も増えていく。和光園での宣教に取り組むだけでなく、一九六四年頃からは、好善社の講師として、全国の療養所を訪問する。雨宮は、日本基督教団の牧師でありながら、谷川教会の教師として招聘されるまでになる。

雨宮の働きは、雨宮の使命感による部分が大きい。離島に伝道しようと試みる牧師自体が稀であろうし、ましてハンセン病療養所に常時出入りするなどというのは、雨宮でなければ、ありえなかったであろう。

一方で、雨宮を受け入れ、活躍の場を提供しようとした入所者信徒の側の積極さによって実現した面がある。奄美大島出身ではなく、特定教派に属する雨宮を受け入れることで教会員が一致するのは、内部での努力も求められたはずである。カトリックの多い和光園にあって、プロテスタントの火を絶やすことなく信仰を守り続けるなかで、教会として安定した運営ができるようになってくる。

ただ、集会を開く固定した場所がなかったので、当初は不自由舎の一室、その後は個人の部屋、あるいは盲人会館など、場所を借りるしかなく、教会堂の建設が課題となっていた。

ようやく一九六五年に、好善社の協力を得て、園内に教会堂が設置された。離島ゆえ、好善社との連絡も容易ではなく、工事が始まってから工費不足が明らかとなるなど、実現までには困難もあったが、他の療養所の信徒の献金などもあって、ついに完成にいたるのである。この結果、「集会」から単立・谷川教会となる。この教会堂の設置は大西園長時代であり、事務長は松原である。大西、松原ともカトリックであるが、プロテスタントの伝道について一定の理解を示しており、こうしてプロテスタントの教会も実現することとなった。

教会堂の完成にあたって、『献堂記念文集』が谷川集会より発行されている。これに掲載されている文章の多くは、儀礼的なものなので、あまり参考にはできないが、「入園者代表」や「宗教代表」による祝辞が掲載されており、和光園に教会が受容されていたと一応はいえるであろう。大西園長も「祝辞」を寄せており、「これから皆さんの信仰生活の中に大きな力が与えられ、療養生活の基本をつらぬく愛の精神がここからこんこんと湧きいでてやまないことを祈りまして」と述べている。

その後、一九七七年に日本基督教団に加わり、名瀬教会の伝道所となる。名瀬教会と合同したことにより、会員名簿も同一になった。療養所内の教会が、既存の教派に属しているケースは他にも多いが、いずれも地理的な問題もあって、教会員の大半は入所者である。しかし、和光園の場合は、一般の教会の一部として和光園伝道所が位置づけられた。つまり、「療養所教会」という特殊な教会ではなく、ごく普通の教会の一部という位置づけになったのである。

一方、雨宮は名瀬教会の牧師として、保育所の設置や、特別養護老人ホーム奄美佳南園の設置など、奄美大島の社会福祉の拡充にも尽力している。カトリックのハンセン病への取り組みから児童福祉施設が設置されたことをみてきたが、プロテスタントもハンセン病への取り組みの流れから、社会福祉につなげていったのである。

プロテスタント教会の状況の報告として、渡辺信夫の『ライ園留学記』のなかの奄美和光園についての報告は、内容の客観性などの点で貴重である。教会堂建設後、まもない頃の教会の様子が丁寧に描かれている。

カトリックとの関係であるが、渡辺によると、カトリックの勢力が大きいなかで、カトリックに転じる教会員もいたというので、必ずしも両者が安定的な関係であったともいえないようである。プロテスタント側には、園長、事務長がカトリックという状況で警戒心があったことも、否定できない。しかし、雨宮（二〇〇七）の著書には松原とともに写った写真が掲載されているし、前述のように、大西、松原の体制下で会堂が設置されている。カトリックとプロテスタントとの間には、緊張と協調の両側面があったように思われる。

長島聖書学舎出身の石原英一が一九七七年に伝道師に就任、さらに一九八〇年には牧師となって、伝道所を支えた。雨宮は、離島伝道をさらに展開すべく、一九八五年に宮古島に移っていく。近年の和光園伝道所の状況が、簡潔ではあるが、日本基督教団の雑誌『信徒の友』の二〇〇七年二月の「奄美伝道五〇年」という記事のなかで紹介されている。

八　奄美大島のハンセン病へのキリスト教の役割

奄美大島におけるキリスト教の役割をどう評価すべきであろうか。キリスト教は、一般的には決定的な少数派である。しかし、奄美のカトリックは決して少数勢力ではなく、そのことがハンセン病にも影響した。特に奄美和光園のなかでは、支配的ともいってよい力を持つにいたった。その結果、入所者の相次ぐ出産という、他の療養所にない状況をもたらすことになる。そのことの意味は決して過小評価してはならない。しかも、児童福祉の充実という副産物までもたらした。患者の出産は、体制さえ整えれば可能だったことを実証しているし、隔離政策の無意味さを示している。プロテスタントは規模は小さいが、カトリックと緊張感をはらみつつも共存し、カトリックの動きを支える意義をもったといえるだろう。

こうしたカトリックの動きに関与した人物についても、一定の評価をすることが公平な態度である。しかし、これらの動きは、隔離政策の矛盾を暴露するものではあったが、阻止したり、亀裂をいれたりする力まではなかった。厚生省が出産の阻止に動きつつも、阻止しきれなかったのは、阻止しなくても、政策遂行を妨げるほどではないと判断したからでもあるだろう。カトリックの人達は、何らかの抗議の意図で出産を遂行したのではなく、カトリックの教義の実践にすぎなかった。したがって、ここからさらに行動を進めて、隔離政策に斬り込むような力まではもっていなかった。また、本土からみた場合、奄美大島は取るに足らない場所であって、そこで何が起きようが無関心であったという面もあろう。

とはいえ、奄美大島において、入所者らが自分たちの意思を貫くべく動き続けた事実が存在する。ハンセン病をめぐる大きな動きの中で、そうした事実がかき消されたり軽視されたりしてはならないのである。

注

（1）カトリックへの迫害については、宮下正昭（一九九九）『聖堂の日の丸―奄美カトリック迫害と天皇教』南方新社、小坂井澄（一九八四）『ある昭和の受難「悲しみのマリア」の島』集英社がまとまったものである。奄美高等女学校廃止に関しては、鹿児島短期大学付属南日本文化研究所（一九八八）『鹿児島県立図書館奄美分館所蔵旧奄美高等女学校調査報告書―大島高等女学校の設立と廃校をめぐって―』が、一九五〇年にまとめられ、報告書や当時の資料などを収録して、事件の概要把握に有益である。そのほか、高木一雄（一九八五）『大正・昭和カトリック教会史一』聖母の騎士社では、関係史料を多く引用して分析している。一九九一年にサンタ・マリアの島のカトリック教会の名で発行された『奄美宣教百周年記念資料誌（一）宣教師達の働き』には、当時を知る人の座談会をはじめ、いくつかの史資料が掲載されている。論文として、山下文武（一九八一）「奄美におけるカトリック教排撃運動史―大島高等女学校廃校問題を中心に―」『琉球史学』一二、田代菊雄（一九九一）「奄美大島・大島高等女学校廃校問題」『カトリック教育研究』八、太田淑子（一九九五）「奄美大島におけるキリスト教の受容と排除―奄美高女廃校の道―」『近代日本のキリスト教と女性たち』新教出版社がある。

(2) 林の来島から、一斉検診、星塚敬愛園への収容、和光園設立反対運動、設立後の動向に関しては『大熊誌』の「大熊と救癩」に詳しい。
(3) 奄美救癩協会については、相良十字郎(一九三八)「奄美大島に於ける救癩運動に就て」『鹿児島県社会事業』一〇—一二で紹介されている。相良の肩書は大島警察署防疫監吏である。
(4)『昭和二十七年報』奄美和光園。
(5) 奄美和光園の出産問題に比較的早く触れたのは、蘭由岐子(二〇〇四)であり、同書の注記で「例外的に、奄美和光園では、となりに白百合寮と呼ばれる子どものための施設があり、熊本や鹿児島からそちらに出向いて出産したという話をきいている。成田稔多磨全生園名誉園長によるとカトリック系乳児院名瀬天使園とのことである」(p.34)と述べている。ただ、「白百合寮」ではなく、「白百合の寮」であるし、白百合の寮と名瀬天使園は別の施設である。またいずれも和光園の「となり」ではない。
(6) ゼロームについては、「ジェローム」「ゼロム」などさまざまな表記がなされている。よく用いられたのは「ジェローム」であるが、晩年の『鹿児島カトリック教区報』の記事や、記念誌(ゼローム神父記念誌刊行実行委員会:二〇〇六)では「ゼローム」となっているので、「ゼローム」で統一する。
(7) 大平馨(一九九七)「官舎哺育の頃(その二)」『和光』二八。なお、『和光』は一九五四年以降、季刊で発行され、田中一村の作品が表紙絵に載るなどしていたが休刊となり、一九九〇年に復刊された。号数は復刊時を一号として数え直している。
(8) 馬場には『患者が待っている』という著書があって、奄美和光園や宮古南静園などでの体験が書かれている。馬場が、離島勤務に長年従事した功績は認めなければならないが、同書では、和光園での出産問題のことには全く触れていない。
(9) 一九九二年二月発行の『和光』八の「名瀬天使園が閉鎖される」という記事内の藤富重による手記。
(10) 松原については、杉山博昭(二〇〇八)「奄美大島におけるハンセン病問題とカトリック—松原若安を中心に—」『純心現代福祉研究』一二で、ある程度述べている。
(11) 奄美和光園での土木工事の状況を示すものとして、松原による「三十年度整備工事を顧みて」『和光』一九五六年五・六月号がある。三ページの短いものではあるが、行政との折衝や工事の進行のために入所者の奉仕作業や職員の時間外の重労働があったことなどが記されている。
(12) 枝手久闘争については、鹿児島県地方自治研究所編(二〇〇五)『奄美戦後史』南方新社に記述がある。

(13) 桜沢房義・三輪照峰編（一九九五）『柊の垣はいらない　救らいに生涯をささげた医師の足跡』世界ハンセン病友の会の第五章「大西基四夫」という文献があるが、『まなざし　その二』の一部を引用しているにすぎない。
(14) 福井については、飯沼二郎編（一九六五）『熱河宣教の記録』未来社に、熱河宣教の体験談が掲載され、簡単な略歴も記載されている。

（なお、奄美大島の研究にあたっては森山一隆氏より、研究資料の提供、聞き取りのあっせん、聞き取りへの同行、奄美和光園への紹介など全面的なご協力をいただいた）

おわりに

私がハンセン病に関心をもったのは、小学校三年生のときである。一九七一年四月に海上保安官をしていた父の転勤により、鹿児島県の奄美大島で暮らすこととなった。住居とした公務員宿舎が、奄美和光園のすぐ近くにあった。引っ越してすぐに、その存在を知ることとなる。和光園が何なのか、何のためにあるのか、正確に知ったわけではない。それでも、そこには病気の人が生活していて、その病気は感染し、顔や手足が変形するらしい、ということがわかってきた。和光園発着のバスがあって、何の違和感もなく私も乗っていたから、感染するかもしれないといった恐怖心をもったことがないのは確かだが、ある種の病気の人がそこに「収容」されていることを疑問には思わなかった。ある日、興味を抑えきれなくなって、一人で園の前まで行ってみたことがあるが、「関係者以外入るな」との趣旨の看板を見て、怖くなって帰ったのを覚えている。

もうひとつの和光園がらみの思い出は、昭和天皇・皇后の訪問である。一九七二年一〇月二五日、鹿児島で開催された国体に出席した昭和天皇夫妻が和光園を訪問した。その際に、和光園を校区内に含む、朝日小学校の生徒が送迎をしたのである。朝日小学校の児童であった私たちは、日の丸の小旗をもって、小学校と和光園の中間地点あたりに並んで迎えた。離島で有名タレントの実物を見る機会などあるはずもなく（ミュンヘンオリンピックの金メダリストが近くにある大島工業高校に来て、見に行ったことはあるが）、天皇を見ることができたのは、そのときは正直いって感激した。

小学校六年生になるとき、一九七四年四月に奄美大島を出て行くことになるが、和光園とはいったい何なのか、引っかかりが残っていた。今回の研究は、それ以来の宿題にようやく取り組んだものである。

もうひとつ奄美大島で気になったのは、カトリック教会である。近隣の集落の大熊と浦上に大きな教会があって、何で離島にこんな教会があるのか不思議だった。そのことも宿題であった。

二〇〇四年九月に三〇年ぶりに奄美大島を訪問する機会を得た。旧居である公務員住宅ないし和光園周辺の雰囲気は激変していた。私が住んでいた頃は、貧しい農村ないし漁村で、多くの家では大島紬を織って生活の足しにしていた。医療機関は和光園以外にはないなど、生活に必要な資源に欠いた地域だった。ところが、大都市周辺の新興住宅街かと思うような、現代風の住宅やらコンビニやらが立ち並ぶ地域に変貌していた。公務員住宅はそのままだったが、あとの家や建物はほとんど建て替わっていた。和光園前から市街地に直結するトンネルも完成間近だった。

和光園を訪問する人は、かつては今のような便利な場所ではなかったことに留意してほしい。ついでにつけ加えると、和光園近くの有屋という集落に住んでいた画家・田中一村の旧居が整備されているが、一村がいた頃（私がいたときと重なっている。小学生だった私が、無名画家だった一村の存在など知るはずもなかったが）も、今の状況とは全く異なっていることを知っておかないと、一村の奄美での生活を誤解することになる。余計なことだが、一村は散歩を好んでいたようであるから、三年も近所だったからには私が一村を目撃しているのは確実に思われる。一村が著名になった今、私はそのことを自慢するのだが、誰も本気で聞いてくれない。

奄美大島を離れた私は、ハンセン病のことを考え続けたわけではなく、やがて忘れていった。日本福祉大学に進み、社会福祉発達史を専攻するようになって、知識としては増えていったし、ハンセン病に関連する本も随時購入していた。そのなかには今では入手困難な本もある。しかし、それらの本を読むことはなく、積読になっていたのである。断片的な知識や資料は増えても、問題意識に高めることはできなかった。ようやく、一九九〇年頃、私はそれまで勤めていた特別養護老人ホームを退職して、しばらく無職になったのだが、時間ができたので、積読の本を読もうとして、まず内田守『光田健輔』を手にした。内田は、本書でもたびたび登場するが、むろん光田を賞賛する立場で書かれている。しかし、私はこの本で光田をすばらしいと思うことができなかった。ちょうど私は、勤務していた老人ホーム経営者らの独善と独裁に辟易していた。内田の本から伝わる光田は、やはり独善と独裁の臭いを感じざるをえなかった。私もそれまでは漠然と光田について「救癩の父」と思っていたが、そうではないのではと疑問に感じた。ハンセン病の本や資料を次々と読み、隔離政策の問題に気づくことになった。

本書の執筆を構想したのは、二〇〇三年三月二四日、邑久光明園の家族教会牧師（入所者でもある）津島久雄氏をお訪ねした帰途の車中である。私は飯野十造に関する聞き取りのため津島氏を訪ねた。当初私は、特異な救癩運動を展開した飯野について、小論でも書けないかと考えたのだが、津島氏の話をうかがうなかで、そんな小論ですませられる課題ではないことを認識した。飯野の生涯を分析するには、キリスト教とハンセン病との関係全体を把握しなければ不可能ではないのか。自宅のある山口県宇部市と邑久光明園を高速道路で日帰りするという強行日程で、疲労した心身で運転していると、思考だけ冴えてそう考え、本格的に取り組まないとその日の聞き取りが無駄になると思えた。しかし、ただでさえ、他のいくつかの研究課題と、勤務校での実習指導などの業務をかかえている状況では、一〇年近くかかるであろうと予測されたが、やはりかなりの日時を要してしまった。

本書は、すべて書き下ろしであるが、次のように研究の途上で中間発表的に一部を報告して、批判・指導を仰いだことはある。論文については、文献リストに掲載した。

・「キリスト教ハンセン病救済運動に関する研究—飯野十造について—」日本社会福祉学会第五一回大会、二〇〇三年一〇月一三日、四天王寺国際仏教大学

・「キリスト教によるハンセン病救済運動」関西社会事業思想史研究会、二〇〇四年一月二五日

・「熊本におけるキリスト教ハンセン病救済運動の展開」日本社会福祉学会第五二回全国大会、二〇〇四年一〇月

一〇日、東洋大学
・「奄美大島におけるカトリック福祉の展開」日本地域福祉学会第二〇回大会、二〇〇六年六月一一日、長崎国際大学

本書は奄美大島での個人的体験が動機にあるなど、個人的な心情と無関係ではないので、私の信仰的なことも述べておきたい。奄美でカトリック教会の存在に触れて、キリスト教にささやかな関心をもった私は、やがて高校生にときに日本キリスト兄弟団（「けいていだん」と読む。キリスト兄弟団とは別の教派）というメノナイト系の教会で洗礼を受けた。

学生時代、名古屋に移って、日本キリスト改革派教会に転会した。改革派には一四年ほど所属した。改革派教会の特徴の一つは、神学の学びへの熱心さであろう。それは私にとって、本書のような研究をしていくうえでも大きくプラスになっている。ただ、日本キリスト改革派教会が一九七〇年代から八〇年代にかけて、南アフリカにおいてアパルトヘイト体制の支柱となっていた白人のオランダ改革派教会を熱心に支持して特別な連絡関係をつくり、おまけに教派内でアパルトヘイトを正当化する言説まであらわれていたことは、事実上アパルトヘイト体制そのものへの支援であった（詳しくは拙稿「日本の教会とアパルトヘイト」『福音と世界』一九九二年一〇月）。これは、日本キリスト教史上最悪の部類に属する汚点というべきではないだろうか。日本キリスト改革派教会のみならず、黙認してきた他派にもかなりの責任がある。当時、南アフリカの白人専用大学に留学して神学博士号をとり、南アの体制や白人教会を賛美していた人物が、改革派教会のなかで指導的な立場に出世しているのを見ると、戦争責任を曖昧にし続けた日本のキリスト教の体質は、何も変わっていないといえよう。

その後、山口県に移って一時期バプテスト連盟の教会に属した。そこでは、会衆制というシステムを、日本において本来の趣旨にそって運用することの難しさを目の当たりにした。現在は、日本基督教団に属している。こうしてみ

ると、性格の異なる教派を転々とし、かつカトリック大学を職場にするなど、節操のない人間に見えるかもしれないが、私自身としては保守的なプロテスタント信仰を堅持しているだけで、立場を変えたつもりはない。いろいろな教派に属し、あるいは間近に見てわかったことは、どの派にも長所と欠点があるという、当たり前のことである。自分の経験は、教派エゴの止揚に労力を使ってきた療養所教会の歩みを見るうえでは結果的に益になったように思う。

本書をまとめるうえで、多くの方にお世話になった。森幹郎先生と出会ったのは、『老人生活研究』という老人ホーム関係者を対象とした雑誌が企画した座談会である。そのときは老人ホームの実践のあり方を議論しただけで、ハンセン病のことをうかがうことはなかった。というより実は、元厚生省専門官で老人福祉研究者の森幹郎と、『足跡は消えても』を執筆した、元邑久光明園職員の森幹郎とが同一人物か、確信がもてなかったのである。『老人生活研究』の編集担当者であった城戸あけみさんにこっそり聞いて、ようやく確認できる有様だった。その後、ハンセン病のことを聞こうと思って、面談をする機会をもつが、森先生が面談場所として指定したのは多磨全生園であった。以後、森先生からダンボール一杯の資料や、著書をいただくなど、支援を受けることとなった。その支援にあまりこたえられないでいただけに、少しほっとしている。

清水寛さん（「先生」と呼ばないように言われているので）と出会ったのは、二〇〇〇年三月、ハンセン病資料館においてである。私は清水さんのことを学生時代から知っていて、障害児教育史研究者としての清水さんは雲の上のような存在であった。ところが、そのときは狭い資料館の図書室のなかで、清水さんとその仲間の方と私と、三人しかおらず、挨拶のつもりで声をかけた。清水さんとはそのあと全生園でともに食事をして、多くのことを教わることができ、以後も論文等をいただいたりした。

奄美和光園自治会会長であった森山一隆さんからは、面識もないときから、メールでの情報提供や本の寄贈をいただき、さらに聞き取りへの便宜など、全面的な協力をいただいた。

私にはこれまで、文献・史料を中心とした研究が多く、聞き取りは補充的になされるに過ぎなかった。今回も、聞き取りが十分ではないが、これまでの研究に比べれば、聞き取りの比重が大きい。内向的性格で対人恐怖的傾向をもち、かつ吃音障害者、また思考の回転の鈍い私は聞き取りが苦手で、その分、協力してくださった方による助けが大きかった。

お一人おひとりについて丁寧に記したいが、量が多くなるので、以下お名前だけ記したい。渡辺信夫、おかのゆきお、犀川一夫、石原英一、津島久雄、飯野保路、飯野優、潮谷愛一、江藤安純、太田國男、平島禎子、鶴尾計介、松岡和夫、田辺徹、瀧憲志、大津幸夫、新元博文、松原千里、雨宮惠らの方々である（順不同。このほか、療養所に入所されている方、療養所元職員、療養所にかかわった修道女などからの聞き取りもあるが、出版など対外的な活動をされている方以外は記載を避けておきたい）。日本基督教団名護教会、日本基督教団宮田教会、静岡その枝キリスト教会など、関連する場を訪問する機会も与えられた。

こうして、多くの方々の協力を得ることができた反面、もっと早くこの研究に着手できていれば、と悔やまれる面もある。私がハンセン病を研究の視野に入れ始めた一九九〇年頃には、潮谷総一郎、更井良夫など、この研究にとって関係のある人物がお元気であった。入所者からの調査ももっと広く丁寧にできたかもしれない。

本書への批判として、入所者はじめ関係者からの聞き取りが不十分であること、一次史料の発掘の余地がまだありそうなこと、二次的な文献に依拠している部分が目立つこと、事実関係の掌握が不十分であること、文献や史料の読み込みが浅いことなどがあるだろう。しかし、克服することを目指して、さらに時間をかけるより、現時点での成果を公表するほうが、有益と考えた。それは、ハンセン病をめぐる課題が時間との闘いの様相を深めているし、国家賠償請求訴訟勝訴の頃に高まったハンセン病問題への社会的関心が低下していて、改めてハンセン病問題を問う緊急性があるように思われるからである大学教員という業務は、以前と異なり余裕の乏しいものになっている。私はかつて、老人ホームや障害者作業所に勤務した経験があるので、それでもなお、大学教員が恵まれていることは理解している。とはいえ、今の勤務状況からすれば、どこかで区切りをつけないと、まとめるのにまだ一〇年以上かかりそうである。とりあえず成果を公表し、批判を受けたうえで補っていくほうが望ましいと考えた。

史資料の入手は、国立ハンセン病資料館、ハンセン病図書館、長島愛生園神谷書庫、熊本県立図書館、大阪府立中央図書館、岡山県立図書館、日本社会事業大学図書館、天理大学図書館、菊池恵楓園自治会などが中心である。勤務してきた宇部短期大学（現・宇部フロンティア大学短期大学部）、長崎純心大学、ノートルダム清心女子大学の先生・事務職員の方々にもお世話になった。

なお、本書のうちカトリックに関連する部分は二〇〇四年度～二〇〇七年度科学研究費補助金（基盤研究A）「東北アジアにおけるカトリック社会福祉の歴史的研究」（研究代表者二〇〇六年度まで一番ヶ瀬康子・二〇〇七年度片岡瑠美子）による研究成果の一部である。

著　者

二〇〇九年六月

文献

阿部志郎（一九九七）『福祉の哲学』誠信書房
天田城介（二〇〇三）「沖縄におけるハンセン病恢復者の〈老い〉と〈記憶〉」『社会福祉研究所報』三一
奄美和光園（一九六五）『奄美和光園の歩み』
奄美和光園（一九六九）『皇太子殿下皇太子妃殿下行啓記念誌』
奄美和光園（一九七四）『行幸啓記念誌　創立三〇周年誌』
奄美和光園（一九八四）『創立四〇周年記念誌』
奄美和光園（一九九三）『光仰ぐ日あるべし』柏書房
奄美宣教一〇〇周年実行委員会（一九九二）『カトリック奄美一〇〇年』
雨宮惠（二〇〇三）『恵みの足跡―喜寿を迎えて―』
雨宮惠（二〇〇四）『共に生きる―奄美・宮古島・療養所の遥かな友へ―』
雨宮惠（二〇〇七）『共に生きる　離島伝道の喜びと希望・感謝の記録』キリスト新聞社
安齋伸（一九八四）『南島におけるキリスト教の受容』第一書房
青木恵哉（一九七二）『選ばれた島』新教出版社
荒井英子（一九九六）『ハンセン病とキリスト教』岩波書店
荒井英子（二〇〇六ａ）「ハンセン病「胎児標本」問題とキリスト教」『福音と世界』六一―八
荒井英子（二〇〇六ｂ）「ハンセン病とキリスト教」『礼拝と音楽』一二九
蘭由岐子（二〇〇四）『「病いの経験」を聞き取る』皓星社
有薗秀夫・中村民郎・成田稔（一九六三）「奄美和光園における患者作業の実態」『形成外科』六―二

馬場純二（二〇〇四）「医官、内田守と文芸活動」『歴史評論』六五六
馬場省二（一九九二）『患者が待っている』朝日新聞社
ジュリア・ボイド（一九九五）古川明希訳『ハンナ・リデル』日本経済新聞社
スタンレーＧ・ブラウン（一九八一）石館守三訳『聖書の中の「らい」』キリスト新聞社
部落解放鞍手郡共闘会議（二〇〇四）『復権の塔を考える（改訂版）』
大熊教会創立八五周年祭記念誌編集委員会（一九七七）『大熊教会創立八五周年』
同志社大学社会福祉学会（二〇〇四）『社会福祉の先駆者たち』筒井書房
遠藤興一（一九七七）「日本における社会事業の近代化とカトリシズム―岩下壮一小論―」『基督教社会福祉学研究』一〇
遠藤雅之（二〇〇八）「ハンセン病と林文雄―今日の光の下での考察」『北星学園大学社会福祉学部北星論集』四四
江草安彦監修（一九九二）『岡山　福祉の群像』山陽新聞社
江藤直純・市川一宏編（一九九八）『社会福祉と聖書―福祉の心を生きる』リトン
江藤安純（二〇〇五）「ハ病患者の所在と生活―キリスト教社会運動としてのＭＴＬ（Mission to Lepers）―」『キリスト教社会福祉学研究』三八
藤本浩一（一九六八）『鈴蘭村』博進堂
藤本浩一（一九八二）『井上謙の生涯』井上松
藤野豊（一九九三）『日本ファシズムと医療』岩波書店
藤野豊編（一九九六）『歴史のなかの「癩者」』ゆみる出版
藤野豊（二〇〇一）『「いのち」の近代史』かもがわ出版
藤野豊（二〇〇六ａ）『ハンセン病と戦後民主主義』岩波書店
藤野豊（二〇〇六ｂ）『忘れられた地域史を歩く―近現代日本における差別の諸相』大月書店
藤坂信子（二〇〇五）『羊の闘い』熊本日日新聞社
古川和子（一九九八）「断種への旅Ⅲ―『公共の福祉』と優生思想―」『福祉労働』八一

芸術教育研究所（一九九四）『映画のなかに福祉がみえる』中央法規
『ハンセン病をどう教えるか』編集委員会（二〇〇三）『ハンセン病をどう教えるか』解放出版社
後藤安太郎（一九七二）『ひとすじの道』東海大学出版会
花城真貴編（一九七四）『銛をうたれた男』沖縄らい予防協会
原田嘉悦（一九七二）『いのちの真珠』日本ＭＴＬ
モニック・原山編（一九九一）『キリストに倣いて　岩下壮一神父永遠の面影』学苑社
モニック・原山編（一九九三）『続キリストに倣いて　岩下神父、マザー亀代子、シスター愛子の生涯』学苑社
花田春兆編著（二〇〇二）『日本文学のなかの障害者像』明石書店
原田禹雄（一九八三）『天刑病考』言叢社
播磨醇（二〇〇六）『極限で見たキリスト―聖書の〈らい〉をめぐって』キリスト教図書出版社
秦重雄（二〇〇五）「明治の文学作品に描かれたハンセン病」『部落問題研究』一七二
秦重雄（二〇〇六）「検証会議「文壇におけるハンセン病観」総批判」『部落問題研究』一七六
服部団次郎（一九六八）『沖縄キリスト教史話』キリスト新聞社
服部団次郎（一九七九）『沖縄から筑豊へ―その谷に塔を建てよ』葦書房
服部団次郎（一九八八）『この後の者にも／連帯と尊厳を―ある炭鉱伝道者の半生』キリスト新聞社
林富美子（一九六九）『愛と慈しみの園―癩者の友となって―』日本ＭＴＬ
林富美子編（一九七四）『思い出―林文雄の少年時代とその周辺―』
林富美子（一九八一）『野に咲くベロニカ』小峯書店
林富美子（一九八七）「私の歩いてきた道」『わが喜び、わが望み』一粒社
林博史（二〇〇一）『沖縄戦と民衆』大月書店
林芳信（一九七九）『回顧五十年』林芳信先生遺稿記念出版会
林雄二郎・山岡義典（一九八四）『日本の財団』中央公論社

東野利夫（一九九三）『南蛮医アルメイダ』柏書房
平井雄一郎（二〇〇〇）「養育院から慰廃園へ―ハンセン病政策前夜の一挿話―」『渋沢研究』一三
平井雄一郎（二〇〇四）「私立癩療養所『慰廃園』考」『歴史評論』六五六
廣川和花（二〇〇五）「ハンセン病者の療養形態に関する考察―群馬県吾妻郡草津町湯之沢部落の事例から―」『部落問題研究』一七三
廣川和花（二〇〇六）「近代日本のハンセン病者と地域―ハンセン病自由療養地をめぐる議論を素材に―」『部落問題研究』一七六
久野薫（一九九四）『琵琶崎待労病院』
星塚敬愛園キリスト教恵生教会（一九八六）『恵みに生かされて　国立療養所星塚敬愛園恵生教会創立五十周年記念誌』
星塚敬愛園入園者自治会（一九八五）『名もなき星たちよ―星塚敬愛園五十年史―』
伊波敏男（一九九七）『花に逢はん』日本放送出版協会
飯野十造（一九五〇）『愛は明けゆく』基督教文書伝道会
井藤道子（一九五三）『道子の祈り』三一書店
井藤道子（一九八七）『祈りの丘』新地書房
井藤道子（一九九七）『星塚敬愛園と私』野の花通信社
井藤信祐（一九七五）「林文雄」『キリストの証人たち―地の塩として２』日本基督教団出版局
猪飼隆明（二〇〇五ａ）『ハンナ・リデルと回春病院』熊本出版文化会館
猪飼隆明（二〇〇五ｂ）『「性の隔離」と隔離政策』熊本出版文化会館
池尻慎一顕彰会（一九六四）『傷める葦を憶う　池尻慎一追悼記念文集』
祈りの家教会（一九八五）『主の用なり　故司祭バルナバ徳田祐弼遺稿・追悼文集』徳田その
石川政秀（一九九四）『沖縄キリスト教史』いのちのことば社
板野和子（一九九二）「私立らい療養所琵琶崎待労病院の歴史」『日本らい学会雑誌』六一―二
岩下壮一（一九六二）『岩下壮一全集　第八巻　救ライ五十年苦闘史』中央出版社

岩下壮一（一九五八）『キリストに倣ひて』中央出版社
鹿児島県地方自治研究所（二〇〇五）『奄美戦後史』南方新社
片野真佐子（二〇〇三）『皇后の近代』講談社
片岡瑠美子研究代表（二〇〇八）『東北アジアにおけるカトリック社会福祉の歴史的研究』長崎純心大学（科学研究費報告書）
カトリック愛楽園教会記念誌編集委員会（二〇〇五）『聖フランシスコ・ザビエルカトリック愛楽園教会創立五〇周年記念誌』
カトリック那覇教区（一九七四）『はばたき』那覇教区創立二五周年記念事業実行委員会
カトリック那覇教区（一九九七）『うりずんの星』那覇教区創立五〇周年・那覇司教区設立二五周年記念事業委員会
神里博武・神山美代子（一九九七ａ）「昭和戦前期における沖縄の保育事業（一）」『沖縄キリスト教短期大学紀要』二六
神里博武・神山美代子（一九九七ｂ）「昭和戦前期における沖縄の保育事業（二）」『沖縄キリスト教短期大学紀要』二六
花陵会一〇〇年史編集委員会（一九九六）『五高・熊大キリスト者の青春　花陵会一〇〇年史』熊本大学ＹＭＣＡ花陵会
川端俊英（二〇〇五）「北條民雄『いのちの初夜』とその周辺」『部落問題研究』一七二
金城幸子（二〇〇七）『ハンセン病だった私は幸せ』ボーダーインク
金福漢・清水寛（一九九七）「ハンセン病『未感染児』の共学拒否問題に関する史的検討（一）―国立療養所菊池恵楓園付属竜田寮の児童に関する熊本市立黒髪小学校事件―」『障害問題史研究』三八
小林珍雄（一九六一）『岩下神父の生涯』中央出版社
小玉稜子（一九九八）「差別の陰で　ハンセン病患者に尽した人々」『新女性史研究』三
児島美都子（一九七三）「ハンナ・リデル」五味百合子編『社会事業に生きた女性たち』ドメス出版
幸地努（一九七五）『沖縄の児童福祉の歩み』
河野勝行（一九八七）『障害者の中世』文理閣
百年史編集委員会（一九八九）『神山復生病院の一〇〇年』春秋社
好善社（一九七八）『ある群像―好善社一〇〇年の歩み』日本基督教団出版局

好善社（一九九〇）『原田季夫と長島聖書学舎―書簡集―』
小坂井澄（一九八四）『ある昭和の受難「悲しみのマリアの島」』集英社
小坂井澄（一九八九）『ライと涙とマリア様』図書出版社
小坂井澄（一九九六）『人間の分際』聖母の騎士社
窪田暁子（一九八五）「M・H・コンウォール・リー」五味百合子編『続々社会事業に生きた女性たち』ドメス出版
窪田暁子（一九九一）「草津バルナバミッションの理念と事業―医療ソーシャルワークの先駆的モデルとして―」『東洋大学社会学部紀要』二八
熊本日日新聞社（一九七一）『百年史の証言―福田令寿氏と語る―』ＹＭＣＡ出版
熊本日日新聞社（二〇〇四）『検証・ハンセン病史』河出書房新社
熊本聖三一教会（一九七九）『熊本聖三一教会百年史』
国吉守（二〇〇〇）『沖縄から平和を祈る』いのちのことば社
訓覇浩「解説」（二〇〇五）『近現代日本ハンセン病問題資料集成　補巻六』不二出版
栗生楽生園患者自治会（一九八二）『風雪の紋―栗生楽生園患者五〇年史―』
栗生楽泉園入園者自治会・栗生楽泉園（二〇〇二）『「熊笹の尾根　栗生楽泉園創立七十年周年記念写真集』皓星社
桑原洋一郎（二〇〇五）「ハンセン病者の〈生活をつくる実践〉―戦後復興期の沖縄愛楽園を事例として―」『保健医療社会学論集』一六―二
神水教会五十年史編集委員会（一九八二）『神水教会五十年史』日本福音ルーテル神水教会
前田道明他（一九六六）「奄美群島におけるらいの実態」『レプラ』三五―三
松田定雄（一九九九）『私の見た戦後の沖縄の教会の歩み―沖縄教区へ至る道程―』
松木信（一九九三）『生まれたのは何のために』教文館
松本馨（一九八七）『十字架のもとに』キリスト教図書出版社
松村好之（一九八〇）『慟哭の歌人・明石海人とその周辺』小峯書店
松村好之（一九八一）『逆境に耳開き』小峰書店

松岡弘之（二〇〇五）「ハンセン病療養所における患者自治の模索―第三区府県立療養所外島保養院の場合―」『部落問題研究』一七三
松丘保養園七十周年記念誌刊行委員会（一九七九）『秘境を開く―そこに生きて七十年―』北の街社
松岡和夫（二〇〇三）『佛桑華』
宮古南静園自治会（一九六二）『宮古南静園三十周年記念誌』沖縄ハンセン氏病予防協会
宮古南静園（二〇〇一）『創立七〇周年記念誌』
宮下正昭（一九九九）『聖堂の日の丸―奄美カトリック迫害と天皇教』南方新社
宮川量（一九七七）『飛騨に生まれて（宮川量遺稿集）』名和千嘉
宮崎松記（一九六九）『ぼだい樹の木陰で』講談社
最上二郎（二〇〇四）『ハンセン病と女医服部けさ』歴史春秋社
森幹郎（一九九三）『差別としてのライ』法政出版
森幹郎（一九九六）『足跡は消えても　ハンセン病史上のキリスト者たち』ヨルダン社
森幹郎（二〇〇一）『証言・ハンセン病』現代書館
森口豁（二〇〇五）『だれも沖縄を知らない』筑摩書房
森川敏育（二〇〇八）「草津温泉とハンセン病の関係」『桜花学園大学人文学部研究紀要』一〇
森川恭剛（二〇〇五）『ハンセン病差別被害の法的研究』法律文化社
森山諭（一九八三）『自叙伝　夕べ雲焼くる』荻窪栄光教会出版部
名護市史編さん委員会（一九八八）『名護市史　本編一一』名護市役所
中村文哉（二〇〇三）「沖縄社会の地縁的・血縁的共同性とハンセン病問題」西成彦・原毅彦編『複数の沖縄』人文書院
中村文哉（二〇〇七）「複数の「嵐山事件」―「愛楽園」開園前の沖縄におけるハンセン病問題の一位相―」『山口県立大学社会福祉学部紀要』一三
中村茂（一九九九）「草津湯之澤における聖バルナバ・ミッションの形成と消滅」『桃山学院大学キリスト教論集』三五
中村茂（二〇〇四）「メアリ・ヘレナ・コンウォール・リーとジョージ・ハワード・ウィルキンソン」『キリスト教史学』五八

中村茂（二〇〇七）『草津「喜びの谷」の物語』教文館
名瀬市大熊壮年団（一九六四）『大熊誌』
名瀬市史編さん委員会（一九七一）『名瀬市史　中巻』
日本談義社（一九七三）『追想の福田令寿』
日本福音ルーテル熊本教会（一九九八）『宣教百年記念誌』
日本福音ルーテル室園教会（一九八七）『室園教会四〇年史』
日本ハンセン病者福音宣教協会（一九九九）『全国ハンセン病療養所内・キリスト教会沿革史』
日本ハンセン氏病者福音宣教協会（一九七六）『地の果ての証人たち　ＭＯＬ証集三』新教出版社
日本ハンセン氏病者福音宣教協会（一九七九）『いのちの水は流れて　ＭＯＬ説教・証詞集四』新教出版社
日本基督教団光明園家族教会（一九九八）『神の家族―光明園家族教会八十五年記念誌―』
日本キリスト教団名瀬教会（一九八三）『名瀬教会二五周年記念誌』
日本基督教団沖縄教区（一九七一）『二七度線の南から　沖縄キリスト者の証言』日本キリスト教団出版局
日本キリスト教団沖縄教区（二〇〇四）『戦さ場と廃墟の中から―戦中・戦後の沖縄に生きた人々―』
日本基督教社会福祉学会（一九九二）『キリスト教社会福祉の証言』
日本聖公会九州教区歴史編集委員会（一九八〇）『日本聖公会九州教区史』
日本聖公会日韓協働委員会（一九九九）『草津のタルピッ〈月あかり〉―在日韓国朝鮮人ハンセン病者の証言』聖公会出版
日本聖公会歴史編纂委員会（一九五九）『日本聖公会百年史』日本聖公会教務院文書局
日本聖公会歴史編集委員会（一九七四）『あかしびとたち』日本聖公会出版事業部
日本聖公会社会事業連盟（一九八八）『現代社会福祉の源流』聖公会出版
「人間の碑」刊行会（二〇〇二）『人間の碑―井深八重への誘い』井深八重顕彰記念会
西脇勉（一九七八）「エリクソン宣教師と大島療養所　わが国救癩史の一齣にのこした或る宣教師の軌跡」『四国学院大学論集』四二

小笠原嘉祐（二〇〇五）「リデル、ライト両女史の業績と現在の老人ホーム事業について」『キリスト教社会福祉学研究』三八
小倉渓水（一九五九）『瀬戸のあけぼの　小倉渓水自伝』基督教文書伝道会
おかのゆきお（一九七四）『林文雄の生涯』新教出版社
岡野いさを（二〇〇四）『私が歩いて来た道』
岡山県ハンセン病問題関連史料調査委員会（二〇〇七）『長島は語る　岡山県ハンセン病関係資料集・前編』岡山県
沖縄愛楽園（一九六八）『開園三〇周年記念誌』
沖縄愛楽園自治会（一九八九）『命ひたすら―療養五〇年史―』
沖縄愛楽園自治会（二〇〇五）『青木恵哉銅像序幕式記念』
沖縄楓の友の会（一九九三）『ハンセン病回復者手記』沖縄県ハンセン病予防協会
沖縄県ハンセン病証言集編集総務局（二〇〇六）『沖縄県ハンセン病証言集　資料編』沖縄愛楽園自治会・宮古南静園入園者自治会
沖縄県教育委員会（一九七四）『沖縄県史　第一〇巻』
沖縄県沖縄資料編集所（一九七八）『沖縄県史料　近代一』沖縄県教育委員会
沖縄キリスト教協議会（一九七二）『沖縄キリスト教史料』
沖浦和光・徳永進編（二〇〇一）『ハンセン病―排除・差別・隔離の歴史』岩波書店
大日向繁（一九九二）『いのち豊かに』大日向百合子
大西基四夫（一九八五）『まなざし―癩に耐え抜いた人々―』みずき書房
大西基四夫（一九九一）『まなざし　その二―癩に耐え抜いた人々―』みずき書房
大島太郎編（一九五〇）『林文雄句文集』
太田國男（二〇〇六）『自分の十字架を背負って』玄遊舎
大谷美和子（二〇〇一）『生きる　元ハンセン病者谷川秋夫の七七年』いのちのことば社フォレストブック
リデル・ライト両女史顕彰会（一九九三）『リデル・ライト両女史記念祭報告書』

琉球新報社社会部（一九八六）『昭和の沖縄』ニライ社
犀川一夫（一九八二）『打たれた傷』沖縄県ハンセン病予防協会
犀川一夫（一九八八）『門は開かれて　らい医の悲願―門は開かれて』みすず書房
犀川一夫（一九九四）『聖書のらい』新教出版社
犀川一夫（一九九六）『ハンセン病医療ひとすじ』岩波書店
犀川一夫（一九九八）「沖縄のハンセン病対策」琉球大学医学部附属地域医療研究センター編『沖縄の歴史と医療史』九州大学出版会
酒井シヅ編（一九九五）「らい病に関する資料」『近代庶民生活史　第二巻』三一書房
桜井方策編（一九七四）『救癩の父光田健輔の思い出』ルガール社
佐藤友美（一九六三）『熊本バンドに続くもの　熊本ＹＭＣＡ十年の歩み』熊本基督教青年会
里山るつ（一九八三）『屋我地島』
澤正雄（一九九五）『日本の土に』キリスト新聞社
芹澤良子（二〇〇七）「ハンセン病医療をめぐる政策と伝道―日本統治期台湾における事例から―」『歴史学研究』八三四
澤野雅樹（一九九四）『癩者の生　文明開化の条件としての』青弓社
重兼芳子（一九八六）『闇をてらす足おと』春秋社
島比呂志（一九九一）『らい予防法の改正を』岩波書店
島尾敏雄（一九七七）『名瀬だより』農山漁村文化協会
清水汜（一九八二）『讃美の歌人―明石海人について―』小峯書店
塩沼英之助編（一九五九）『林文雄遺稿集』
塩沼英之助（一九九四）『らいとキリストとの出会い』キリスト教図書出版社
新城喬編（一九八九）『聖公会沖縄宣教小史』日本聖公会沖縄教区
新城喬・高橋亨・棚原恵正・古見英一編（一九七六）『宣教二五年記念誌　聖公会の歩み』日本聖公会沖縄教区

潮谷愛一（二〇〇五）「熊本の社会福祉史」『キリスト教社会福祉学研究』三八
潮谷総一郎（一九六二）『くるみの実のなるころ』慈愛園
潮谷総一郎（一九八九）「らい予防法制定にまつわる大隈重信伯とハンナ・リデル女史の協力」『基督教社会福祉学研究』二二
潮谷総一郎（一九九四）『死刑囚三四年』イースト・プレス
静岡其枝基督教会飯野十造伝刊行委員会（一九七四）『涙流　飯野十造の信仰と生活』
末利光（二〇〇四）『ハンセン病報道は真実を伝え得たか』ＪＬＭ
末吉重人（二〇〇四）『近世・近代沖縄の社会事業史』榕樹書林
杉山博昭（二〇〇三）『キリスト教福祉実践の史的展開』大学教育出版
杉山博昭（二〇〇五ａ）「ハンセン病をめぐる近年の動向について」『福祉研究』九三
杉山博昭（二〇〇五ｂ）「九州におけるカトリックによるハンセン病救済活動」『東北社会福祉史研究』二三
杉山博昭・山田幸子・澤宣夫（二〇〇六）「九州におけるカトリック児童養護施設の歴史的展開」『純心人文研究』一二
杉山博昭（二〇〇七）「奄美大島におけるカトリック福祉の展開」『純心人文研究』一三
杉山博昭（二〇〇八）「奄美大島におけるハンセン病問題とカトリック―松原若安を中心に―」『純心現代福祉研究』一二
駿河会（一九七五）『入所者三十年の歩み』国立駿河療養所患者自治会
鈴木禎一（二〇〇三）『ハンセン病―人間回復のたたかい―神谷美恵子氏の認識について―』岩波出版サービスセンター
高木基美子（二〇〇五）「待労院の創設について」『キリスト教社会福祉学研究』三八
滝尾英二（一九九九）「肥後本妙寺集落の消滅と『癩』集落の一掃」『未来』三九四
滝尾英二（二〇〇〇）『近代日本のハンセン病と子どもたち・考』広島青丘文庫
滝尾英二（二〇〇一）『朝鮮ハンセン病史―日本植民地下の小鹿島』未来社
玉木愛子（一九五四）『真夜の祈』大浜書店
玉木愛子（一九五五）『この命ある限り』保健同人社

玉木愛子（一九八六）『わがいのちわがうた―絶望から感謝へ』新地書房
多磨全生園患者自治会（一九七九）『倶会一処　患者が綴る全生園の七十年』一光社
谷川集会（一九六六）『献堂記念文集』
谷口ミサエ（一九九五）『ひまわりは太陽に向かって―カヴォリ神父とその娘たち』ドン・ボスコ社
単立長島曙教会（一九九六）『約束の日を望みて―長島曙教会創立六十五周年記念誌―』
田代菊雄（一九八九）『日本カトリック社会事業史研究』法律文化社
田代菊雄（二〇〇八）「カトリックとハンセン病」『カトリック社会福祉研究』八
多屋頼典・牧野正直（二〇〇三）「ハンセン病の受容と宗教　邑久光明園の場合を中心に」『岡山大学文学部紀要』三九
手取カトリック教会（一九八九）『宣教百年の歩み　手取カトリック教会宣教百周年記念誌』
徳田祐弼（一九七五）「E・H・リデル」『キリスト教の証人たち―地の塩として3』日本基督教団出版局
徳満唯吉（一九八二）『湯之澤聖バルナバ教会史』日本聖公会聖慰主教会
東京女子医科大学皮膚科学教室（一九九〇）『コスモスの花蔭で―らい医療にたずさわった女医たちの記録』
豊田穣（一九九二）『あふれる愛―虹に祈る聖母』講談社
津島久雄（二〇〇八）『悩みの日にわたしを呼べ』新教出版社
土屋重朗（一九七八）『静岡県医療衛生史』吉見書店
土屋勉（一九四九）『癩院創世』
土谷勉編（一九七八）『天の墓標』新教出版社
上原信雄編（一九六四）『沖縄救癩史』沖縄らい予防協会
上原信雄編（一九八三）『阿檀の園の秘話』
梅野正信・采女博文（二〇〇二）『実践ハンセン病の授業』エイデル研究所
宇佐美伸編（一九七七）『原田季夫遺稿集』長島聖書学舎同窓会

内田守（一九六五）『熊本県社会事業史稿』熊本社会福祉研究所

内田守（一九六九）『九州社会福祉事業史』日本生命済生会社会事業局

内田守（一九七一）『光田健輔』吉川弘文館

内田守編（一九七一）『仁医神宮良一博士小伝』九州ＭＴＬ

内田守（一九七二）『珠を掘りつつ』

内田守編（一九七六）『ユーカリの実るを待ちて―リデルとライトの生涯―』リデル・ライト記念老人ホーム

輪倉一広（一九九四）「岩下壮一の生涯と救らい思想」（平成五年度日本福祉大学修士論文）

輪倉一広（二〇〇三ａ）「〈岩下壮一の福祉思想〉研究ノート」『愛知江南短期大学紀要』三二

輪倉一広（二〇〇三ｂ）「岩下壮一の救癩思想―指導性とその限界」『社会福祉学』四四―一

輪倉一広（二〇〇四）「岩下壮一による救癩事業改革の実際と思想」『愛知江南短期大学紀要』三三

輪倉一広（二〇〇五）「岩下壮一における権威性と民衆性」『日本研究』三一

輪倉一広（二〇〇八）「カトリック救癩史の一断面―岩下壮一における患者観の形成の視点から―」『宗教研究』三五六

渡辺信夫（一九六八）『ライ園留学記』教文館

渡辺信夫（一九七〇）『沖縄ライ園留学記』教文館

山本栄良（二〇〇五）『人は人の中で生きて死ぬ』

山本よ志郎・加藤三郎（一九七二）『御座の湯口碑』御座の湯口碑刊行協力委員会

山本俊一（一九九三）『日本らい史』東京大学出版会

山崎宗太郎（一九九〇）「賀川豊彦と救らい運動」『賀川豊彦研究』一八

山下多恵子（二〇〇三）『海の蠍』未知谷

吉川由紀（二〇〇三）「ハンセン病患者の沖縄戦」『季刊戦争責任研究』四〇・四一

友邦協会（一九六七）『朝鮮の救癩事業と小鹿島更生園』

全国ハンセン氏病患者協議会（一九七七）『全患協運動史　ハンセン氏病患者の闘いの記録』一光社
ゼローム神父記念誌編集委員会（二〇〇六）『奄美の使徒ゼローム神父記念誌』

注

一　編著者名や発行所が国立療養所である場合は、「国立療養所」を省いた。「社団法人」「財団法人」等の法人名も省いた。編著者と発行所が同一である場合、発行所を省いた。

二　編著者が団体である場合は「編」を付さず、個人による編著である場合のみ「編」を付した。

三　この文献リストは、あくまで本書の執筆のために用いた文献を記載したものであり、ハンセン病問題にとって重要な基本文献であっても、本書の執筆に直接関係していないものは記載していない。

四　文献リストになじまない、手書き資料、一枚物資料、機関誌記事、小冊子などはその都度本文または本文内の注に記した。

五　本書に関連が深くても、参考の程度が少ない文献や学術的な意義に乏しい文献は、本文または注に紹介するだけにとどめた。

六　戦後の文献に限定し、戦前発行の文献については、本文または注に記載した。

■著者紹介

杉山　博昭（すぎやま　ひろあき）

1962年生まれ。

日本福祉大学大学院修士課程修了。

特別養護老人ホーム、障害者作業所、宇部短期大学、長崎純心大学を経て、2008年よりノートルダム清心女子大学教授。

博士（学術・福祉）。

主な著書

『山口県社会福祉史研究』（葦書房）
『キリスト教福祉実践の史的展開』（大学教育出版）
『近代社会事業の形成における地域的特質―山口県社会福祉の史的考察―』（時潮社）
『福祉に生きる　姫井伊介』（大空社）
『日本社会福祉綜合年表』（法律文化社　共著）

キリスト教ハンセン病救済運動の軌跡

2009年8月20日　初版第1刷発行

■著　　者――杉山博昭
■発 行 者――佐藤　守
■発 行 所――株式会社　**大学教育出版**
〒700-0953　岡山市南区西市855-4
電話 (086)244-1268㈹　FAX (086)246-0294
■印刷製本――サンコー印刷㈱
■装　　丁――大森和枝

ISBN978 - 4 - 88730 - 927 - 2